現代倒産手続法

中島弘雅・佐藤鉄男[著]

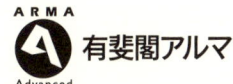

本書のコピー，スキャン，デジタル化等の無断複製は著作権法上での例外を除き禁じられています。本書を代行業者等の第三者に依頼してスキャンやデジタル化することは，たとえ個人や家庭内での利用でも著作権法違反です。

はしがき

　本書の執筆者2人が出会ったのは，1984年9月に，東京大学法学部の新堂幸司教授と北海道大学法学部の福永有利教授のご高配により，小樽商科大学商学部に在職していた中島が，新堂教授の元に国内留学をしたときである。当時，佐藤は，東京大学大学院において，新堂教授の下で博士論文を執筆していた。中島は，1985年3月に，半年間の国内留学を終えて北海道に帰任したが，1986年4月に，佐藤が北海道大学法学部に赴任することになり，2人の学問上の交流は深まっていった。しばらくして，中島は北海道を離れたが，2人の学問的交流は，新堂教授が組織されていたBH研（病院倒産法制研究会）や，青山善充教授（東京大学〔当時〕）が組織されていた和議法研究会等を通じてその後も続いていった。2人の交流は，互いの外国留学の時期が重なっていたということもあって，ヨーロッパでも続いた。Oxfordに留学中の中島が，Bonnに留学していた佐藤のライン川沿いのBad Breisigの住まいを訪ねたのも，今となっては懐かしい思い出である。

　そうした2人が，有斐閣アルマシリーズの倒産法を共同執筆するという企画が持ち上がったのは，ちょうど法科大学院が立ち上がった頃である。したがって，本書の完成には9年を要したことになる。本書の刊行がかくも遅れたのは，ひとえに，法科大学院時代を迎え，この種のテキストにどの程度の内容を盛り込むべきかについて，執筆者とりわけ中島が，なかなか決断できなかったことによる。しかし，法学部や法科大学院で何度か倒産法の講義を重ねる中でようや

く本書の構想がまとまり，ここに『現代倒産手続法』を上梓することができた。この間，中島の東京都立大学在職時代の門下生で，佐藤の同志社大学在職時代の同僚でもあった倉部真由美さん（現法政大学法学部教授）には，本書の構想に関していろいろ相談に乗ってもらった。この場を借りてお礼を申し上げる。

　本書のカバーする範囲は，破産法，民事再生法はもちろんのこと，会社更生法，国際倒産，倒産犯罪，さらには，近年注目を浴びている倒産ADRまでも含む。書名を『現代倒産手続法』としたのはそのためである。本書の特徴としては，破産手続と再生手続とをそれぞれ独立させ，破産手続の部分では破産法の解説に重点を置きつつも，倒産法制全体に通底する考え方を示し，それを受けて再生手続の部分では，特に破産手続との違いに留意して論じている点と，たとえば手続開始前の財産保全処分や担保権の処遇のように，破産手続におけるよりも再生手続においてこそ重要と思われる項目については，再生手続の方で詳しく説明を加えている点を挙げることができる。本書の読者として我々が想定しているのは，主として大学法学部あるいは法科大学院で倒産法を学ぼうとしている人たちである。我々としては，できるだけ分かりやすい内容となるよう努力したつもりであるが，まだ不十分な点が多いかも知れない。読者の皆さんからのご批判を仰ぎつつ，本書をさらに良い本にしていきたいと思っている。

　本書の草稿については，慶應義塾大学大学院法務研究科助教（2013年4月より，北海道大学大学院法学研究科准教授）の山木戸勇一郎君が貴重な研究時間を割いて丹念に目を通し，自身の法科大学院生

さらには司法修習生としての経験も踏まえて，有益なアドバイスをしてくれた。厚くお礼を申し上げる。また，本書の企画段階から刊行に至るまで，文字通り我慢強く，執筆者両名を見守ってくださった有斐閣書籍編集第一部部長の土肥賢さんと，本書刊行に向けての詰めの段階で細やかな配慮をしてくださった同編集部の奥山裕美さんと吉田小百合さんには，正直，お礼の言葉もない。特に吉田さんの熱意がなければ，本書を上梓することはできなかった。心よりお礼を申し上げる次第である。

　最後に，新堂幸司先生は，2011年8月20日に傘寿（80歳）を，福永有利先生は，2012年5月8日に喜寿（77歳）を迎えられた。小さな書物ではあるが，執筆者両名が出会うきっかけを作ってくださり，その後も2人がともにお世話になっている両先生に，謹んで，本書を捧げることをお許しいただきたい。

2013年 春を待つ東京にて

中島　弘雅

佐藤　鉄男

著者紹介

中島　弘雅　なかじま　ひろまさ　（執筆担当：第3編・第4編）

　1954年兵庫県生まれ。1976年東北大学法学部卒業。
　小樽商科大学助教授，筑波大学助教授，東京都立大学教授を経て，
　現在，慶應義塾大学大学院法務研究科教授。
【主要著作】『体系倒産法Ⅰ〔破産・特別清算〕』（中央経済社・2007年），『英米倒産法キーワード』（共編著）（弘文堂・2003年），『民事執行・民事保全法』（共著）（有斐閣・2010年），『民事再生法判例の分析と展開』（共編著）（経済法令研究会・2011年），『ロースクール演習倒産法』（共編著）（法学書院・2012年）など。

佐藤　鉄男　さとう　てつお　（執筆担当：第1編・第2編・第5編）

　1955年北海道生まれ。1980年中央大学法学部卒業。
　北海道大学助教授，同志社大学教授を経て，
　現在，中央大学大学院法務研究科教授。
【主要著作】『取締役倒産責任論』（信山社・1991年），『ゼミナール破産法』（法学書院・1998年），『テキストブック現代司法〔第5版〕』（共著）（日本評論社・2009年），『破産法・民事再生法概論』（共著）（商事法務・2012年），『民事手続法入門〔第4版〕』（共著）（有斐閣・2012年）など。

本書を読む前に

□ 法令名の略語

恩　給	恩給法
会計士	公認会計士法
会　更	会社更生法
外国倒産	外国倒産処理手続の承認援助に関する法律
会　社	会社法
仮登記担保	仮登記担保契約に関する法律
簡　保	簡易生命保険法（廃止）
企業担保	企業担保法
金　商	金融商品取引法
金融更生特	金融機関等の更生手続の特例等に関する法律
刑	刑　法
憲	日本国憲法
健　保	健康保険法
小	小切手法
国健保	国民健康保険法
国　年	国民年金法
産　活	産業活力の再生及び産業活動の革新に関する特別措置法
支援機構	株式会社企業再生支援機構法 （現：株式会社地域経済活性化支援機構法）
自　賠	自動車損害賠償保障法
借地借家	借地借家法
商	商　法
信　託	信託法
生活保護	生活保護法
税　徴	国税徴収法
租　特	租税特別措置法
担　信	担保付社債信託法
地　税	地方税法
賃　確	賃金の支払の確保等に関する法律

手	手形法
特定調停	特定債務等の調整の促進のための特定調停に関する法律
特定調停規	特定調停手続規則
特　許	特許法
破	破産法
破　規	破産規則
弁　護	弁護士法
保　険	保険法
保険業	保険業法
民	民　法
民　再	民事再生法
民再規	民事再生規則
民　執	民事執行法
民執令	民事執行法施行令
民　訴	民事訴訟法
民訴費	民事訴訟費用等に関する法律
民　調	民事調停法
民調規	民事調停規則
労　基	労働基準法
和	和議法（廃止）

□ 裁判例・判例集等の略記

大判（決）	大審院判決（決定）
最判（決）	最高裁判所判決（決定）
最大判（決）	最高裁判所大法廷判決（決定）
高判（決）	高等裁判所判決（決定）
地判（決）	地方裁判所判決（決定）
民　集	最高裁判所民事判例集
刑　集	最高裁判所刑事判例集
高　民	高等裁判所民事判例集
判　時	判例時報
判　タ	判例タイムズ

金　判	金融・商事判例
金　法	金融法務事情

百　選	倒産判例百選〔第5版〕〔別冊ジュリスト216号〕（有斐閣・近刊予定）
分析と展開	民事再生法判例の分析と展開〔金融・商事判例1361号〕（経済法令研究会・2011年）

（※「百選○」「分析と展開○」の○部分に表示された数字は，項目番号を示す）

目　次

第1編　倒産処理の世界

第1章　倒産の背景と倒産処理の必要性　2

1 倒産と社会，人間 　2
2 倒産への法的対応 　5
3 倒産処理の目的と担い手 　9

第2章　倒産処理の仕組み　17

1 倒産法制の変遷と法源 　17
2 倒産法制によらない倒産の処理 　20
3 倒産法制の構造と概要 　24

第2編　清算型倒産手続

第3章　破産手続の開始段階　34

1 破産能力の体系性・政策性 　34
2 破産手続の開始原因 　36
3 破産手続開始の申立て 　39
4 破産手続開始前の保全処分と中止命令 　46
5 破産手続開始の決定と効果 　49

第4章　破産手続の機関と進行　53

1 破産手続の担い手 ─ 53
2 破産手続の機関 ─ 55
　1　破産裁判所　55
　2　破産管財人　57
　3　債権者機関　62
3 破産手続の進行 ─ 65
　1　破産手続の流れ　65
　2　破産財団の換価　67
　3　破産配当　68
　4　破産手続の終了　72

第5章　破産財団・破産債権・財団債権　75

1 基準時となる破産手続開始決定時の財産状態 ─ 75
2 破産財団の考え方 ─ 78
3 破産債権の考え方 ─ 82
　1　破産債権の基本　82
　2　多数当事者債権　86
4 破産債権の種類と順位 ─ 90
5 財団債権 ─ 92

第6章　破産財団の増減　95

1 破産財団の理念と実際 ─ 95
2 取　戻　権 ─ 96
3 相　殺　権 ─ 100
4 否　認　権 ─ 105
　1　否認権の基礎　105

② 否認権の類型と要件　107
③ 否認権の効果　113

5　法人役員に対する責任追及 …… 115

第7章　破産手続における担保権の処遇　117

1　倒産手続と担保権 …… 117

2　別除権者の地位 …… 118

3　担保権消滅許可制度 …… 123

第8章　破産手続における契約関係の処理　126

1　破産者の契約関係 …… 126

2　双務契約処理の基本原則 …… 128
① 双務契約に関する通則規定　128
② 双務契約通則の射程　130

3　主要な契約と破産 …… 133
① 賃貸借契約　133
② 請負契約　136
③ 雇用契約　138
④ 保険契約　141
⑤ その他の契約　142

第9章　消費者の破産と免責　147

1　消費者破産の推移 …… 147

2　消費者破産の構造 …… 149

3　破産免責の手続 …… 152

4　免責不許可事由と免責の効果 …… 155
① 免責不許可事由　155
② 免責の効果とその例外　157

| 5 | 復権制度 | 160 |

| 第10章 | 特別清算 | 162 |

1 特別清算の意義 162
2 特別清算の申立て段階 164
3 特別清算手続の運営 165
4 特別清算における協定 168

第3編　再建型倒産手続

| 第11章 | 再建型倒産手続立法の経緯 | 172 |

1 民事再生法制定の経緯とその後の法改正 172
2 会社更生法制定の経緯とその後の法改正 175

| 第12章 | 再生手続の開始段階 | 177 |

1 再生能力——利用対象者 177
2 再生手続の開始原因と申立権者 178
3 再生手続開始申立ての手続 181
4 再生手続開始前の保全処分と中止命令 186
5 再生手続開始の決定と効果 191

| 第13章 | 再生手続の機関と進行 | 193 |

1 総　　説 193
2 再生手続の機関 195
  1 再生債務者　195

- ② 再生裁判所　198
- ③ 監督委員　200
- ④ 調査委員　202
- ⑤ 保全管理人・管財人　203
- ⑥ 債権者機関　205

3 再生手続の進行 ……………………………………………207
- ① 再生手続の特徴　207
- ② 再生手続における事業譲渡　209

第14章　再生債務者財産と再生債権等　213

1 再生債務者財産 ………………………………………………213

2 財産評定 ………………………………………………………215

3 再生債権 ………………………………………………………217
- ① 再生債権の意義　217
- ② 再生債権の手続上の取扱い　220

4 共益債権 ………………………………………………………230

5 一般優先債権 …………………………………………………233

6 開始後債権 ……………………………………………………234

第15章　再生債務者財産の増減　236

1 総　説 …………………………………………………………236

2 取戻権 …………………………………………………………237

3 相殺権 …………………………………………………………238

4 否認権 …………………………………………………………244
- ① 民事再生法上の否認権の意義　244
- ② 監督委員の否認権行使権限　244
- ③ 再生債務者を当事者とする訴訟と監督委員による否認権行使　248

5 法人役員に対する責任追及 251

第16章　再生手続における担保権の処遇　254

1 再建型倒産手続における担保権の取扱い 254
2 再生手続における別除権者の地位 256
3 担保権実行手続に対する中止命令 263
4 担保権消滅許可制度 267

第17章　再生手続における法律関係の処理　273

1 双務契約の処理一般 273
2 各種契約の処理に関する特則 279
　1 賃貸借契約　279
　2 請負契約　282
　3 雇用契約　283
　4 保険契約　284
　5 委任契約　286
　6 その他の契約　286
3 係属中の手続関係の処理 287
　1 再生手続開始が係属中の訴訟手続に与える影響　287
　2 再生手続開始が係属中の民事執行手続に与える影響　294

第18章　再生計画案の作成・提出　296

1 総　説 296
2 再生計画案の作成・提出 297
3 絶対的必要的記載事項 300
4 相対的必要的記載事項 303
5 任意的記載事項 305

第19章　再生計画の成立　　308

1　再生計画案の決議　　308
2　再生計画の認可・不認可　　314
   1　認可・不認可決定　314
   2　再生計画の効力　317

第20章　再生計画の遂行・変更および再生手続の終了　　323

1　再生計画の遂行・変更　　323
   1　再生計画の遂行　323
   2　再生計画の変更　325
2　再生手続の終了　　328
   1　再生手続の終結　329
   2　再生計画の取消し　329
   3　再生手続の廃止　331
3　破産手続への移行に伴う措置　　334

第21章　個人再生手続　　340

1　個人再生手続の概要　　340
2　小規模個人再生　　342
3　給与所得者等再生　　346
4　住宅資金貸付債権に関する特則　　349

第22章　会社更生手続　　353

1　更生手続開始申立て　　353
2　更生手続開始申立て後手続開始まで　　355
3　手続機関　　358

4 更生債権等と債権の調査・確定手続 ………360
5 更生計画 ………365
6 更生計画の成立 ………370
7 更生計画の遂行と更生手続の終了 ………371
8 再生手続との関係 ………372

第4編　裁判外の倒産処理

第23章　*私的整理と私的整理ガイドライン*　374

1 私的整理 ………374
2 私的整理ガイドライン——私的整理のルール化 ………377
3 私的整理に関する立法 ………382

第24章　*倒産 ADR*　387

1 倒産 ADR の意義と類型 ………387
2 司法型倒産 ADR ………388
3 行政型倒産 ADR ………392
4 民間型倒産 ADR（事業再生 ADR）………395

第5編　国際倒産・倒産犯罪

第25章　*国際倒産*　402

1 属地主義から普及主義へ ………402
2 わが国の国際倒産規定 ………404

① 各倒産法の国際倒産規定　404
　② 外国倒産承認援助法の概要　406

第26章　*倒産犯罪*　410

1　倒産と犯罪……410
2　倒産犯罪の特徴と類型……412

参考文献　415
事項索引　416
判例索引　425

Column 目次

① 民訴目的論と倒産目的論　10
② 再生事件のいわゆる標準スケジュール　29
③ 倒産裁判所　45
④ 倒産実務家（Insolvency Practitioner）　58
⑤ 破産管財人の注意義務　59
⑥ 破産管財人と金融整理管財人　61
⑦ 代位弁済者による原債権の地位の承継　89
⑧ 破産法72条相殺禁止の類推　104
⑨ ライセンス契約と破産　135
⑩ 使用者の破産と整理解雇　140
⑪ 会社の破産とその役員　145
⑫ 破産者の生活　151
⑬ 地方公共団体の再生能力　178
⑭ 債権者申立ての再生事件　180
⑮ 再生手続開始に関する監督委員の意見書　185
⑯ 再生債務者と再生債務者等　195
⑰ DIP型民事再生と経営者の交替　195
⑱ 民事再生手続における申立代理人の地位　196

⑲ 監督委員の要同意行為の記載例　201
⑳ 事業譲渡に関する労働組合等の意見聴取　210
㉑ 継続企業価値の算定方法　217
㉒ 約定劣後再生債権の取扱い　219
㉓ 債権届出の追完　224
㉔ 簡易再生・同意再生の存在意義　229
㉕ 非事業者の生活費用の請求権　231
㉖ 手形の商事留置権者による取立金の弁済充当　258
㉗ 別除権予定不足額の届出欠如と別除権行使　260
㉘ 別除権協定　262
㉙ 中止命令違反行為の効力　266
㉚ 事業の継続に不可欠な財産　269
㉛ 最判昭和57年3月30日の射程　276
㉜ 最判平成20年12月16日の補足意見　278
㉝ 株主代表訴訟の取扱い　291
㉞ 社債権者の議決権行使申出制度　310
㉟ 再生計画における再生債権者間の平等　315
㊱ 管財人が計画遂行主体である場合の組織的事項の遂行　324
㊲ 給与所得者等再生事件の利用状況　348
㊳ 住宅資金特別条項を必要としない再生債務者についての特則　351
㊴ 手続費用の予納　355
㊵ 更生事件の分類と保全管理人・監督委員・調査委員の選任状況　356
㊶ DIP型会社更生手続　359
㊷ 劣後的更生債権の廃止　361
㊸ 商取引債権の保護　362
㊹ 会社更生手続上の担保権消滅許可制度　364
㊺ 絶対優先の原則　369
㊻ 会社更生手続への株主の参加の意味　369
㊼ 第三セクターの倒産処理　385
㊽ 特定調停による第三セクターの債務整理の問題点　389

第1編

倒産処理の世界

第1章 倒産の背景と倒産処理の必要性

> 倒産はなぜ発生するのか，この忌まわしい現象を人間はどうして回避しようとしないのか。もし倒産が不可避だとしたら，これをどう克服するのが正しいか。倒産に対する法的な対応は，どのように変わってきたのか。自分には無縁のことと思っている人も，倒産の世界に足を踏み入れてみよう。

1 倒産と社会，人間

倒産とは何か

　一般的に倒産とは，経済的な破綻を意味する言葉として使われている。たとえば，企業が弁済期の到来した債務を（特定の者に対してではなく）全般的に支払えない状態となり，当該企業が振り出した手形の支払を受けるべく所持人が呈示したら支払拒絶となる（いわゆる手形不渡り），個人が病気やリストラで人生設計が狂い住宅ローンやクレジットの支払ができなくなる等，いずれにしても不幸な出来事を意味し，いいイメージはない。

　倒産という現象は，人間の社会にもとからあったわけではない。自給自足の生活や等価での現金取引しか知らない社会では，倒産の

発生のしようがない。しかし、やがて生産と消費が分離、そして資本と労働が分離し、自由な経済活動、そして競争の社会が始まると、倒産も必然となってくる。まず、そのような資本主義の世界では、より高度な活動に向けて信用取引がなされるようになり、また株式会社が有限責任の枠組みで事業規模を拡大し、リスクも分散できる。そうなれば、大きく成功を収めることで富を獲得する者が現れる一方、失敗し信用に応えられない者も現れざるをえない。

　倒産は不幸な出来事であるし、本来等しくあるべき人間に富の不均衡が生ずるのも好ましいことではない。そう考え、倒産のない社会が志向されたこともある。資本主義の問題点を克服すべく試みられた「社会主義」にとって倒産はタブーであるから、富の不均衡を生じさせない、つまりは私的所有を禁じた国有化の政策がとられる。ある意味では、理想の人間社会となるはずであったが、やがてもたらされたのは経済の地盤沈下であった。国有化政策による赤字補填システムでは、赤字企業は一向にそこから脱却できず、逆に黒字企業は自らの利潤が吸い上げられる空しさを感じ、全体として社会の活力が弱まるのが避けられなくなったのである。旧社会主義国の失敗は、倒産が人間社会にとって必要悪であることを示すものであった。すなわち、倒産は関係する当事者にとっては不幸なことであるが、失敗からの再起、不採算企業の淘汰・再編成の機会という有用な側面ももっているのである。

企業倒産の不易と流行

　このように、現代社会は倒産の発生を織り込んだ社会である。そのことは、好景気の時であっても倒産が発生していることでわかる。現に、バブル経済といわれるほどの活況を呈した時代においても、倒産する企業はあった。すなわち、倒産件数に大きな波はあれ、国家体制がどう

であろうと時代に関係なく倒産が発生しうるという意味で、倒産は不易の側面をもっており、これに備えるセイフティ・ネットは不可欠といえるのである。

他方で、企業倒産の件数や業種に変動があるということは、倒産には流行の側面もあることを示している。ある時期に特定の類型の倒産処理が課題となることで（たとえば、ゴルフ場の倒産、金融機関の倒産等）、倒産法の理論と実務は進展してきたのだが、倒産事件は一件一件それぞれ異なる事情を抱えているため、解決にはそれに応じた工夫が必要になることもある。たとえば、倒産に至った原因をみても、経営判断の誤り、放漫経営といった人的な要素があるかと思えば、主力商品の流行り廃りの中で売上不振に陥ったり、取引先倒産に連鎖したりと様々である。事案に応じて対処の仕方は異なってくるため、倒産への法的対応は種々の制度を熟知し使い分けていくべきものとなる。

消費者倒産の時代

倒産という現象は、自然人であっても商売をしている者であれば、企業と同様、避けられない（ベニスの商人）。これに対し、非商人たる自然人の破産はつい最近に至るまでは例外的なものであった。そもそも、自然人の場合は経済活動の規模も小さく、経済的破綻への対応にはかつての「準禁治産宣告」（民旧11条）が代用されることもあったように、浪費癖という病理現象ととらえられていた。ところが、大量生産の時代を迎え、所得倍増、家電三種の神器、マイカー、マイホームと、非商人の消費活動が加速するにつれ、その影の部分として、自然人の倒産現象は急速に広まっていった。

自然人、その属性でいえば消費者の倒産が増加したのには、消費者金融（サラ金）やクレジット・カードの普及が大きく影響してい

る。これによって、消費者は前倒しの消費活動への抵抗感がなくなり、また破綻していてもその顕在化が遅れるようになってしまった。加えて、借入れ時は易しく、取立て時は厳しい傾向にある業者の存在が、その対処の必要性を高めた。そこで注目されたのが、1952（昭和27）年に導入されながらさほど利用されていなかった、破産免責の制度（→第9章）であった。その後、一気に事件数は膨れ上がり、破産事件の大半は消費者の事件が占めるようになる。さらに、破産に代わる選択肢として導入された、調停による処理（特定調停）、個人再生が選択される事件も多く、世はまさに消費者倒産の時代になったともいえる状況にある。

2 倒産への法的対応

懲罰的対応と救済的対応

倒産の発生を織り込んだ社会であるからといって、今日のような内容をもった倒産法の体系がすぐに出来上がったわけではない。まず、倒産への対応は、そのような事態に至った者に厳しく臨むことから始まった。すなわち、倒産は、債権者から供与された信用に背くという意味で、詐欺に準じた非難すべき行為であり、各種の制裁・差別をもって臨むべきだという姿勢である。

しかし、倒産する者のすべてが悪いわけではない。まじめに商売に取り組んでいたにもかかわらず、倒産の憂き目に遭うことがありうることに、誰もが気づいたわけである。いってみれば、経済的な成功と失敗は紙一重のところがあるのであるから、倒産者に厳罰で臨むとすれば、それはやがて我が身に降りかからないとも限らない

のである。となれば、倒産が懲罰的な発想一辺倒で足りるような問題ではなく、その賢い克服こそ必要であるとの認識へと至っていくことになる。克服策その一は、清算手段、ないしは集団的な執行としての破産手続の確立である。なぜなら、倒産は、債務者の手元に残ったわずかな財産を奪い合う混乱をもたらすものであるから、この混乱を回避し、債権者の間で秩序立った清算を行うことが必要だからである。倒産した債務者に対する制裁から、債権者平等を実現する、債権者のための法へと発想を変えたわけである。

次いで、懲罰という視点で倒産した債務者をみるのではなく、いかに倒産を克服させるかという、債務者のための倒産法も芽生えることになる。すなわち、倒産した債務者にいつまでもその負い目を負わせるのは、必ずしも社会にとっても得策ではない。再スタートを認め、社会の構成員として、新たな活動にチャレンジしてもらう方がよいからである。そのために、過去の債務から解放され新たなスタートを切る手段として免責制度が導入されることになる。企業の場合には、倒産という極限状態こそが抜本的改革をするチャンスでもあるので、倒産即清算で市場から退場させるだけでなく、倒産を機に企業を甦らせる発想、つまり再建型の倒産手続が現れることになるのである。自然人にも、破産免責のほか前述の通り個人再生という選択肢が加わった。

倒産と倒産法

倒産への対処は倒産法だけが行うわけではない。現行の法制度の中には、一般実体法である民法等にも当事者の破産を前提にした規定は少なからず存在する（特に、契約に関する民 631 条・642 条, 保険 96 条等）。

また、履行を怠る債務者に対しては、債務者の財産を差し押さえて強制的にこれを換価して債権の満足を図る強制執行が可能であり、

うまくいけば一人占めもできるし，配当要求の制度等で他の債権者と競合した際の調整ルールもある。混乱を防ぐ緊急措置としては，仮処分の活用がそれなりに有効であろう。あるいは，ミニ破産制度の機能があるともいわれる，詐害行為取消権の存在にも思い至る。すなわち，倒産状態に陥った債務者は債権者を害する行動に出ることがあるので，民法では債権者に，債務者の詐害行為を取り消す権限を与えている（民424条）。取消しの効果は，実務の扱いはともかく，総債権者のためと位置づけられている（民425条。もっとも，判例は，取消債権者に総債権者への按分弁済義務がないとしている。最判昭和37・10・9民集16巻10号2070頁参照）。

倒産という非常事態の場面においては，早い者勝ちの行動は本能的なものであり，all or nothing の結末も是認の余地がある。しかし，前述のように，倒産が社会全体としては避けられない以上，all or nothing の是認は，不幸の再生産につながってしまいかねない（出遅れリスク）。つまり，倒産した債務者の不幸，債権回収競争に敗れた債権者の不幸と連鎖してしまうからである。出遅れずに済んだ債権者にしても，そうならないための債務者監視コストがのしかかってくる。倒産は自由主義経済にとっての不易であり，また個別的な事件ではなく，いわば集団的な事件である。その特質に照らし，適切な処理を可能とする，独自の法分野として倒産法の存在は，社会にとってのまさにセイフティ・ネットなのである。

誰のための倒産法か

倒産に対処する独自の法分野を倒産法と解するとしても，その主眼をどこに置くかについては，懲罰的対応と救済的対応の項で述べた通り，変遷があった。

倒産した債務者に対して制裁をもって臨むという発想は，債権者

の怒りを沈静化させる，あるいは倒産の一般予防効果を狙ってのものと考えられる。さらに，平等な配当を実現するという集団執行の発想も，債権者のための倒産法という考え方を窺わせる。これに対して，倒産した自然人を対象とした破産免責という制度は，明らかに債務者のための倒産法を志向したものだといえるだろう。

　しかし，現代の倒産法は，もはやそれほど単純な発想からなるものではない。これは，たとえば労働法が，かつては労働者の保護という視点で発想されていたのが，現在では，当事者を強弱で色分けするのではなく，あるべき雇用関係，雇用契約の規律として発想されるのと似ている面がある。自然人に破産免責による再スタートの機会を与えるのは，確かに債務者のためではあるが，それは社会の構成員としての寄与を期待するという意味で，社会のため，債権者のためでもある。そのことは，企業を念頭に置いた再建型の倒産手続で考えるとよくわかる。破綻した企業に再建の機会を与えるということは，一見すると，債務者のため，当該破綻企業の経営者のための制度であるかのように映る。しかし，企業を清算し解体してしまうより，何らかのてこ入れによって企業を存続させる方が国民経済的に望ましいことが多いし，取引先が残ることで債権者にとっても望ましい結果となることも少なくないのである。それどころか，存続させるのは，物としての企業であり，その経営者温存を当然に意味するとは限らない（会更67条3項参照）ので，むしろ国民経済的な利益に力点があるとみることもできるのである。さらに近時は，倒産処理における環境問題（たとえば，産業廃棄物処理業者が倒産した場合に現実化してくる）のように，社会正義の実現という視点も必要とされるようになってきた。

3 倒産処理の目的と担い手

目的（1条）論　倒産処理の目的は何か，それは時代とともに変わってきた。各手続で共通するところもあるし違っているところもある。破産法，民事再生法，会社更生法の各法は，近時の立法例にならい，その第1条で目的を掲げている。ここには，現在のわが国の倒産処理が何を目指すべきかが示されているといえるので，その現実の機能を評価する際の基準になるし，個別の問題を解決する場合の指針となるべきものでもあろう。

各法第1条をみると，①債務者の経済的破綻に対処すること，②債権者らの権利関係の調整をすること，③債務者の再生に寄与することの3点については，多少のニュアンスの違いはあるにせよ，共通性がある。①は，倒産法制の一環をなすものとして，各法の適用条件を示すものである。これに対し，②は，倒産という状況下では権利関係の調整が不可欠であること，③は，各法が債務者の再生も視野に入れていることを示すものである。その意味で，わが国の現行倒産法制は，債権者の利益あるいは債務者の利益，というように一方だけを考慮したものではなく，複合的な要素をもったものであることがわかる。また，倒産処理の手続を定める手続法の要素（「手続」という表現は，民事再生法の第1条にはないが，破産法と会社更生法の第1条とことさら違える趣旨ではないと思われる）と，経済的破綻に瀕した場面で実体的な権利関係がどうなるかを定める実体法の要素もあわせもったものであるということも，この目的規定から読

み取ることができる。

Column① 民訴目的論と倒産目的論

本書読者の多くは，倒産法に先立って，民事訴訟法を学んでいることが多いであろう。民事訴訟の目的をめぐる議論では，①権利保護説，②法秩序維持説，③紛争解決説，といった主要な考え方が対比されるだけでなく，その変遷についても一瞥することになる。そして，多元説，棚上げ説といった目的論に接し，やがてそれが終わりのない永遠の問いに思えてくる。そして，民事訴訟法の世界において，この論争に決着がついていないこと，それどころか，近時の法令の多くが冒頭に目的規定をもっているにもかかわらず，民事訴訟法には目的規定がないことに衝撃を受けるものである（ちなみに，刑事訴訟法は第1条に目的を掲げている）。

民事手続法の分野では，民事執行法，民事保全法，人事訴訟法，仲裁法，家事事件手続法なども目的規定をもっていないが，現行の倒産法は3法ともこれをもつ。したがって，これを無視して奇抜な目的論が展開される余地は小さい。しかし，本文に示したように，3法が格別に目的規定をもっているということは，当然3手続の差別化が意図されている。倒産3法から特別清算，私的整理までを含めて倒産法という言い方で括った場合，そこに通底する目的論があるのかという，学問的関心が呼び覚まされることになる。倒産法の基礎理論として試みられてきたところがこれに近い意義を有しているものと思われる。古くは民事訴訟の訴権論から派生した①破産請求権論で始まり，②財産価値最大化論，③市場適合的倒産論，④再分配論，等が唱えられている。その意味で，倒産法の世界でも，問い続けられるべき目的論があると考えてよい。

破産手続の目的　　目的規定を個別的に確認しておくことも有益であろう。破産法第1条は，ここに定めるのが「清算に関する手続」であり，「債務者の財産等の適正

かつ公平な清算」と「債務者について経済生活の再生の機会の確保」を図ることを目的とすることを明確にしている。すなわち，債務者が支払不能等の経済的破綻状態にあるという場合に，その清算をするにあたっては，債権者の満足がどれだけ多くなるかよりも，関係者の扱いの公平さが追求されるべきこと，そして自然人を念頭に置いた破産免責による再スタートも，本来的な目的と位置づけられたわけである。

その上で，破産手続における実体法の側面を「債権者その他の利害関係人の利害及び債務者と債権者との間の権利関係を適切に調整し」と表現している。これは，前半では，利害関係人間の利害関係（横糸），後半では，債務者と債権者の権利関係（縦糸）と，倒産処理の実体的なダイナミズムを示したものといえるが，現代の破産手続が，破産配当に至るまでの過程で，債権者にとどまらず，濃淡様々な利害関係者との調整抜きになしえないことをも示している。

再生手続と更生手続の目的

清算型手続であることを前提とした目的規定となっている破産法第1条に対し，民事再生法，会社更生法の第1条は，再建型手続としてのそれを掲げる。経済的に窮境にある債務者の事業の再生を目的とする点で，両者は共通している。もっとも，再生手続と更生手続の手法の違いが，この目的規定にも影響している。

まず，再生手続は，法人か自然人かの区別や法人の種類を問わない再建型手続の一般法という位置づけにあるので，その目的を「債務者の事業又は経済生活の再生」としている。そして，更生手続との差別化が当初から意識されていた関係で，手続構造を単純なものとし，公式の利害関係人を一般債権者に限定した。その意味で，利害の調整については，「債務者とその債権者との間の民事上の権利

関係を適切に調整」という表現になっており，これは再生計画での権利変更が再生債権に限定されていることにあわせた表現といえる。

これに対し，更生手続は，基本的には規模の大きい株式会社を念頭に置いた手続であり，担保権をもたない一般の債権者のみならず，担保権者や株主までを手続に取り込むものとしているので，「債権者，株主その他の利害関係人の利害を適切に調整し」と表現されている。実際，更生手続の集大成となる更生計画はきわめて複雑なものとなっており，利害関係人をクラス分けして計画の可否を決している。事件の行方が地域経済のみならず，全国あるいは外国にも影響を及ぼすことがあるのも会社更生のケースに多い。

> 倒産処理と司法・行政

本書で学ぶ破産手続を始めとする倒産手続は，裁判所が主催する手続の1つとなっている。すなわち，プロの法律家である裁判官が主催者に位置し，同じくプロの法律家である弁護士が担い手となって行う手続となっている。これは，倒産処理の最大のテーマが債務者の経済的破綻を前にしての債権者の権利の処遇であることを考えると，妥当であろう。すなわち，民事上の権利義務関係の行方を律していくことが，まさに法律家の真骨頂ともいえるからである。もっとも，裁判所における倒産処理は，狭義の司法作用，つまり判決手続の形式でこれを進めているのではない。基本は決定手続の形式であり（破8条，民再8条，会更8条），権利義務の終局的判断になる場面でのみ判決手続を用意するというスタイルを採用している（この点の合憲性については，最大決昭和45・6・24民集24巻6号610頁／百選1①）。したがって，裁判所が主催するといっても，実際の倒産処理は弁護士が仕切っており，裁判所の役割は手続的なマネジメントが中心になることが多いので，裁判所に代わって行政がその手続を担っても不思議

ではないのである。

　実際，行政が担う倒産処理というのは，空想ではない。国によっては，倒産事件への関与は裁判所よりも行政の方が強いという例があるし，わが国にも存在する話である。たとえば，1990年代以降，金融機関の倒産は珍しくなくなり，裁判所でこれを処理するための特例（「金融機関等の更生手続の特例等に関する法律」）が整備され，現に裁判所で処理されたケースもあるが，現実には，監督官庁や預金保険機構等の金融行政システムの中で処理される例が多数を占めている。"Too big to fail"という言葉で表現されるように周囲への影響の大きい金融機関については，護送船団方式で破綻を回避する「不倒産」政策がとられてきたが，倒産が顕在化した今もほとんどは行政レベルで破綻処理を吸収しているのである（行政倒産処理）。国が産業再生機構という国策会社を作り大型の破綻事例に対処していたし（→第23章*3*），また，夕張市の例で注目を集める，自治体の破綻処理システムの再整備も，倒産という現象に司法と行政がどう関係しうるかということを考えさせる問題である（ちなみに，アメリカでは，連邦倒産法の中に，自治体の債務調整手続が含まれている一方，金融機関についてはすべて行政システムに委ねている）。

| 倒産処理と司法権の限界 |

　権利義務の判断は，法律家の得意とするところであり，司法権本来の作用といえるものである。しかし，倒産処理の過程で出てくる問題は，こうした狭義の司法権に属するものばかりではない。そして，司法権が万能の存在でないことは当然の前提となっており，従来からその限界を画する議論が知られている（裁判所法3条における法律上の争訟性に関する議論）。統治行為，宗教団体の内部紛争等が法律上の争訟にあたらないものの代表例であるが，ビジ

ネス紛争でも経営判断の原則によって,司法権の介入が制限される。これは,取締役の責任を追及する株主代表訴訟(会社847条以下)の中でその是非が問われることになったもので,取締役の経営判断にリスクはつきものであるから,裁判所が後から介入して取締役等の経営者に責任を負わせると,経営者を過度に萎縮させてしまうことにつながるので,安易な介入は控えるべきであるとの考え方である。

しかし,倒産処理にはここでいう経営判断以上の問題が含まれている。すなわち,再建型手続に不可避となってくる「再建の見通し」という将来の経営に関する判断がそれである。旧会社更生法の更生手続では,「更生の見込」が手続開始段階から問われていた(旧会更38条5号)。さすがに,現行法では,開始段階でこのような経営実体的な要件は求められなくなったが,再生計画でも更生計画でも,その遂行可能性が計画の認可要件であることは変わりない(民再174条2項2号,会更199条2項3号)。その意味で,裁判所が事業の将来見通しについて判断を求められる場面が存在するわけである。こう考えると,はたして現在の法律家は,このような判断について専門性を認められたプロといえるか,疑問が湧いてこよう。実際,フランスでは,倒産事件は商事裁判所の管轄とされているという意味では司法権の範囲内にあるものの,商事裁判所を支える裁判官は商人から選ばれる仕組みを採用しており,職業裁判官とは一線を画した裁判官であることに留意する必要がある。したがって,現在のわが国における倒産処理システムは必ずしも普遍的な姿ではなく,過渡期の存在かもしれない。

> 関係者の自治

裁判官や弁護士が,その職業柄,倒産処理のすべての問題のプロではないとしたら,その点はどのようにフォローされているのであろうか。近時,

倒産処理の周辺はかなりの賑わいをみせている（→表1-1, 表1-2）。従前は, 倒産は整理屋が跋扈するこわい事件類型とされていたが, 近時は, 様々なプレーヤーがビジネスととらえて表舞台で活躍するようになってきた。すなわち, 倒産処理は, これに精通した弁護士, 債権者としての金融機関や商社の独壇場の時代を終え, 現在では, 事業再生コンサルタント, 事業再生ファンド, M&A会社, ターンアラウンド・マネージャー等の関与がクローズ・アップされるようになってきたのである。様々な専門家が一丸となって関与している点で,「チーム医療」に類似している。

　確かに, 倒産処理はこれを前向きに捉えれば, 再編成を促すビジネス・チャンスといって間違いない。法律家がビジネスの専門家でない以上, こうした多様なプレーヤーの登場は必然の現象であろう。しかし, こうした新たなプレーヤーのサポートを受ける前に, 倒産処理は, 固有のプレーヤーである債権者, 債務者本人の自己決定によって進められるべきことに気づく必要がある。従来は, 裁判所と管財人等の手続機関に就任する弁護士の丸抱えになってしまうきらいがないわけではなかったが, 現在のわが国の倒産手続は, 関係者の自治を尊重する姿勢を基本に据えている。その前提として, 情報の開示や記録の閲覧, 関係者の意見聴取等の手続を充実させ, それらを踏まえて, 債権者の自治とガバナンス機能にも期待を寄せているものと思われる。

　倒産はごく稀に起こる現象ではない。これにいつどこでどのような立場で関わらないとも限らない時代となった今, 倒産法の理解は法律家の枠を越え, 広い範囲で現代人に求められるようになってきているといえるのである。

表1-1 破産手続開始決定（破産宣告）件数の累年比較表（全国）

	破産手続開始決定（破産宣告）件数	うち同時廃止（%）	うち破産管財人選任（%）
平成11年	130,576	119,712（91.7）	10,864（ 8.3）
平成12年	143,408	129,758（90.5）	13,650（ 9.5）
平成13年	164,521	147,515（89.7）	17,006（10.3）
平成14年	220,322	197,207（89.5）	23,115（10.5）
平成15年	254,281	229,158（90.1）	25,123（ 9.9）
平成16年	219,408	195,326（89.0）	24,082（11.0）
平成17年	192,733	166,279（86.3）	26,454（13.7）
平成18年	173,060	143,675（83.0）	29,385（17.0）
平成19年	156,136	123,506（79.1）	32,630（20.9）
平成20年	139,326	101,692（73.0）	37,634（27.0）
平成21年	135,180	95,335（70.5）	39,845（29.5）
平成22年	129,576	91,766（70.8）	37,810（29.2）

(司法統計年報から作成)

(注) 破産管財人選任件数は，破産手続開始決定（破産宣告）件数から同時廃止件数を減じた数値を記載した。

表1-2 再建型倒産事件新受件数一覧表（全国・会社整理を除く）

	通常再生	和 議	会社更生	個人再生	うち小規模（%）	うち給与（%）	特定調停
平成11年	—	231	37	—	—	—	—
平成12年	662	42	25	—	—	—	—
平成13年	1,110	—	47	6,210	1,732（27.9）	4,478（72.1）	294,485
平成14年	1,093	—	88	13,498	6,054（44.9）	7,444（55.1）	416,668
平成15年	941	—	63	23,612	15,001（63.5）	8,611（36.5）	537,071
平成16年	712	—	45	26,346	19,552（74.2）	6,794（25.8）	381,503
平成17年	646	—	44	26,048	21,218（81.5）	4,830（18.5）	274,794
平成18年	598	—	14	26,113	22,379（85.7）	3,734（14.3）	259,297
平成19年	654	—	19	27,672	24,586（88.8）	3,086（11.2）	208,360
平成20年	859	—	34	24,052	21,810（90.7）	2,242（ 9.3）	102,688
平成21年	659	—	36	20,731	18,961（91.5）	1,770（ 8.5）	56,004
平成22年	348	—	20	19,113	17,665（92.4）	1,448（ 7.6）	28,229

(司法統計年報から作成)

(注1)「通常再生」は小規模個人再生事件および給与所得者等再生事件を除いた民事再生事件を示す。
(注2) 通常再生の平成12年の数値は4月から12月までの数値である。
(注3) 和議の平成12年の数値は1月から3月までの数値である。
(注4)「個人再生」は小規模個人再生事件および給与所得者等再生事件を示す。
(注5) 個人再生の平成13年の数値は4月から12月までの数値である。

第2章 倒産処理の仕組み

> わが国の倒産処理はどのようになっているか。先進諸国に比べると全面改正は遅れたが，充実した倒産法制が出来上がった。第2編以下の各論に先立って，倒産法制の全体を鳥瞰しておくことが有益であろう。

1 倒産法制の変遷と法源

沿革と変遷①　　わが国の現在の倒産法制は，他の基本法と同様，明治時代に外国，とりわけヨーロッパ諸国の法を継受したところを淵源としている。もっとも，それ以前のわが国にはこれに類する考え方がなかったわけではなく，江戸時代の御定書百箇条に「身代限り」「分散」という現在の破産手続の原型になる明文の制度があった。また，地域の慣習法として，「仕法」と呼ばれる私的整理の手法が，江戸時代から昭和初期に至るまで行われていたことも知られており，これは互助的な資金援助機能をもった頼母子講とともに，破産者の再スタートに資する制度となっていた。

しかし、近代的な倒産法制への歩みは、こうした固有法とは袂を分かち、ヨーロッパの倒産法制をモデルにするところから始まった。すなわち、フランス法を模範とした1890（明治23）年公布の旧商法の破産編が、外国モデルの最初の破産法典である。商人のみに適用される商人破産主義の考え方をとり、破産者に対する厳格な資格制限があったほか、免責制度は採用されていなかった。そして、同じ年に、非商人を対象にした破産手続として、家資分散法も制定され、旧商法の破産編とともに施行された。ところが、この倒産法制には不備が少なくなかったこと、そしてその後、ドイツ法をモデルにした基本法典の整備が進んだこともあり、施行直後から改正の要が叫ばれていた。その際に模範とされた1877年ドイツ破産法は完成度の高い破産法典で、これにならったことで、わが国の破産法制と破産関係の各種の法概念はほぼ確立したが、法典として結実をみたのは、1922（大正11）年公布の旧破産法であった。さらに、同じ年に、わが国最初の再建型手続として和議法が、当時最新の立法であったオーストリアの和議法を参照して、制定された。この旧破産法と和議法は、その後、およそ80年もの間、わが国の倒産法制として運用され続けた。

> 沿革と変遷②

その後、昭和年代に入り、1938（昭和13）年には、株式会社に限定した倒産処理制度として、商法の中に会社整理と特別清算が導入されたが、これは当時のイギリスの会社倒産法制から示唆を受けたものだといわれている。事件数が極端に増えることはなかったが、中小の株式会社の事件で利用されていた。

その後、第二次世界大戦での敗戦を経て、わが国の法体系は、憲法を始めとして、アメリカ法の影響を受けるようになったのである

が，倒産法制もその例外ではない。すなわち，1952（昭和27）年に，主として株式会社の中でも規模の大きいものの再建型倒産手続について定める会社更生法が制定された。これは，まさにアメリカの制度の直輸入といってよいもので，担保権者をも手続に取り込み，経営陣を入れ替えるという（和議や会社整理とは一線を画した）本格的な事業再建手続の導入であった。また，株式会社についてこのような制度を導入したことにあわせて，同じ年に，破産法の一部改正の形で，破産免責の制度が導入された。すなわち，経済的に破綻した自然人にも再スタートの機会を与える趣旨で，それまでの非免責主義を改めたものである。

以後50年近く，清算型として，①破産，②特別清算，再建型として，③和議，④会社整理，⑤会社更生，という倒産5法制が続いた。景気変動による事件数の波，昭和50年代以降顕著となった消費者破産の急増といった推移を経ながら，平成の大改正を迎えることになったのである。

| 現行倒産法制の法源 |

この間，日本社会は大きく変動しており，大正年代に制定された破産法や和議法のような古い法典を解釈と運用で取り繕うのにも限界があったし，中小企業にとって使い勝手のよい再建型手続を要求する声も高まってきていた。1970年代後半以降，先進諸国が相次いで各国内の倒産法制を全面改正するだけでなく，国際倒産事件の増加に伴い，国際倒産処理のルールを作る関係で，他国の倒産立法の動向がお互いに気になる時代となった。わが国でも，遅ればせながら，1996（平成8）年10月に法制審議会に倒産法部会が設置され，倒産法の改正作業が始められた。当初は，全面改正しかも倒産法制の一本化ということも模索されたが，諸事情から，順次法案を整備する形で進める

ことになった。

　この改正作業で出来上がったのが現在の倒産法制である。嚆矢となったのは，1999（平成11）年末にできた民事再生法であり，これによって和議法は廃止された。翌2000（平成12）年には，民事再生法について，個人再生と住宅資金貸付債権に関する特則を付加する一部改正がなされ，さらに，「外国倒産処理手続の承認援助に関する法律」を始めとする国際倒産に対処する一連の法整備がなされた。続いて，当初は一部の手直ししか予定されていなかった会社更生法も，2002（平成14）年に全面改正がなされ，翌年4月から施行された。そして，改正作業の山場となったのが破産法の改正である。破産法の改正に際しては，否認権等のいわゆる倒産実体法も改正されることになり（つまり，民事再生法や会社更生法の実体法部分もあわせて改正），2004（平成16）年に新破産法が制定され，旧破産法は82年でその幕を閉じた。取り残された会社整理・特別清算は，会社法の制定作業の一環として検討が加えられた。会社法は2005（平成17）年に成立し，翌年5月の同法施行により，会社整理は廃止され，特別清算は大幅に手直しされ存続することとなった。こうして，かつての倒産5法制は4法制となったのである。

2　倒産法制によらない倒産の処理

　　倒産と私的整理　　　　稼ぎが少ないのに出費ばかり増え，にっちもさっちもいかなくなれば，企業も自然人も倒産ということになる。企業の倒産件数は，大手の興信所が定期的に公表するところでほぼ網羅されており，月間ベースで

1,000件を割れば少ないと評価され,年間ベースで2万件を超えれば多いと評価される傾向にある。自然人の倒産については,正確にこれを把握することは難しい。25万件強と最多記録になった2003(平成15)年の破産手続開始事件のほとんどが自然人であり,クレジットカードの普及,街にあふれる消費者金融の数から考えても,破産予備軍はなお多いと推測されている。

ところで,倒産と認知されるに至った企業や自然人のすべてが,裁判所の狭義の倒産手続に服しているわけではない。自然人であれば,借金苦の自殺や夜逃げといった悲しい結末を迎えてしまう例も少なくないし,企業であれば,親会社や行政が救いの手を差し伸べるのはよいとして,整理屋のたぐいが牛耳ってうやむやな処理がなされる例があるのも事実である。これには,裁判所の倒産手続の存在・有効性が社会に周知されていなかったり,それを教える有識者に恵まれなかったりといった要因が考えられるし,そもそも改正前の倒産5法制には不備もあって使い勝手が悪いという根本的な問題もあったと思われる。かつては,認知ないし推測可能な倒産件数(人員)に比較し,裁判所の倒産手続新受件数の比率はかなり低いのが実情であった。

そうした中,機能が低下していた裁判所の倒産手続を事実上補っていたのは,「私的整理」と呼ばれる,任意の倒産処理であった。一口に私的整理といっても,処理の仕方は様々であったが,近時は,裁判所の倒産手続も運用面の工夫がなされ,今般の全面的な法改正で使い勝手がよくなったことで,私的整理の余地は相対的にはかなり低下しているといえる。

私的整理の新展開

私的整理を定義づけしたり,平均的なスタイルを示すことは一般には困難である。

かつて実態調査が試みられたこともあるが，その形態は実に多様だった。裁判所を介在させることなく，債務者と債権者の合意を基礎として倒産の処理を進めるのであるが，債権者の中から核になる人物を選んで（債権者委員長と称することが多い），この者を中心に清算の方向でも再建の方向でも柔軟に探ることが可能であった。また，処理のスピード，費用の安さ，そして秘密性にも優れているが，強制力を欠き，時には不正の温床となることもあった。しかし，いかに裁判所の倒産手続の使い勝手がよくても，すべての倒産事件をそこで処理することは処理容量の限界もあるし，関係者の合意できちんと処理できるのであれば裁判所で処理する必要性もない。現実に照らせば，ある程度は私的整理の形で倒産の処理がなされなければ困るといってもよい。そのため，私的整理をいかに合理的に規律するか，理論構成の面でも様々な試みがなされてきた。

そして，今世紀に入り，私的整理は新たな動きをみせるようになる（→第23章）。折しも，バブル経済の崩壊で深刻化した金融機関の不良債権問題，企業からみれば過剰債務問題が今般の倒産法制の大改正を促したことはいうまでもないが，私的整理の標準化をも促すことになったのである。具体的には，2001（平成13）年9月に，金融界・産業界の代表者間の合意という位置づけで『私的整理に関するガイドライン』（私的整理ガイドライン）が策定されたことを指す。ここで念頭に置いているのは，再建型の私的整理であるが，債務者と銀行等の主要債権者との合意をベースに，3年をめどに債務超過の解消・黒字転換が可能となるような再建計画案に基づき再建を試みるという趣旨のものである。

もっとも，このガイドラインには，経営陣の退陣を求めたりするなど厳格にすぎた面があって，頻繁にこれが利用されるというまで

に至っていない。その後，私的整理ガイドラインは，東日本大震災に対応する個人版を整備し，こちらはよく利用されている。

私的整理のバリエーション

私的整理ガイドラインだけが私的整理の新しい動きではない。

まず，多重債務状態に陥った自然人の債務整理を民事調停によって行った実績から，現在では独立の根拠法をもって実施されている特定調停の方法が挙げられる。これは，債務者が債権者数名と，調停による合意によって債務を整理するもので，多く利用された時期もあるが（2003〔平成15〕年には53万件），金利法制の改正によって問題が落ち着いたこともあり，現在は激減している。基本的には，自然人の多重債務ケースでの利用を想定して作られたものであるが，法人の利用を妨げるものではないし，特に地方公共団体が絡んだ土地開発公社，住宅供給公社，第三セクターの破綻処理でも実績を挙げている。

産業再生機構や企業再生支援機構の果たした役割も大きい。民業の形はとっていたが（つまり，これらの機構は株式会社），国策による私的整理の推進ともいうべきものであった。また，別の私的整理のバリエーションも展開されていた。すなわち，バブル経済崩壊の代名詞でもある住宅金融専門会社（住専）の破綻処理機関としてスタートし衣替えして役割を拡充してきた整理回収機構（RCC）も，執行・清算型の回収のみならず，再生可能な企業については再生を支援することが回収の最大化につながるとの位置づけで，私的整理ガイドラインに相当程度依拠しながら独自に再生を推進している。さらに，地方の中小企業のためには，「産業活力の再生及び産業活動の革新に関する特別措置法」（産活法）により各都道府県に中小企業再生支援協議会が設置され，中立の立場で，個々の企業の状況にあ

わせた再生手法を講じさせている。これは，相当数の実績を挙げており，民間ベースの事業再生 ADR も展開している。

自然人については，前述の特定調停のほかにも，日本クレジットカウンセリング協会が，消費者に特化したカウンセリングによって債務整理と家計の建て直しに寄与しているし，弁護士や司法書士が債務者の依頼を受けて債務整理を試みている例も多い。また，個人差のある事案に対応すべく，多重債務関係の相談窓口は多岐にわたっている。

こうした裁判所の倒産手続によらない倒産処理はすべて，広い意味での私的整理ということになるが，近時は「倒産 ADR」と括ることもある（→第24章）。

3 倒産法制の構造と概要

倒産法制の基本構造

「訴えなければ裁判なし」の法諺は，倒産現象についても基本的に妥当している。先に述べたように，倒産が顕在化しても，そのすべてが裁判所の倒産手続を利用しているわけではない。種々の私的整理によって処理されたり，債務者が逃亡したり，債権者の早い者勝ちの商品引揚げによってもぬけの殻になってしまい，倒産処理らしいことが全くなされないことも少なくない。

したがって，一般の民事紛争と訴訟の関係と同じように，裁判所の倒産手続は，そのための当面の費用負担を覚悟した当事者の申立てによって開始されるのが基本ということになる（例外は，先行する再生手続や更生手続が途中で挫折してしまうことにより，「牽連破産」とい

う形で破産手続が職権で開始される場合である)。申し立てるのは，当事者すなわち債務者または債権者が大半である(更生手続や特別清算では株主にも申立権が認められているが，その例は少ない)。つまり，私的整理では適切な処理の確保が難しいとの当事者の判断があることで，裁判所の倒産手続が選択されるわけである。したがって，費用についても利用者負担が原則で，申立てに際しては，所定の手数料と予納金を要する(予納金は財団規模，管財人選任の有無などにより，金額が異なる。→表3-1)。さらに，提起された民事訴訟について訴えの利益という名の訴訟要件が問題とされるのに準じて，入口審査がある(たとえば，破30条)。しかし，仮にこれを満たしても債務者の残余財産が極端に少なく手続の費用負担に耐えられないと考えられる場合は，実質的な意味での倒産手続がなされないこともある(同時廃止。破216条)。実際，倒産手続は，極限の経済状態に対処する高度な営みであり，主催する裁判所，実際の倒産処理を担う専門家のスキルが集約されて可能になるものであるから，そのための最低限の費用が用意されなければ，手続は進められない。

わが国において，倒産手続は，原則として，債務者の所在地を土地管轄のベースに，地方裁判所(支部を含む)がこれを専属管轄として担当することとされている。裁判所は，倒産手続の節目節目で重要事項について判断を示すことでこれを主催し，実際の倒産処理は，個々の事件で破産管財人などの手続機関に任命される弁護士等がこれを担っている。

縦割りシステム

倒産という事態に直面し，かつ，私的整理による処理が難しいという場合には，いよいよ裁判所の倒産手続の利用ということになるのであるが，わが国の倒産法制は，ここで手続選択という重大な岐路に立たされる。

倒産4法制のうち，特別清算は通常清算手続からの移行（会社510条）ということで異なった位置づけにあるが，他の3法制については，選択に際して順番が決まっているわけではない。もちろん，利用資格を始め手法も違うので，個々の事件との相性でほぼ決まってしまう場合もあるが，破産手続，再生手続，更生手続は，基本的にはどれでも使えるので，どれであるかを指定して申し立てるべきものとされている。これが縦割りシステムの意味であり，利用に際しては，破産・再生・更生の別を明らかにして臨まなければならないのである。すなわち，3法制の違いを正確に認識した上で，事業の規模・状況，担保権者の動向，債務者および債権者の意向，といった個々の事件の具体的な要素を踏まえて，これを選択することが求められているのである。どの手続であっても結局は同じ裁判所で扱うのであるが（裁判所の専門部・集中部制。東京地裁だけが，破産・再生と更生とでは別の部になる），3法制の見極めは後回しにして，とりあえず裁判所に倒産処理の申立てをするというわけにはいかないのである。

　もっとも，差し迫った状況での申立人の選択判断には誤りもありうることから，これを是正する仕組みも一応は整えている。そこで，法は各手続間の優劣関係を定め（再建型優位，特別手続優位），「債権者一般の利益」による手続間の個別調整の余地も残し，また手続途中での軌道修正は手続間の移行（多くの場合，優位にある再生・更生・特別清算がうまくいかず破産に移行する「牽連破産」となる）によって，これをカバーしているのである。

破産手続の実態

破産手続は，わが国の倒産法制のベースになるものである。あらゆる法人，自然人が利用でき，再建型手続が失敗に終わる場合も含め，倒産処理の

最終受け皿であり、破産手続の存在が、他の3手続はもちろん、私的整理の試みをも下支えしているといえる。

もっとも、現在のわが国の破産事件は、数の上では、自然人、すなわち消費者破産が多くを占めている（→表1-1）。消費者破産のケースでは、残余財産が乏しいことから、本来的な意味での破産手続は実施されず（同時廃止。破216条）、もっぱらその後に破産免責を得て、経済生活の再生に資することが狙いとなっている。

一方、消費者のケースを除いた部分が事業者の破産ということになり、件数が少ない印象を受けるかもしれないが、この部分こそがわが国の倒産処理として破産手続が最も堅実に機能していることを示すものである。つまり、裁判所によって選任される破産管財人の下で、破産財団の管理・換価がなされ、届出・調査・確定を経た破産債権に対して破産配当がなされるという、清算型倒産処理の原型が保たれているからである。とはいえ、破産配当を実現し手続終結に至るまでには2年〜3年を要することも多く、破産配当率も、10%以下の事件が大半を占めており、決して高い数字とはいえない。もっとも、これは破産者の財産の多くが担保に供されている現実を反映したものであり、配当率の低さが機能不全を意味するものではない。むしろ、既存の実体法秩序を厳格に尊重しつつ、別除権者（→第7章）との調整、否認権（→第6章）の行使などが細やかになされているのがわが国の破産事件の特徴といえる。

ところで、破産手続が倒産処理の原型であり清算型であるからといって、結局は企業が潰れることに変わりはないと負のイメージだけでこれをとらえるのは誤りである。近時、清算型と再建型は接近する傾向にあり、とりわけ、財産の換価方法として事業譲渡を活用する場合は、代金の配分・法人の消滅という点では確かに清算であ

るが，事業自体は譲受先の支配下で存続しており，見た目には再建型との差は小さいといえる。破産手続は，自然人について免責が許可される場合だけでなく，事業のレベルでも再スタートの契機となっており，もっと前向きにとらえられてもよいだろう。

再生手続の実態

現行倒産法制の嚆矢となった民事再生法の制定は，入れ替わりで廃止された和議手続があらゆる点で不評を買っていたのに対し，見事に再建型倒産手続の再生に寄与するものになった。

わが国の企業の多数を占める中小企業にとって使い勝手のよい再建型手続を制定しようという立法者の所期の狙いは功を奏し，2種類の個人再生（小規模個人再生と給与所得者等再生）も，多重債務に陥った場合の破産と並ぶ選択肢として確実な定着をみたといってよい。

通常の再生手続に関していえば，その柔軟かつ迅速な事件処理が生命線となっている。DIP型（自力再建型）といわれる経営権温存方式は，従前の和議でも同様であったのであるから，この点だけが事件増を促したわけではない。事件の個性に応じて様々なバリエーションを用意しつつも，DIP債務者に監督委員を付ける監督型を基本とし，監督委員の役割を明確にしたこと，そして実務が事件処理の標準スケジュール（→*Column②*）を掲げ，スピーディーな事件処理に邁進していることが大きいように思える。

かつての和議が保全処分の食い逃げ（弁済禁止の保全処分の効力によって，銀行取引停止処分を逃れた後に和議の申立てを取り下げる）に終わることが多かったことと比べると，手続開始率は格段に上がった。すなわち，実質的に再生手続が機能しているわけで，新しく導入された包括的禁止命令，担保権消滅許可制度，決定手続による役員責任・否認権・債権査定等も効果を発揮している。また，再生計画の

履行状況についても，和議の時代とは違い，そのフォロー体制が用意されたことから格段によくなっているようである。

*Column*② 再生事件のいわゆる標準スケジュール

民事再生手続の特徴として，手続の迅速性・透明性・予測可能性が挙げられるが，それに貢献しているのが，各裁判所における標準スケジュールの設定・公表と打合せ期日の実施である。すなわち，全国各地の裁判所では，再生手続開始の申立てから債権者集会，認可決定に至るまでの手続の進行予定を定めた標準スケジュールを公表している。以下の表は，東京地方裁判所民事第20部の民事再生手続標準スケジュールである（2013〔平成25〕年2月現在）。

手　続	申立日からの日数
申立て・予納金納付	0 日
進行協議期日	(0 日～1 日)
保全処分発令・監督委員選任	(0 日～1 日)
(債務者主催の債権者説明会)	(0 日～6 日)
第1回打合せ期日	1 週間
開始決定	1 週間
債権届出期限	1 か月+1 週間
財産評定書・報告書提出期限	2 か月
計画案（草案）提出期限	2 か月
第2回打合せ期日	2 か月
認否書提出期限	2 か月+1 週間
一般調査期間	10 週間～11 週間
計画案提出期限	3 か月
第3回打合せ期日	3 か月
監督委員意見書提出期限	3 か月+1 週間
債権者集会招集決定	3 か月+1 週間
書面投票期間	集会の8日前まで
債権者集会・認可決定	5 か月

東京地方裁判所の場合は，申立てから開始決定までが1週間，申立てから再生計画案の決議および再生計画の認可決定までが5か月である。若干の地域差はあるものの，他の多くの裁判所でもおおむね同様であり，再生計画認可決定までは5か月～6か月である。

また，裁判所，監督委員，再生債務者とが，再生手続開始申立て時，手続開始決定時，財産評定書・財産状況報告書（民再125条）等の提出日，再生計画案の提出日などの，再生手続上の重要な時期に，打合せ期日を設けている。この打合せ期日において，再生手続の進行状況や問題点について協議を行うことができ，スケジュールに沿って再生手続を進めていく上で，重要な役割を果たしている。標準スケジュールの設定・公表と打合せ期日の実施が，再生手続の迅速な進行を支えており，これが再生手続への信頼性を高めている。

　もっとも，再生手続の使い勝手のよさは，時に，債権者の目には安易な債権切捨て手段と映ることもないわけではない。また，当初はスムーズな事件処理に資していた標準スケジュールやマニュアルにとらわれるあまり柔軟性を欠いたり，事件処理の地域格差という問題も現れたりしている。これらの現実にも目を向けておく必要があるだろう。

更生手続の実態

　従前の倒産法制の中では最新であった会社更生法も，今世紀に入り制定から既に50年を経過しようとしていた。敗戦後のアメリカ法に影響を受けた法律として，憲法や刑事訴訟法と並ぶ象徴的な存在で，和議や会社整理とは大きく異なる本格的な再建型手続であった。確かに，戦後の著名な倒産事件ではこれが利用されてきた実績もある。しかし，新受件数が少ない上に，わが国における大会社の存在実態との関係もあり，東京と大阪以外ではたまにしか使われない，ローカルな再建型手続といっても誇張ではなかった。

　原則として経営者を更迭し，手続には担保権者をも取り込み，資本構成や組織変更も手続内で行う，といった手法は既に旧法下から

確立していたので,改正に際しても当初は一部の手直ししか予定されていなかった。ところが,先行して成立し施行された民事再生法における再生手続に,大型の倒産事件が流れ込むといった現象が起こり,硬直化の兆しのあった会社更生法も全面改正されることになった。もっとも,基本的な手法を変更したものではなく,再生手続の柔軟性・迅速性にならっての改正が多くを占めた(→第22章)。

しかし,2002(平成14)年の全面改正によって更生事件数が増加した様子はない。これは,早期に更生手続を利用する思考法が根づいていないことに原因があろう。また,この間,産業再生機構による案件処理,私的整理ガイドラインなどの倒産ADRが功を奏したことも,更生事件数をなお少ないまま推移させている理由であろう。

特別清算の実態

特別清算は,債務超過等の状態にある株式会社の(破産に比べ)簡易な清算手続であり,会社法に根拠をもつ特殊な倒産手続である。

債務超過等の状態にある清算株式会社について,破産を回避して,簡易に,しかしある程度債権債務関係を厳格に清算するというコンセプトは社会の一定の需要を満たしているようで,ある程度使われている。とりわけ,グループ企業における再編成の一環で,使命を終えた会社を清算するような場合には,特別清算での協定によって債権放棄をすることで,税務上損金処理が認められるため,安定した需要があるのである。会社法の制定に際し,破産・再生・更生にならって,倒産処理としての手法が充実し,また協定の可決要件も緩和されたので,今後とも相応の利用が続いていくものと思われる。

第2編

清算型倒産手続

第3章　破産手続の開始段階

> 本章では，破産手続の開始段階で現れる問題について説明する。破産能力，破産原因，破産手続開始の申立て，開始決定前の保全処分と中止命令，そして開始決定の効果までを扱う。破産手続を開始するかどうかの開始段階は，その後の開始後手続とは違う，独自の意義をもっている。

1　破産能力の体系性・政策性

　　　破産能力

　どのような主体について，破産が問題になりうるか。民法で権利義務の主体として権利能力が論じられ，民事訴訟法で一般的に訴訟の当事者となりうる資格として当事者能力が論じられるのに準じて，破産においても，一般的資格が問題となる。これらは，何をもって活動の単位，効果の帰属単位とするか，という点で共通しているので，ほぼパラレルに考えてよいものである。すなわち，権利能力が自然人と法人に認められていることを出発点に，当事者能力については，それ以外の団体にまで拡大されている（民訴28条・29条）。そして，破産法は民事訴訟法を全般的に準用しているので（破13条），自然人と

法人，その他民事訴訟法所定の団体に破産能力があると考えてよい。

破産能力の有無は，通常の破産事件で問題になることはほとんどない。これに対して，倒産法の中でも，更生手続と特別清算については，その利用資格として能力の限定がなされている。すなわち，更生手続については，株式会社（会更1条）のみが更生能力を，特別清算については，清算株式会社（会社510条）のみが特別清算能力を有するものとされている。換言すると，一般的な倒産手続である破産手続・再生手続では，通常は能力の限定がないことになる（相続財産や信託財産については，破産法に特別の規定〔破222条以下，破244条の2以下〕があり，破産能力があることは明らかであるが，性質上再生の余地がないので，再生能力は否定されると解されている）。

破産能力の制限

自然人であれ法人であれ，外国に籍があっても内外人とも等しく破産能力を有する（破3条）。また，学校法人，宗教法人，社会福祉法人などは，個別規定の中でも破産能力のあることが明らかにされている。アメリカにおける金融機関のように，業界特有の破綻処理手続が用意されている関係で，一般的な破産能力が否定される例もあるが，わが国はそのような立場はとっていない。

もっとも，破産手続は事業の解体清算を導く手続であるから，そうした結末が望ましくないものについては，破産能力が否定されるべきであるとして，公法人がその典型例とされてきた（古い判例として，財産区の破産能力を否定した，大決昭和12・10・23民集16巻1544頁／百選3）。近年，財政を悪化させる地方公共団体が現れ，特別の破綻処理法制の整備が話題となっており，その限りでは一般的破産能力が制限されることになってくると思われる。

> 破産の主体

権利能力のない団体でも，それが独立の主体として活動している社会の現実に照らし，民事訴訟法は，一定の要件の下でこれに当事者能力を肯定している（民訴29条）。破産の場面でも，破産能力を肯定し，このような団体を単位に破産手続を進めてよい。もっとも，団体とその背後にいる個人との境目が曖昧で，財産関係についても混同しているようなケースがないわけではない。団体を主体に破産手続を進めるのと，個人を主体に破産手続を進めるのとでは，その成り行きが大きく異なるし，両者の異別性が破産財団の範囲に影響することもありうる。団体の財産限りで有限責任を享受させることが不適当な場合には，団体の破産能力を否定し，代表者個人の破産手続を進めるのが妥当であろう（熊本地判昭和59・4・27判タ528号268頁は，ネズミ講とその代表者の例である）。

2 破産手続の開始原因

> 支払不能

経済的に破綻した債務者の債権債務関係の清算を，破産手続は，関係者に所定の制約を課しながらこれを進める。その必要性もないのに破産手続を開始することは，関係者に無用な制約を課すことになるので，避けなければならない。その意味で，破産手続を開始するための原因が法定されている。

わが破産法が，法人・自然人共通の破産手続開始原因として掲げるのは，支払不能である（破15条1項）。そして，その支払不能とは，「債務者が，支払能力を欠くために，その債務のうち弁済期に

あるものにつき、一般的かつ継続的に弁済することができない状態」をいうと定義されている（破2条11項）。弁済期の到来した債務を一般的に弁済できないことであるから（例として、東京地判平成22・7・8判時2094号69頁）、何らかの抗弁事由があって特定の債権者に対する支払を拒むことは、支払不能に該当しない。また、この定義は、支払不能が債務者の弁済能力を総合的に評価することを含意しており、その判断にあたっては、現に有している財産のみならず、技術力・信用力・稼働力などを加味しても弁済ができそうにないかどうかがその判断基準となる。たとえば、一時的に手元不如意でも、近い将来に融資を引き出せる限りでは、まだ支払不能とはいえない。

支払停止

前述した支払不能は、債務者の弁済能力を客観的に総合判断することで導かれるものである。その意味で、この点を認定することは必ずしも容易とはいえないし、債務者本人がこれを裁判所に示すことはともかく、債権者がこれを疎明する（破18条2項）には困難が予想される。そこで、破産法では、別に「支払停止」という基準を立て、これをもって支払不能を推定するものとしている（破15条2項）。

では、この支払停止とは、どのような状態を指すのであろうか。客観的に弁済能力を欠いた状態を指す支払不能に対し、支払停止は、債務者が一般的に弁済できない旨を明示または黙示に示すことであり、債務者の主観的な状態の表示であると解されている。具体的には、その旨を口頭で発表したり通知や貼り紙を出したりすること、事業所の閉鎖、手形の不渡りなどがこれに相当するものであるといわれてきた。相応の抗弁事由があって特定の債権者への支払を拒絶することはこれにあたらないが、1回目の手形不渡りでも支払停止

にあたることもある（東京高判平成元・10・19金法1246号32頁）。債務者の代理人弁護士が債務整理開始通知を送付する行為は支払停止にあたる可能性が高くなる（最判平成24・10・19判時2169号9頁）。

債務超過 法人全般に破産能力が認められているが、法人の債務について社員が無限責任を負う合名会社・合資会社は別として（会社576条2項3項・580条1項参照）、法人の債務については法人の財産の限りでしか責任を負わないのが原則である。法人の有限責任の建前は、倒産リスクを織り込んだものであるが、同時に、債権者の抱えるリスクを最小化する手当ても必要である。そこで、債務者が法人である場合には、支払不能のほか、その財産をもって債務の完済ができない状態、すなわち、債務超過も破産手続の開始原因として付加されている（破16条1項。相続財産については、これが唯一の開始原因とされている。破223条）。上述のように存立中の合名会社・合資会社については、社員が無限責任を負うことから、債務超過が開始原因から除かれている（破16条2項）。

ところで、この債務超過は、貸借対照表の資産と負債を対比して、後者が前者を上回った状態を指す会計上の指標（バランスシート・テスト）である。しかし、現実には、わが国の企業は自己資本比率が低く、他人資本、すなわち借入れに依存する資金調達を志向してきた。こうした事情の下では、貸借対照表上の債務超過をもって破産手続を開始することは必ずしも適切ではない。換言すると、わが国では、債務超過が倒産状態につながっていないことが多いので、破産手続の開始原因としての意義は小さいものにとどまっている。

3 破産手続開始の申立て

申立ての要否

　自由主義経済の下では，倒産する者が現れることは織り込まれており，その結果，これを適切に処理するシステムである倒産手続がセイフティ・ネットとして構築されてきた。その意味で，倒産者に対してはできるだけ速やかに倒産手続が開始されることが，社会的に望ましいように思われる。しかし，倒産の場面で最終的に焦点になるのは，関係者の権利義務関係にほかならない。その限りでは，私的自治の支配するレベルの問題ということになるので，倒産発生時に常に裁判所の倒産手続の開始を必然とするものではない。その意味で，「訴えなければ裁判なし」の法諺は，倒産手続についても原則的には妥当する。とりわけ，倒産処理における私的自治の発現として，私的整理が広く行われている。したがって，倒産手続の開始は，基本的には，関係者の申立てを契機とするものとされ，かつ，倒産4法制の選択もまず関係者の申立てに委ねられている。もっとも，再建型優位・特別法優位のルールで，4法制は「更生手続＞再生手続＞特別清算手続＞破産手続」という優劣関係を打ち立てているが，もとより事案の性質から適否が調整されることもある（たとえば，更生手続と再生手続の競合について，大阪高決平成18・4・26判時1930号100頁／分析と展開43）。

　ただし，このような4法制間の優劣関係には，破産手続を倒産処理の最終受け皿とする意味があり，他の手続が挫折するような場合にはスムーズに破産手続を開始すべく，裁判所の職権による破産手

続の開始（牽連破産）が法定されている（民再250条，会更252条）。

申立権者

破産手続開始の申立てをすることができるのは，債権者または債務者とされている（破18条1項）。かつては，債務者本人が自分の破産申立てをすること（これを自己破産という）は少なく，債権者が最終的な債権回収手段として，あるいは秩序立った倒産処理を希望して，破産手続の申立てをすることが多かった（債権者の破産申立てには時効中断の効果もある。最判昭和35・12・27民集14巻14号3253頁，最判昭和45・9・10民集24巻10号1389頁／百選A1）。しかし，消費者破産が定着した中で，免責の前提として，あるいは事業者にあっても，自らの経済的破綻を前に適切な処理を託すべく，近時は債務者自らによる破産申立てが圧倒的多数を占めている。債権者申立ての場合には，濫用を防ぐ意味で，債権の存在と破産手続開始原因となる事実の疎明が必要となる（破18条2項）。

法人債務者の場合は，自己破産の申立ては，債務者に準じた存在として，法人の理事，取締役などによってなされることになる（準自己破産。破19条1項各号）。清算段階にある法人にあっては，清算人にも申立権が認められている（破19条2項）。そして，法人債務者について，役員らが全員一致で破産申立てをする場合はこれを自己破産とみることは妨げられないが，役員らの一部による申立ての場合は，債権者申立てに準じた面があるので，破産手続開始原因となる事実の疎明を要するものとされている（破18条2項・19条3項）。

そのほか，金融機関などのような規制業種にあっては，適時に倒産手続を開始する必要があることから，監督官庁に申立権が認められている場合がある（金融更生特377条・446条・490条など）。また，清算段階にある法人にあっては，清算人に破産申立義務が課されて

いることもある（一般法人215条1項，会社484条1項・656条1項）。

破産事件の管轄

わが国における破産事件の原則的な管轄は，債務者が営業者の場合はその主たる営業所の所在地，営業者でないときはその普通裁判籍の所在地を管轄する地方裁判所とされている（破5条1項）。補助的に，債務者の財産所在地の地方裁判所が管轄することもある（破5条2項）。

現行破産法は，破産事件の現実に照らし，特別の管轄規定も用意している。それは，事件の効率的な処理をねらうもので，2つのタイプがある。まず，複数の債務者の経済的関連性に着目するものである。たとえば，親会社と子会社のような関連企業同士（破5条3項〜5項），法人とその代表者（破5条6項），連帯債務者同士・主たる債務者と保証人・夫婦（破5条7項）の破産手続に関しては，同一の裁判所で処理するのが便宜であることから，一方について係属している裁判所で他方の申立てが（原則管轄の有無を問わず）できる。もう1つは，大型事件への対応で，債権者数500人以上の事件は管轄裁判所の所在地を管轄する高裁所在地の地裁で（破5条8項），1,000人以上の事件は東京地裁か大阪地裁で（破5条9項），開始の申立てができるとされている。大型事件を人材が豊富な拠点裁判所に集中することで効率化を図る意図である（→*Column* ③）。

破産事件については，必要に応じ移送も認められている（破7条）。

申立ての方式

破産手続開始の申立ては，書面によるものとされている（破20条1項）。破産手続の開始を求める旨の申立ての趣旨，破産手続開始の原因となる事実などを申立書に記載し（必要的記載事項という。破規13条1項），関連の資料を添付する（破規14条）。債権者が申立てをする場合と債務者が申立てをする場合では，記載事項や提出資料に差が出るのは

第3章　破産手続の開始段階

当然であるが，必要に応じ，裁判所は手続の円滑な進行を図るため資料の提出を求めることができるとされている（破規15条）。

開始申立ての審理に際しては，ここで提出される資料が大きな意味をもつことになる。そこで，必要的記載事項のみならず，債務者の収入および支出の状況，資産および負債の状況，破産手続開始原因となる事実が生じるに至った事情，労働組合の名称といった具合に，多くの情報を記載することが求められている（任意的記載事項という。破規13条2項）。

> 申立ての適法要件

破産事件を管轄するのは，所定の地方裁判所ということになるが（破5条），破産手続に関する裁判は，口頭弁論によることを要せず（破8条1項），職権によって必要な調査ができるものとされ（同条2項），特別の規定がない限り，民事訴訟法の規定が準用される（破13条）。これは，破産手続に関する裁判全般に通じたものなので，申立てに関する審理・裁判においても同様である。

申立人は所定の申立手数料を納付する必要がある（民訴費3条1項）。自己破産の場合（1,000円）に比べ，債権者申立ての場合は高額である（20,000円）。

開始申立てについては，破産能力，管轄，申立人の資格，費用の予納，申立書の記載といった形式的事項は，まず裁判所書記官によるチェックを受け，書記官は，不備があればその補正を命じなければならない（破21条1項）。申立書の記載に不備があり，補正されなければ申立書は却下される（破21条6項）。

次いで，開始決定の実質的要件の審理ということになるが，提出資料の分析とともに，申立人の審尋によるのが通例である。実質的要件とは，破産手続開始原因となる事実の存否，すなわち支払不能

または債務超過の有無，そして開始障害事由の有無の2つをいう。開始原因についての審理の実際は，「支払停止」の支払不能推定機能が活きる場面であり，支払停止に該当する事実が確認できるかどうかが鍵となる。

申立てにあたって必要な疎明がされていなかったり，申立てが不適法な場合は，申立ては却下される。実質的要件との関係で開始できないときは，申立ては棄却となる。これに対し，申立てが所定の要件を満たせば開始決定に至る。こうした開始申立てに関する裁判を始め，破産手続に関する裁判については，法律に特別の定めがあれば，利害関係人は即時抗告をすることができる（破9条。開始申立てについて，破33条）。

費用の予納

倒産手続は裁判所が運営する公的サービスであるが，もとよりこれを行う上では各種の費用がかかる。開始前の審理に要する費用，開始後の管理や諸手続の費用，管財人の報酬など，倒産処理の世界もお金次第ということになる。

破産手続開始の申立てに際しては，申立人は裁判所の定める金額を予納する必要がある（破22条1項）。予納額は，個別の事件における破産財団となるべき財産，負債額，債権者数その他の事情を総合的に考慮して決められる（破規18条1項）。費用の予納に関する決定に対しては，即時抗告が認められている（破22条2項）。

なお，裁判所は，申立人の資力，破産財団となるべき財産の状況その他の事情を考慮して，申立人および利害関係人の利益の保護のため特に必要と認めるときは，破産手続の費用を仮に国庫から支弁することができるものとされている（破23条1項）。もっとも，国庫からの仮支弁は限られた予算内で行われるべきものなので，その

表3-1 破産事件の予納金基準

負債総額	基準額	
	法人	自然人
5,000万円未満	70万円	50万円
5,000万円～1億円未満	100万円	80万円
1億円～5億円未満	200万円	150万円
5億円～10億円未満	300万円	250万円
10億円～50億円未満	400万円	
50億円～100億円未満	500万円	
100億円～	700万円～	

(注1) 2012年7月現在の東京地方裁判所民事第20部における基準。
(注2) 破産管財人選任事件のうち、債権者申立事件・本人申立事件に関するもの。

対象を生活保護受給者などの困窮者に限定せざるをえない（広島高決平成14・9・11金判1162号23頁／百選A2は，仮支弁制度の厳格な運用を示している）。

加えて，申立人は，申立書の作成を始めとする諸手続を自分で行う場合は別として，現実には，申立代理人によって申立てをすることになるので，申立代理人への報酬を別途用意しておく必要がある（これについては，総合法律支援法に基づき，法テラスが担当する民事法律扶助事業による扶助が活用されている）。

破産障害事由

破産能力がある者に対して，適法な破産申立てがなされ，破産原因があれば破産手続の開始決定に至るのが通常である。しかし，倒産4法制の縦割り主義をとるわが国では，優先する他の手続の可能性があれば，劣位にある手続は開始されないことがある（民再26条1項1号・39条1項，会更24条1項1号・50条1項，会社515条1項）。最終的に費用の予納がないことも，障害事由である（破30条1項1号）。そのほか，大方の債権者の協力で私的整理が進みかけている場合に，一部の債権者から破産手続開始の申立てがなされたような場合をどう考える

かは，微妙な問題である。申立ての誠実性（破30条1項2号）とも絡んでくる（市街地再開発組合につき，行政の清算スキームが進行中であることを理由に，破産申立てが却下された例として，広島高岡山支決平成14・9・20判時1905号90頁）。

Column③ 倒産裁判所

倒産事件を管轄するのは地方裁判所であるが，各地の裁判所の体制には差がある。同じ地裁でも，高裁所在地の地裁，中でも東京地裁・大阪地裁は，特別の位置づけにある（民訴6条・6条の2）。すなわち，全体として事件数が多く，一定の類型の専門的な事件も相当数あるので，専門部ないし集中部体制が敷かれており，倒産事件もその1つとなっている。これは，相応の人材を配置し，かつ，専門的なノウハウを蓄積することで効率的な事件処理に資することを目的とするものである。東京地裁の民事第20部は破産・民事再生の専門部，同8部は会社更生・特別清算ほか商事事件の専門部，大阪地裁第6民事部は，倒産事件全部を統括する専門部として知られている。この専門部発のスペシャル・ルールが倒産事件の処理で生まれることもある。

ちなみに，債権者数500人以上の事件では，管轄裁判所の所在地を管轄する高裁所在地の地裁が（破5条8項），1,000人以上の事件では，東京地裁と大阪地裁が（破5条9項）競合管轄を認められているのも，こうした専門部体制を踏まえてのものであり，両地裁の専門部はそれだけで地方の地裁本庁をも凌ぐ大所帯となっている（東京地裁について「特集 裁判所専門部における事件処理の実情」NBL 824号〔2006年〕4頁以下，大阪地裁について「同(2)」NBL 832号〔2006年〕40頁以下）。

4 破産手続開始前の保全処分と中止命令

> 申立てから開始まで

わが国では、たとえ自己破産申立ての場合であっても、即時に開始決定とすることはせず、所定の要件の審理を経ることになっている。もっとも、資料等が十分に準備された自己破産申立てにあっては、迅速に開始決定がなされることになっている（即日面接方式）。

債権者がする場合であれ債務者がする場合であれ、破産手続開始の申立てがなされることは、危機状態の顕在化にほかならない（各種契約に用いられる倒産解除特約では、申立てが解除事由に挙げられる）。事ここに至ると、人間の行動は時に理性を欠いたものになることがある。債務者は、財産隠しの工作をしたり、懇意にしている債権者に優先的な弁済をしたりする誘惑に駆られるし、債権者もまた強硬に弁済を迫ったり、商品引揚げなどの実力行使に出たりするようなことが起こらないとも限らない。そのような事態を放っておいては、その後の破産手続の進行は困難をきわめることになってしまう。そこで、破産手続開始前でも、一定の措置を講じておくことで後の破産手続に備えるのが以下に述べる開始前の保全処分である。しかし、以下の保全処分は再生手続でより重要性が高いので、詳しくはそちらを参照されたい（→第12章 *4*）。

> 保全処分の種類

破産手続開始前の保全処分には、大きく2種類のものがある。まず、人的保全処分と呼ばれるもので、債務者またはこれに準ずる者を引致することである（破38条2項・39条）。債務者の身柄を拘束することで、混

乱の回避と手続への協力を確保する趣旨であるが，現実に用いられる例は少ない。これに対し，一般的なのは，物的保全処分と呼ばれるもので，利害関係人の申立てによりまたは職権で，破産手続開始の申立てにつき決定があるまでの間，債務者の財産に関し処分禁止の仮処分その他の必要な保全処分を命じることができるものとされている（破28条1項）。

とりわけ，弁済禁止の仮処分，借入禁止の仮処分，執行官保管の仮処分は，申立て時の状態で債務者財産の凍結を図り，スムーズに開始決定を導く趣旨で，セットで用いられることが多かった。中でも弁済禁止の仮処分は，窮地にある債務者にとっては有用で，債権者からの支払要求を拒みながら履行遅滞の責めを逃れうることになる（会社更生事件につき，最判昭和57・3・30民集36巻3号484頁／百選75）。また，この保全処分に違反して弁済を受けても，債権者が保全処分の発令を知っている限り，弁済の効力を主張することはできないものとされている（破28条6項）。

なお，破産手続開始前の保全処分が出されることは，仮の開始決定の意味もあるので，以後，安易な申立ての取下げは制限されることになる（裁判所の許可が必要となる。破29条）。

他の手続の中止命令

債務者の経済的危機はある程度の時間の幅の中で現れるものであり，危機の認識の程度も関係者によって差が出やすい。したがって，破産手続開始申立てに先行して，債務者に対して訴訟を提起したり，あるいはもっと強行に強制執行に及んだりしている債権者がいても不思議ではない。これらの手続の多くは，破産手続開始決定後は，その効力を維持できなくなるものであるところ（各種の手続につき，破42条・43条。訴訟につき，破44条・45条），破産手続開始申立てに先行してい

るのでこれを維持できると解することができないか，かつて議論があった。現行法は，これを明文で解決し，開始申立てがあった場合に，利害関係人の申立てによりまたは職権で，破産手続開始の申立てにつき決定があるまでの間，必要があると認めるときは，強制執行や訴訟手続などの中止を命じることができるものとした(破24条)。

> 包括的禁止命令

前述した破産法24条による他の手続の中止命令は，必要に応じて個々の具体的な手続を中止するものである。ところが，債務者の財産が多岐にわたり，また各地に及んでいるような場合，個々に係属する手続の中止を検討していたのでは，煩雑にすぎるし対応が間に合わないおそれもある。そこで，個別の中止命令では破産手続の目的を達成できなくなるおそれのあるような場合，裁判所は，利害関係人の申立てによりまたは職権で，破産手続開始の申立てにつき決定があるまでの間，すべての債権者に対し，債務者の財産に対する強制執行，仮差押え，仮処分または一般の先取特権の実行もしくは留置権による競売および国税滞納処分の禁止を命ずることができる。これが包括的禁止命令の制度（破25条）である。これは，従来は存在しなかった制度であり，申立てと同時に原則としてすべての各種手続を停止させるアメリカ連邦倒産法の自動的停止（automatic stay）を参考に，現行法で導入されたものである。なお，包括的禁止命令の発令は，主要な財産についての保全処分または保全管理命令をあわせてした場合に限られる（破25条1項但書）。

かなり強力な保全処分ということになるので，この禁止命令が個々の債権者に不当な損害を及ぼすおそれがあると認めるときは，禁止命令を個別的に解除することができることになっている（破27条1項）。また，その影響の大きさから，即時抗告の途が明示され

ているし（破25条6項・27条4項），いったん発令された包括的禁止命令を変更しまたは取り消すことも可能である（破25条4項）。

> 保全管理命令

従前から会社更生では一般化していたものの，他の倒産手続では明認されていなかった保全管理命令であるが，改正により破産手続でも可能となった（破91条）。すなわち，債務者が法人である場合で，その財産の管理処分が失当であるとき，その他財産の確保のため特に必要がある場合に，破産手続開始前に債務者から管理処分権を奪い，保全管理人にこれを委ねるものである。再建型倒産手続と違って，破産手続ではそれほど必要性は高くないように思えるかもしれないが，破産手続開始申立てによって当然に事業が停止されるわけではなく，その後の処理との関係で事業の継続が望ましい場合もありうる（たとえば，入院患者のいる病院が破産申立てした場合）。開始決定までに時間を要する一方で，従前の経営陣のままでは財産の管理処分に不安があるようなケースにおいて，意義が認められる。

5 破産手続開始の決定と効果

> 破産手続開始決定

破産手続開始の諸条件が備わっていると認められれば，裁判所は破産手続の開始決定を行い（破30条1項），その効力は確定を待たずに決定の時から生じる（破30条2項，破規19条2項）。これにより，関係者に様々な影響が及んでくるので，所定の事項が公告されるとともに，関係者に通知される（破32条）。

破産手続の開始決定と同時に，破産管財人が選任され，所定の手

続事項が定められる。これを同時処分という。定められる手続事項は，①破産債権の届出期間（原則として，開始決定の日から2週間以上4か月以下。破規20条1項1号），②財産状況報告集会の期日（開始決定の日から3か月以内の日。同項2号），③破産債権の調査期間（調査期間の初日と債権届出期間の末日との間に1週間以上2か月以下の期間を置き，1週間以上3週間以下。同項3号）または調査期日（債権届出期間の末日から1週間以上2か月以内の日。同項4号）などである（破31条1項）。この時点で費用不足が明らかな場合は，これらの事項は定められず直ちに破産手続廃止とされる扱いであり（破216条），個人の事件では多数を占める。費用不足のおそれがあれば，これらの同時処分は留保される（破31条2項）。

破産手続の開始決定を始め，開始申立てに関する裁判については，利害関係者は即時抗告をすることが認められている（破9条・33条）。破産手続には濃淡様々な利害関係者が存在するので，債権者と債務者に限定しないで広くこれを認める趣旨である。労働者や労働組合等（破32条3項4号），株主にもその余地があると思われる（株主につき裁判例は否定的である。大阪高決平成6・12・26判時1535号90頁／百選13）。

破産手続の開始決定は，管理処分権の変動を伴い，取引に与える影響も大きい。そこで，開始決定が公告されるとともに，その旨の登記もなされるべきものとされている。すなわち，法人債務者については，職権で，遅滞なく，開始の登記が当該破産者の本店または主たる事務所の所在地を管轄する登記所に嘱託され（破257条），個人債務者についても，その者の登記・登録された権利につき，やはり開始の登記が登記所に嘱託される（破258条）。

破産手続開始決定の効果

　破産手続の開始決定により，債務者の財産の管理処分権は破産管財人に移動し，本格的な破産手続が始まる。これに伴い，債権者は個別的な権利行使をすることが許されなくなり，破産手続に参加する方法に従わなければならなくなる。したがって，既に係属していた強制執行等の手続は原則として失効する（破42条1項・2項）。これと関連するのが訴訟手続の中断と受継である。開始当時，破産者が当事者となっていた訴訟は，管理処分権が管財人に移り，訴訟の当事者適格も管財人に与えられることになるので（破80条），開始とともに中断することになる（破44条1項・45条1項）。ただ，訴訟にもいろいろなものがあるので，その後の成り行きは一様ではない。破産財団に属する財産の訴訟や詐害行為取消訴訟・債権者代位訴訟は，管財人によって受継されるのが通常であるが（破44条2項・45条2項），異議等のある破産債権に関する訴訟については破産手続特有の調査・確定の手続が優先し，受継に至ることは比較的少ない（破127条）。

　一方，破産手続の開始は，破産者となった債務者にも諸種の影響を及ぼすことになる。もっとも，世間では公民権が停止になるなどの誤解があるが，制裁的な意味での影響は少ない。それでも，自己の財産についての管理処分権を失っていることと関係し，後見人（民847条3号），保佐人（民876条の2第2項），後見監督人（民852条），遺言執行者（民1009条）などに就任できないし，弁護士（弁護7条5号），公認会計士（会計士4条4号）などの公的資格の欠格事由ともされている。

　破産者に対する制約は，むしろ破産手続のスムーズな進行を図る意味でなされているものが多い。たとえば，当該事件についての最

大の情報源は破産者本人にほかならないので,必要な説明をする義務が課される(破40条)。また,破産者は,不動産や預貯金などの重要財産の内容を記載した書面を裁判所に提出しなければならない(破41条)。さらに,裁判所の許可がなければ居住地を離れることができない居住制限(破37条),引致の可能性もある(破38条)。

また,基本的人権である通信の秘密(憲21条2項)も制限される。すなわち,裁判所は,信書の送達の事業を行う者(日本郵便,宅配事業者)に対して,破産者宛ての郵便物または信書便物を破産管財人に配達すべき旨を嘱託することができ(破81条),管財人はこれを開いて見ることができる(破82条)。これは,郵便物から破産財団に属する財産の情報を得たり,破産者の債権債務関係の確認の手がかりが得られることによる。

法人に対する開始決定の効果

破産手続の開始は,法人の解散事由となっている(一般法人148条6号・202条1項5号,会社471条5号・641条6号)。そして,破産手続は法人の清算手続に相当するものであり,法人は清算の目的内で破産手続終了時まで存続する(会社476条・645条,破35条)。もっとも,破産法人の財産の管理処分権は破産管財人に専属しているので,法人の機関の権限は,破産手続外の組織法上のものに限定される(破産管財人が破産財団から放棄した財産についても,元の法人役員の管理処分権に復帰するのではなく,別途,清算人の選任を要すると解したものとして,最決平成16・10・1判時1877号70頁/百選59参照)。たとえば,会社の決議訴訟などの訴訟追行にあたるのは,破産管財人ではなく,元の役員ということになる(会社不成立確認訴訟について同旨を述べた判例として,大判昭和14・4・20民集18巻495頁)。

第4章 破産手続の機関と進行

> 開始された破産手続は、誰によって担われ、どのように進んでいくか。本章では、破産手続の機関と手続の流れ（進行）について説明する。機関としては、破産手続の中心的役割を担う破産管財人、進行としては、破産手続のゴールに向かう換価と配当がポイントとなる。

1 破産手続の担い手

当事者の倒産行動　　自由な経済活動が許された社会に倒産は付き物なので、それ自体驚くようなことではない。しかし、どういう形であれ、いざ自分がそれに遭遇するとなると人間はつい冷静さを欠きがちになる。つまり、倒産は、マクロでは必然の現象であってもミクロでは極限の非常事態であるから、それは、混乱をもってイメージされるであろう。そして、現代の企業や個人は、いろいろな契約その他の関係でつながっているので、1つの倒産といえども、その濃淡に差はあるものの多くの者に影響が及んでいくものである。すなわち、倒産に至った債務者と、これに対して債権を有する債権者が、倒産事件の直接的な利害関係

者(当事者)であることは疑いないが,その周辺でも,従業員や顧客,はたまた地域の住民と,倒産の影響が避けられない者が存在する。

倒産への利害が濃いほど関係者の行動のエネルギーは強くなるので,その良し悪しは別として,倒産への対処は,まずは債務者と債権者の行動によって始まるといってよい。債務者についていえば,正当な行動として,自ら破産の申立てをすることで公式の倒産処理を行う一方,裏では,財産隠しや不平等弁済など,不当な行動にも誘われやすい(詐害行為,倒産犯罪)。また,債権者も,リーダーシップをとって(債権者委員長となって)私的整理に一役買うかと思えば,ドライに担保権を実行したり,我先にと商品の引揚げに走る者が現れることもある。このように当事者の倒産行動は,不合理なものとして現れることもあり,厳しく利害が対立する中でのことなので,第三者の手で整理された方がよい面が多くある。

第三者関与のスタイル

もちろん,倒産処理における主たるテーマは権利義務関係の清算という私的な事項なので,私的自治の原則が基本的に妥当するはずである。したがって,多くの場合,当事者による具体的な行動(典型は,開始申立て,債権届出)なくして倒産処理は成り立たない。その上,倒産処理の場面では複雑かつ難解な法律事項が多数現れることから,ここに当事者行動を助ける専門家の関与が必至となってくる。とりわけ,破産に限らず,債務者が倒産手続の開始申立てをする際には,多くの場合,弁護士が申立代理人として関与しており,開始決定後も債務者をサポートしているのが現実である。また,企業の場合にあっては,そこに至る過程で,公認会計士や税理士等の有資格者からなるコンサルティング会社の診断や助言を受けていることも多いであろ

う。

　こうした当事者をサポートする形での第三者関与のみならず，倒産処理の場面では，第三者が中立の立場で関与してくることもある。すなわち，私的整理ではなく倒産処理が裁判所主催の手続に委ねられる場合の裁判所は，その最たるものであろう。法に則り公正で平等な倒産処理がなされるよう，裁判所が手続をマネージメントすることになる。しかし，裁判所が一切合財を引き受けるわけではなく，むしろ倒産処理の担い手は，裁判所によって選任される，破産管財人を典型とする手続機関であるといってよい。破産管財人にはほぼ例外なく弁護士が選任される実務が定着している。破産管財人の性質をどう説明するかは，かねてから議論のあったところであるが，少なくとも，単純に債務者または債権者を代理するような立場でないことだけは確かであり，中立的な関与とみるのが妥当であろう。

　裁判所の倒産手続のみならず私的整理の場合も同様に，第三者がこれに関与することは多くなっている。むしろ，第三者の関与を確保して私的整理の安定化を図るのが今日の私的整理の潮流である。

2　破産手続の機関

1　破産裁判所

倒産事件と裁判所　前述のように，わが国では，裁判所が破産手続を始めとする倒産手続を専属的に担う。これは，倒産の場面においては，関係者の権利義務の最終的な処遇が問題となることから，裁判所が担うにふさわしいと考えられてのことと思われる。しかし，倒産手続への裁判所の関与は，裁

判所が訴訟手続を運営するのとは相当趣を異にしている。すなわち,倒産処理の場面では実体権の審理・判断という本来の司法作用よりは,その裁量によって事件の進行を管理していくという点で行政作用としての側面が強い(破産手続が固有の司法権の作用に属する裁判と違い,非訟的なものであるとした判例として,最大決昭和45・6・24民集24巻6号610頁／百選1①)。もっとも,倒産手続の中で実体権について最終的な決着をつける必要がある場面では,倒産裁判所が狭義の訴訟手続を用意することも少なくない(たとえば,破126条2項・173条2項・175条2項・180条2項)。さらに考えると,特に再建型の倒産手続の場合,事業の再生という経営的側面がクローズアップされることになるが,これは本来の司法作用からは相当遠いものといえる。ところが,経営判断事項への司法の介入は制限されるのが原則である(ビジネス・ジャッジメント・ルール)にもかかわらず,日本では債権者の意向を確かめることを前提に,裁判所が事業の再生の可能性にまで踏み込んで判断している。この点,フランスのように倒産事件を管轄する商事裁判所において,職業裁判官ではなく,商事に精通した民間人が倒産手続を担っている場合は,倒産事件と裁判所の結びつきに違和感はなくなる。

破産裁判所の任務

破産手続は,破産裁判所がこれを主催することになり,その任務は多岐にわたっている。

第1に,破産手続を進行させる裁判をすることである。開始決定,廃止決定,終結決定,免責許可決定など,節目節目でなされる破産裁判所の決定によって,破産手続は進行する。その審理は口頭弁論を要せず,職権調査主義によるものとされている(破8条)。

第2に,個々の破産事件の実処理を担うのは,この後で述べるよ

うに破産管財人であるが，破産裁判所は，これを選任し監督する（破74条・75条）。また，重要事項については破産管財人は裁判所の許可を得なければならない（破78条2項）。

第3に，破産手続の主催者として，破産債権の届出を受け（破111条），債権調査を運営し（破115条以下），また，債権者集会を招集・指揮する（破135条・137条）。

第4に，これらの手続運営的な任務のほかに，破産手続中に実体権の決着が必要な場合には，特に訴訟手続が用意される。これについても破産裁判所の管轄とされ，その限りでは破産裁判所も固有の司法権行使にあたる。この場合，管轄の集中がみられる（これは，Vis attractiva concursus と呼ばれる倒産立法主義である）。

2 破産管財人

破産管財人の選任

破産管財人は，手続開始決定に際し破産裁判所によって選任され，直ちに破産財団の管理に着手する（破79条）。破産者に代わって，破産財団に属する財産の管理処分権を掌握し（破78条1項），これに関する訴訟の当事者適格も有する（破80条）。破産裁判所の監督こそ受けるが，破産手続に関するほぼ全権限を握っており，権限集中型の手続機関である（これに対し，再生手続で多いのは，再生債務者・監督委員・調査委員が違った役割を担う権限限定・分散型の機関構成である）。

明文化された規定はないが，破産管財人は，ほぼ例外なく弁護士から選任される。これは，管財業務が，債権調査や否認訴訟をはじめ一貫して法律判断そして法交渉を伴うことによる。破産裁判所では，あらかじめ用意された管財人候補者リストから，利害関係の有無，事件の規模や特徴に応じ，適切と思われる弁護士を管財人に選

任する。事件によっては、複数の管財人が選任されることもあり（破76条）、管財人が必要に応じて管財人代理を置くこともある（破77条）。破産手続は国家が制度化したものであるが、実際に管財業務を行うのは、民間から選任される管財人であるから、管財人には、事件に応じ相応の報酬が支払われ（破87条1項）、これは財団債権として扱われる（破148条1項2号）。

Column ④　倒産実務家（Insolvency Practitioner）

先進国の中では、倒産事件に関与するための資格認定制度を確立しているところがある（フランスやイギリス）。具体的には、弁護士や会計士などの基本資格にプラスして高度の知識・経験をもとに認定される。これに対し、わが国ではその仕組みは十分には確立していないが、弁護士であれば誰でも管財人に選任されるわけではなく、やはり相応の実績が物を言う。近時は、倒産事件の特殊専門性が認識されたこともあり、事業再生研究機構、全国倒産処理弁護士ネットワーク、事業再生実務家協会などが組織され、情報交換・研鑽が積まれたことによって、関与する専門家の質は目覚ましく向上した。このような流れの中、事業再生士の資格制度がわが国でも動き出した。

破産管財人の任務

破産管財人の任務は、破産手続の全般にわたる。破産手続の目的そして流れに即して、一方で積極財産である破産財団を管理処分しつつ、他方で、消極財産である破産債権を精査しこれに配当していくのであるが、破産管財人は善管注意義務をもってその職務を行わなければならない（破85条）。

破産財団は、当然のことながら潤沢とはいえないので、現にある財産を慎重に管理するだけでなく、積極的にこれを増殖する可能性

を探ることも求められる。破産財団に関する訴訟について被告として受けて立つだけでなく，必要に応じて否認権行使（破173条），役員に対する責任追及（破177条以下）を試みるべきことになる。これには，当該破産事件の全貌を的確に把握することが前提となり，調査権限をもつ一方で（破83条），財産の価額評定をした上で財産目録や貸借対照表を作成し（破153条），また，破産財団に関する報告書を作成して裁判所に提出し（破157条），債権者にもこれを報告しなければならない（破158条・159条）。任務終了に際しては，財産の処理および債権・債務の決済についての計算の報告書も作成しなければならない（破88条）。

消極財産である破産債権の調査では，虚偽・過大な債権届出，誤解に基づく債権届出をチェックする意味で破産管財人の認否が重要となる。破産管財人は破産者の帳簿等を確認しうる立場にあり，的確な債権認否が可能であるからである。

最終的に，破産財団に属する財産を換価し（破184条），所定の方法で破産債権者への配当を実現すること（破193条以下），とりわけ順位に応じた弁済をすること，また同一順位においては按分の弁済をもたらすことが破産管財人の究極の任務ということになる（破194条）。

Column ⑤　破産管財人の注意義務

破産管財人は善管注意義務をもってその職務を遂行しなければならないが，この義務ははたして誰に資するものなのであろうか。これは，破産手続の目的論（破1条参照）と絡む難問といえる。仮に，平等弁済の実現，しかも可能な限り最大の配当をすることを唯一の目的と解するのであれば，話は単純で，破産管財人は破産債権者の利益にだけ配慮していればよいことになる。換言すれば，破産管財人は破産財団の価値を最

大化することに腐心すべきことになる。ところが，破産事件では，様々な利害関係者がこれに関わってくるので，このように注意義務を単純化してしまっては現代の破産手続の目的にそぐわない。最判平成18・12・21民集60巻10号3964頁（百選19）は，破産財団にとって有利であるものの質権者に不利になった管財人の行動が問題となったケースである。また，かねてから論じられていたのが，公害発生源となる不動産が破産財団に属していた場合，破産財団の負担を減らすことを意図してこれを放棄してよいか，という問題であった。破産管財人がこれを破産財団から放棄しては，そのつけを地域住民に回すことにもなりかねない。これらは破産管財人が多方面に対して注意義務を負っていることを意味するが，時には対立する利害の止揚にも努めなければならない難しい立場にあることがわかる。

破産管財人の法的性質　破産手続の中枢を担う破産管財人，その法的地位をいかなるものと考えるか，破産財団の法的性質とも関係しあいながら，様々な見解が唱えられてきた。

古くは，破産管財人が破産者に代わりその財産の管理処分権を掌握することから，その性質を破産者の代理人であると解する立場と，破産債権者のために破産配当を実現していくことから破産債権者の代理人であると解する立場があった。しかし，特定の者の代理人とみうるほど，破産管財人の立場は単純なものではない。それゆえ，破産財団に法主体性を認めることを前提に，破産管財人をその代表者と解したり，あるいは端的に，管理機構たる破産管財人に法主体性を認める見解が近時は有力となっている。さらには，破産者が委託者となって，財産を受託者たる管財人に委託し，債権者がその受

益者になる，という具合に信託法理で倒産処理の過程を（私的整理も含め）統一的にとらえようとする試みもある。

　破産管財人の地位は，手続の中の具体的問題状況に応じて，違った側面が現れるものであり，その法的性質の如何で結論が決まってしまうものでもない。実際，破産管財人の第三者性を認めるかどうかも，判例は必ずしも一貫していない（第三者性を否定するのは，融通手形の抗弁で，最判昭和46・2・23判時622号102頁，動産買主の破産と売主の物上代位につき，最判昭和59・2・2民集38巻3号431頁／百選55。第三者性を肯定するのは，債権譲渡の対抗要件につき，最判昭和58・3・22判時1134号75頁／百選18）。倒産手続機関の第三者性は，管理処分権を保持しつつ機関でもある再生債務者（民再38条）でも問題になってくる（→第13章 *2*）。

*Column*⑥　破産管財人と金融整理管財人

　倒産手続開始決定時に，株主によって提起された役員の責任追及訴訟（いわゆる代表訴訟。会社847条）が係属していた場合，その訴訟はどうなるか。破産財団に関する訴訟についての破産管財人の当事者適格（破80条），中断・受継規定（破44条・45条）との関係で，かねてから議論があった。裁判例では，破産手続の開始決定により株主の代表訴訟提起・追行権は失われると解するものが多い（東京地判平成7・11・30判タ914号249頁，東京地決平成12・1・27金判1120号58頁／百選22）。ところが，信用協同組合につき金融再生法（「金融機能の再生のための緊急措置に関する法律」）に基づいて金融整理管財人が選任されたケースについては，同じ「管財人」とあっても性質の違いから，組合員の代表訴訟追行権は失われないと判断する最高裁判例が現れた（最判平成15・6・12民集57巻6号640頁）。破産や会社更生のケースで株主の代表訴訟がどう解されるか，最高裁の判断が待たれる。再生手続との関係について

は,*Column*㉝参照。

---

③ 債権者機関

債権者の関与形態　権限集中型の機関構成をとる破産手続では,管財人のほかには,申立てから開始決定まで,管財人に準じた保全管理人が登場する(破91条)が,再生手続のような調査や監督だけをする権限限定型の機関は現れない。

　破産手続では,破産管財人を中心に手続が動いていくことは間違いないが,破産配当という形で破産手続からの実利を期待する破産債権者はどのように位置づけられているか。関心は高いはずだが,さほど多くの配当には至らない現実を前にして,債権者の手続参加意欲は高くなりにくい。そのため,破産手続において債権者の意向を反映させる場であるはずの債権者集会は,従来から低調で,私的整理において債権者がみせる高い参加意欲とは好対照であった。

　そこで,現行破産法制定に際しては,破産債権者の関与の仕方について,形式より実質を重んずる改正を行った。

債権者集会　破産債権者同士は,破産によって損失が具体化するという意味で仲間である反面,自分だけは他の者より多くの配当を得たいと欲する競争相手でもある。そのため,集会の席で届出債権に対する異議権を債権者に認め(破121条2項),不当な届出をチェックするのは,巧みな仕組みといってよい。

　現行破産法は,形骸化した債権者集会を重ねて行うのを避けるという意味で,債権者集会の開催を任意化した(破135条)。破産債権者の存在を軽視したかの観もあるが,当該破産事件の情報を開示す

ることを基本としながら，必要に応じて最大の利害関係人である破産債権者の意向を確認するという意味で，債権者集会はなお有用なものである。破産者の財産状況を報告するための集会は開催することが多いが（破31条1項2号），その後の債権者集会の開催は柔軟な扱いとした。また，招集権者を明確にし（破135条），集会開催に際しては，利害関係者の期日の呼び出し・公告・通知，会議目的の明確化を図ることとした（破136条）。

さらに，この債権者集会の方式を改めた。既に先行して再生手続や更生手続でも採用された，決議にあたって集会期日を開かない方式，すなわち書面等投票の方式も可能とした（破139条2項2号，破規46条）。そして，債権者は債権額に応じて議決権を有するものであるところ，その議決権の額のあり方についても明確に定めた（破140条・141条）。また，書面の提示を前提としない代理人による議決権行使も可能とした（破143条）。債権者集会の決議要件は，期日に出席しまたは書面等投票をしたものの議決権総額の2分の1を超える議決権を有する者の同意とされている（破138条）。

もっとも，こうした債権者集会に関する改正で，債権者が破産手続に関する手続主体性を確保したとは言い難い。そもそも破産手続の中で議決権行使場面が少ないという問題がある。

債権者委員会

従来の各倒産手続における債権者集会の低調に比し，私的整理における債権者の活発な参加を支えていたのは，債権者委員会の存在による。同じ債権者であっても，債権額の違いに象徴されるように，利害関係には濃淡の差があるので，参加意欲にも温度差が出ることは避けられない。その意味で，大口債権者を中心に，少数の代表的債権者が推進役になる方が機動力を発揮しやすいといえる。そこで，立法が先行

した再生手続・更生手続に続いて、破産手続においても、債権者の意思を実質的に反映しやすくする趣旨で、債権者委員会の制度を導入した（破144条以下）。これに伴い、従来ほとんど機能していなかった監査委員の制度は廃止された。

このような制度趣旨であるので、債権者委員会がお仕着せの存在では意味がなく、基本的には、個々の事件の破産債権者が自主的にこれを組織することが前提となり、所定の要件（破144条1項）を満たすものが破産裁判所によって債権者委員会として承認されるという位置づけである。具体的には、委員は3人〜10人で（破規49条1項）、当該事件の破産債権者の過半数がその委員会の関与に同意し、当該委員会が破産債権者全体の利益を適切に代表すると認められることが、その要件である。しかし、こうした要件審査によっても、整理屋の類が委員会に紛れ込むことを防ぎきれないであろうという懸念からか、活用例は少ない。

債権者委員会として承認されれば、債権者集会の招集権が認められ（破135条1項2号）、破産管財人との関係でも、また破産裁判所との関係でも、意見を述べたり（破144条3項）、逆に、意見を聞かれたり、報告を受けたりすることになり（破144条2項・145条2項・146条1項・147条・157条）、破産手続のプレーヤーとしての役割を発揮しやすくなる。

なお、こうした制度趣旨に即した活動をした際には、破産手続への貢献は明らかなので、活動費用について財団債権としての償還が認められるとされた（破144条4項）。

代理委員　　利益を共通にする破産債権者が複数いる場合に、裁判所の許可を得て、その権限を代わって行使する代理委員を選任することができる（破110条1

項)。代理委員は，自分を選任した破産債権者のために，破産手続に属する一切の行為をすることができる（破110条2項）。被選任資格に特に制限はない。民事再生法のように，手続の円滑な進行のために，裁判所が代理委員の選任を勧告したり（民再90条2項），職権で選任したり（民再90条の2第1項）することはない。

3 破産手続の進行

① 破産手続の流れ

破産手続の目的と進行　破産手続開始の申立てがあっても，取り下げられることもあるし（破29条），財団不足が明らかで開始とともに廃止となることも少なくない（特に，個人の場合。破216条）。したがって，破産手続は，（第3章で扱った）申立てから開始決定までの開始段階手続を経て，開始決定により破産管財人が登場するところから本格的に展開される。

破産手続は，資力を欠いた債務者についての厳格な清算手続であり，①各種の権利関係の調整，②適正かつ公平な清算，③債務者の経済生活の再生の機会の確保を目的として進められることになる（破1条）。破産管財人の管財業務もこの目的に向かってなされることになるが，個人債務者の再生機会の確保に資する免責手続は，狭義の破産手続とは別建てで構成されており（破248条以下），本書でも別途取り上げることとする（→第9章*3*）。そうすると，狭義の破産手続の目的は，前二者ということになるが，それでも管財業務は多岐にわたる複雑なものといえる。

清算手続であるわけなので，消極財産面・積極財産面に分けて考

えるとわかりやすい。消極財産面とは，破産債権に関する一連の手続のことであり，届け出られた債権の調査・確定に向けての諸々の行為が積み重ねられる。これに対し，積極財産面とは，破産財団の増減要素に対応していくことであり，別除権とされる担保権をもつ者との折衝，相殺の適否の見極め，否認権行使や役員に対する責任追及など，多くの問題の対応に追われる。この間，破産管財人は，関係者との集団的交渉の場に臨んだり，厳しい個別折衝を繰り広げたりする。しばしば，破産管財業務は，当該管財人が所属する法律事務所のスタッフが総動員体制を組むこともあるものである。

柔構造の破産手続

破産手続の具体的な展開は，事件の個性に左右される。狭義の破産手続は，最終的には適正公平な破産配当の実現に向けられるが（破194条），紆余曲折は避けられない。裁判所の判断を要する場面では，口頭弁論を必要とせず，決定で迅速に進めることを基本にしているが，実体権に関わる問題を含むものについては，判決手続の途を用意するなど柔軟に対応できるような仕組みとなっている（破産債権の確定，否認権，役員に対する責任追及など）。

すべての事件でこうした難しい問題が現れるわけではないが，対債権者との関係はスムーズでも，対労働者との問題や地域住民対策で困難を伴う事件となったりすることもある。そこで，いたずらに事件が迷走するのを防ぐ目的で，訴訟手続における計画審理（民訴147条の2・147条の3）に準じ，倒産手続でも標準的な進行予定に沿った事件処理が求められるようになってきた。予定通りに事が運ぶ事件ばかりではないが，可能な限りスムーズに進行するよう倒産法は大小様々な問題を解決する仕組みを内蔵している。

2 破産財団の換価

破産財団の管理

破産管財人が配当を実現する前提として、現に破産財団を把握しこれを換価することが必要となる。まず、現に管理している財産を法定の破産財団（→第5章 *1*）に近づけることも、受け身では叶わず積極的な努力を要する（破産者への引渡し要求。破 156 条）。また、破産財団の管理の必要性から、財産の封印（破 155 条 1 項）、帳簿の閉鎖（同条 2 項）が必要な場合もある。

さらに、破産管財人は財産評定を行う。破産手続では、破産財団に属する全財産を換価して配当に供することを予定しているので、どのような財産があり、どれくらいで換価できるかの見通しを立てるために財産評定を行うのである。再建型の倒産手続では財産評定が権利変更の基準になるので重要な意味をもつが、破産手続では早晩現実に換価するため、評定に必要以上の時間・費用をかけることはない。その上で、財産目録および貸借対照表を作成しなければならない（破 153 条 2 項）。重要な情報は、裁判所に報告することが必要であり（破 157 条）、破産債権者に対してもこれを開示していかなければならない（破 158 条・159 条）。

なお、破産財団に含まれる財産であっても、これを財団の帰属財産として管理することがかえって負担になることもある。たとえば、幾重にも抵当権が設定されていて余剰価値がないのに、担保権実行前であることから財団帰属財産として固定資産税が課されるような場合である。破産管財人は、このような財産については破産財団からこれを放棄することができる（破 78 条 2 項 12 号）。放棄された財産については、個人破産の場合は破産者の自由財産になるが、法人

破産の場合は，旧役員の管理処分権が回復するわけではない（最決平成16・10・1判時1877号70頁／百選59）。ただ，破産財団の負担増加を理由にした放棄を常に認めてよいかは争いがある（→*Column* ⑤）。

> 財産の換価

破産配当は，私的整理において商品を分配するような現物配当は認められておらず，金銭によってなされるべきものなので，破産財団に属する財産は破産管財人によって換価されることになる。換価方法は，民事執行法その他強制執行の手続に関する法令の規定に従うことが原則とされるが（破184条1項・78条2項1号・同項2号），適宜の方法で破産財団にとって最も有利な方法によればよい。通常は，任意売却の方法によるのが簡便であるが，権利関係が複雑な場合は，民事執行の方法に従うことで引受け・消除の関係が明確になることもある（民執59条参照）。破産管財人は，別除権の目的となっている財産についても，換価の権限を確保できる（破154条・184条2項～4項・185条）。また，担保権消滅許可を介した換価（破186条以下），商事留置権の目的物の換価（破192条）も認められている。現実には，破産管財人は，これらの規定を利用して有利な売却先を探し出し，任意売却の方法で少しでも多くの破産財団への金銭組入れを試みることが多い。

③ 破産配当

> 配当原則

破産配当は，①優先的破産債権，②一般破産債権，③劣後的破産債権，④約定劣後破産債権の順位で，そして同一順位内では，それぞれの債権の額の割合に応じてなされなければならない（破194条）。配当は金銭を

もってなされ，持参債務ではなく取立債務となるので（破193条2項），現実には，債権者の指定の口座へ振込手数料控除の上，振り込む方法でなされることが多い。配当率は事件によって異なり，10％以下というケースが多くを占めるのが現実であるが，高配当となる事件もないわけではない。

時系列でいえば，中間配当，最後配当，追加配当という順でなされ，配当方法でいえば，最後配当が正式のものであるが，これに代えて，同意配当，簡易配当の方法が認められることになった。2004（平成16）年の現行破産法制定時に，配当に関する手続が大幅に改められた。以下で，説明する。

中間配当

破産配当は，すべての破産財団所属財産を換価した上で行う，最後配当の方法が基本形とされる（破195条）。しかし，そこに至るには相応の時間を要するのが普通なので，一般の破産債権調査が済み，破産財団の換価がある程度進んでいれば，最後配当を待たずに配当をするのが望ましい場合が多いので，中間配当という形でこれを行うことができる（破209条）。

中間配当の手続は次の通りである。まず，破産管財人は，裁判所の許可を得て（破209条2項），中間配当に参加することができる破産債権者の氏名・債権額，そして中間配当可能な金額を記載した配当表を作成し，裁判所に提出する（破209条3項・196条）。配当表提出後，管財人は中間配当に参加することができる債権の総額，中間配当可能な金額を公告し，または届出破産債権者に通知することを要する（破209条3項・197条）。この配当表の記載に不服がある場合は，届出破産債権者は除斥期間（配当の公告が効力を生じた日またはその通知が到達すべき時の経過を裁判所に届け出た日から起算して2週間）

経過後1週間以内に限って異議を申し立てることができる（破209条3項・200条1項）。裁判所は，その異議に理由があると認めるときには，破産管財人に配当表の更正を命じる（破209条3項・200条2項）。破産管財人は，異議申立期間が経過した後，遅滞なく，配当率を定めて，これを債権者に通知し（破211条），配当を実施する。

中間配当段階では，性質に応じて，暫定的な措置が用意されている。たとえば，債権調査で異議が述べられ，その決着がついていない破産債権者については，査定手続や査定異議の訴えなどの手続が係属していることの証明がなければ，中間配当には参加できないものとされている（破209条3項・198条1項）。また，別除権者が中間配当に参加するには，中間配当に関する除斥期間内に，目的物の処分に着手したことを証明し，かつ予定の不足額を疎明しなければならない（破210条1項）。ただし，これらの手続を踏んだからといって，確定した債権と同じように中間配当をするわけにはいかないので，配当額の寄託という形をとる（破214条1項）。寄託なので，破産管財人名義の預金口座で保管しておけば足りる。

最後配当

最後配当とは，すべての破産財団を換価し終えた上でする破産配当であり，破産手続が目的を達して終了に近づきつつあることを意味する。破産管財人は，最後配当をするには，書記官の許可を得て（破195条2項），最後配当の時期は，破産管財人の意見を聴いて裁判所が定める（同条3項）。

配当の手続の基本的な流れは，最後配当も中間配当とそれほど大きく変わるところはない。すなわち，配当表の作成・提出・公告または通知がなされ（破196条・197条），配当表に対する異議（破200条）などの手続が用意されているのは中間配当と同じで，その後，

最後配当にあっては、破産債権者に対し、配当額が定められ通知される（破201条）。

債権調査で異議が述べられ、その決着がついていない破産債権者については、やはり査定手続や査定異議の訴えなどの手続が係属していることを証明しないと最後配当に参加できない（破198条1項）。停止条件付債権または将来の請求権について最後配当の手続に参加するには、最後配当に関する除斥期間（配当の公告が効力を生じた日またはその通知が到達すべき時の経過を裁判所に届け出た日から起算して2週間）内にこれを行使することができるに至っている必要がある（破198条2項）。また、別除権者については、不足額の証明が必要となる（破198条3項）。なお、根抵当権者については、極度額を超える部分を最後配当に参加できる債権額と扱える（破196条3項後段）。このような形で最後配当に参加する債権者に対しては、確定的に配当してしまうことはできないので、配当額を供託することになる（破202条）。さらに、同様の趣旨で中間配当において寄託していた分は、供託しなければならなくなる（破214条2項）。

簡易配当・同意配当

破産手続の最終目的である破産配当は、前述したように、かなり厳格になされる。しかし、事件規模が小さかったり、関係者の間で争いになりそうな問題もないような場合には、ここまでの厳格さを貫く必要もない。そこで、最後配当に代わる略式の配当手続が用意された。

まず、簡易配当は、破産財団の規模が1,000万円に満たないような小規模事件における簡易な配当手続である。裁判所書記官の許可により（破204条1項）、配当公告が不要となるなど、最後配当に比べ手続が簡略化されている（破205条で最後配当の規定の一部を除外している）。なお、既に中間配当を実施したケースにおいては、簡易

配当によることはできない（破207条）。これに対して，同意配当は，破産債権者全員が同意していることを条件に，裁判所書記官の許可により，最後配当によらず略式での配当を実施するものである（破208条1項）。同意配当では，破産管財人が定めた配当表，配当額，配当の時期・方法について届出破産債権者の同意を得て，配当を実施することができる（破208条2項）。

> 追加配当

最後配当は，破産財団帰属財産をすべて換価したことが前提になっている。しかし，破産財団が新たに発見されたり，否認訴訟の勝訴で財産が回復したり，改めて配当可能な財産が出現することもないわけではない。そこで，最後配当の通知後（破産手続終結決定後であっても），相当程度の財産があることが確認されたときは，破産管財人は裁判所の許可を得て追加配当をすべきものとされた（破215条1項）。追加配当では，最後配当，簡易配当または同意配当の配当表によってこれを行う（破215条3項）。

追加配当の考え方を貫けば，発見された財産の限りで，破産手続終結決定後であっても破産管財人の任務が続くことを意味することになりそうである。しかし，追加配当の対象にならないような財産をめぐる訴訟の当事者適格については，これを否定するのが判例である（最判平成5・6・25民集47巻6号4557頁／百選100）。

④ 破産手続の終了

> 破産廃止

破産手続が進行し配当が実施されれば，破産手続はその本来の目的を一応達した形で終結に至る。しかし，このように破産手続が本来の目的を達成するには，少なくともそのための諸費用を賄うに足るだけの破産財

団が存在していることが必要である。したがって，財団不足が明白な場合は，破産手続開始決定と同時に破産手続廃止の決定をする（破216条1項）。これを同時廃止といい，特に，個人の破産事件では7割強が同時廃止になっている。さらに，いったん破産手続は開始されたものの，十分な財産がないことが判明することもあり，この場合も，破産手続は早々に廃止すべきものとされる（破217条）。これを異時廃止という。

これに対し，破産手続開始後，届出破産債権者全員が同意して手続の進行を不要とする場合に，破産手続を打ち切ってしまうのが同意廃止である（破218条）。現実に同意廃止となる事件数は少なく，実質的には，破産手続開始に伴う諸制約から脱し，破産者も債権者も平時の状態に戻ることを意味しており，法人の場合は法人継続の手続がとられる（破219条）。

なお，破産廃止には遡及効がないので，破産手続中になされた破産管財人の行為の効力に影響しない。破産債権者表の記載も確定判決と同一の効力をもつ（破221条）。

破産手続の終結

破産配当が実施された事件は，破産手続としての目的はほぼ達したことになり，あとは計算報告などの所要の終結処理が残るだけとなる。旧法では，ここで債権者集会の招集を要したが，現行法では，債権者集会を開く方式でももちろんよいが（破88条），書面による計算の報告でこれに代えてもよい（破89条1項）。その後，裁判所は，破産手続の終結決定をするときは，主文および理由の要旨を公告し，これを破産者に通知する（破220条）。この決定が確定すれば，破産者は財産の管理処分権を回復し，破産債権者も破産手続の拘束から解放され，個別的な権利行使も可能となる。

> 破産手続の様々な
> 終了形態

破産手続は，破産管財人が選任され配当を終えて終了するのが本来の終了形態である。しかし，種々の理由により，いろいろな段階で，本来の目的を達しないで終わることが少なくない。

まず，開始決定前の終了として，申立てが却下または棄却となる場合がある。そして開始決定があっても，即時抗告の結果，取消しとなってしまうこともある。また，開始決定と同時に廃止となる同時廃止や，破産手続がある程度進んでから廃止になる異時廃止，同意廃止もある。

これらすべての終了形態の総称として，講学上（旧破産法では条文でも使われていた用語である）「破産解止」と呼ぶことがある。

第5章　破産財団・破産債権・財団債権

> 破産手続は，債務に比べ財産の少ない状態の債務者について開始されるものである。債務者の財産は破産財団として破産管財人によって管理され，やがて配当の原資となる。これに対し，破産配当の対象となる債務者の負っている債務が破産債権である。このほか，破産財団から優先的に支払われる財団債権についてもふれる。

1 基準時となる破産手続開始決定時の財産状態

非常貸借対照表　　適法な破産手続の開始申立てがなされ，破産手続開始原因の存在，その他の所定の要件が満たされれば開始決定に至る。財産が乏しく破産手続の費用も賄えないとして同時廃止になる場合（破216条）を除き，裁判所から選任された破産管財人が破産財団の管理処分権を掌握し（破78条1項），開始決定に伴う所定の効果はその時から生じる（破30条2項）。破産手続開始決定の裁判においては，その年月日時が記されることになっている（→表5-1）。破産手続の基準時とされるべく，まさに一瞬の時が指定されるのである（破47条2項の推定規定参照）。

表 5-1 破産手続開始の官報公告

> **破産手続開始**
> 　次の破産事件について，以下のとおり破産手続を開始した。破産財団に属する財産の所持者及び破産者に対して債務を負担する者は，破産者にその財産を交付し，又は弁済をしてはならない。
> 平成 24 年（フ）第 129 号
> 　　○○県○○市○○字○○ 25 番地 15
> 　　債務者　有限会社◇◇◇産業
> 　　代表者代表取締役　　□□□□
> 1　決定年月日時　平成 24 年 8 月 23 日午後 5 時
> 2　主文　債務者について破産手続を開始する。
> 3　破産管財人　弁護士　△△△△
> 4　破産債権の届出期間　平成 24 年 9 月 25 日まで
> 5　財産状況報告集会・一般調査・廃止意見聴取・計算報告の期日
> 　　平成 24 年 11 月 1 日午後 1 時 45 分
> 　　　　　　　　　　　　○○地方裁判所○○支部

　破産手続では，通常，残された少ない財産の範囲で債権者への公平な配当が目指されることになり，そのことは清算価値保障の原則と呼ばれ，仮に再生手続や更生手続を試みる場合でも，破産手続によるほうが「債権者の一般の利益」にかなう場合があるとしてセイフティ・ネットとしての意味をもつ（民再 25 条 2 号，会更 41 条 1 項 2 号）。そして，その清算価値保障の基準時となるのも，破産手続開始決定時ということになる。したがって，その基礎作業として，破産管財人は，開始時における財産の価額の評定をしなければならず（破 153 条 1 項），また，財産目録と貸借対照表を作成し裁判所に提出すべきものとされている（同条 2 項）。この場合の財産目録や貸借対照表は，破産の場面であるから，評定の基準は事業の継続を前提としたものではなく，清算すなわち換価を前提としたもの（清算処分価額）となる（作成される貸借対照表は「非常貸借対照表」と呼ばれる）。非常貸借対照表には，基準時における財産状況が示され，ここから最低保障となる破産配当率の予想も可能となる。

表 5-2 貸借対照表

(単位:千万円)

資産の部		負債の部	
流動資産	50,800	流動負債	31,926
現金及び預金	3,610	支払手形	12,320
受取手形	12,120	買掛金	15,180
売掛金	23,400	未払金	2,640
有価証券	6,910	短期借入金	1,700
製品及び商品	5,150	その他の流動負債	86
仕掛品	1,260	固定負債	11,922
その他の流動資産	550	社債	7,000
貸倒引当金	▲ 2,200	長期借入金	2,000
固定資産	57,310	退職給付引当金	2,900
有形固定資産	33,010	その他の固定負債	22
建物	17,000	負債合計	43,848
建設装置	4,500	資本の部	
工具器具備品	810	資本金	26,200
土地	10,700	資本剰余金	7,800
無形固定資産	1,260	資本準備金	7,800
特許権	290	利益剰余金	30,262
ソフトウェア	970	利益準備金	3,000
投資等	23,040	別途積立金	23,600
投資有価証券	12,300	当期未処分利益	3,662
子会社株式	5,450	(うち当期利益)	1,800
長期貸付金	5,670	資本合計	64,262
貸倒引当金	▲ 380		
資産合計	108,110	負債及び資本合計	108,110

破産財団と破産債権

　貸借対照表とは，企業の財政状況を示した一覧表で，おおむね表 5-2 のようなものである。貸借対照表の左側の「資産の部」には，債務者が有する財産が計上されており，破産時には，これがいわば破産財団を構成しうる財産ということになる。これに対し，右側の「負債の部」には，債務者が抱える債務内容が示されており，破産時には，これが破産債権となってくる。もっとも，現実には，資産の一部は特定の負債の担保に付されていることが多く，その分は第 7 章で扱う別除権として格別な扱いがなされるし（破 65 条），一般の優先権があ

る破産債権も含まれている（破98条）。

　破産手続開始決定時が破産手続における基準時としての意味をもっていることは，破産財団と破産債権の範囲を示す条文にも現れている。すなわち，破産財団は，破産管財人が管理処分する破産者の財産であり（破2条14項），その範囲は破産手続開始の時において有する一切の財産とされているが（破34条1項），これを実質評価すると額面より価値が下がってしまう。他方，破産債権についても，破産手続開始前の原因に基づいて生じた財産上の請求権とされ（破2条5項），これも破産手続開始決定時をもって範囲が画されていることがわかる。

2　破産財団の考え方

破産財団と自由財産　　破産財団の範囲を示すわが国の破産法の条文は，種々の意味合いをもっている。最も重要な点は，破産財団の範囲を破産手続開始決定時の財産に限定していることである（破34条1項）。これは，その後に取得した新たな財産（新得財産）を破産財団に含めない趣旨であり，それを破産財団に取り込む膨張主義と対比して，固定主義と呼んでいる。個人破産の場合の破産手続開始後の給料等が新得財産の典型であり，固定主義においては，これを再生の元手とするべく破産者に解放するものである（破産者の自由な意思によらない限り，破産債権の弁済に供すべきでない。最判平成18・1・23民集60巻1号228頁／百選44）。ちなみに，個人再生では，手続開始後の新得財産も再生債権の弁済原資になるという意味で，膨張主義をとっていることがわかる。ただし，

破産手続でも、開始前に生じた原因に基づいて行うことがある将来の請求権については、破産財団に属するものと明文で定められている（破34条2項）。したがって、現実化するのが破産手続開始決定後であっても、開始前に原因があるという意味で、退職金債権、生命保険契約に基づく解約返戻金、敷金返還請求権などは、その大半が破産財団に属することになる。

次に、破産法34条1項の「破産手続開始の時において有する一切の財産」という表現も、含蓄に富んでいる。すなわち、同条括弧書で「日本国内にあるかどうかを問わない」としているが、これは国際倒産事件となった場合に格別の意味をもつものである。旧破産法では、徹底した属地主義がとられ、わが国の破産は外国にある財産に及ばず、外国の破産はわが国に及ばない、との考え方に立っていた。これに対し、現行法は、破産財団の範囲に関しては、国境が壁にならないことを明らかにしたといえる。そして、この「一切の財産」には、差押禁止財産を含まないという、明文の例外が定められている（破34条3項）。民事執行法における差押禁止財産の趣旨を破産手続においても維持する考えであり、前述の新得財産と差押禁止財産については破産管財人の管理処分権は及ばない。破産者が自由に管理処分できるという意味で、これらは自由財産と呼ばれ、破産者の再スタートに資している。

差押禁止財産

基準時に破産者が有していても、破産財団に属さず自由財産となる差押禁止財産は、民事執行法および各種の特別法に由来する。今日、個別的な差押禁止財産として様々なものが定められている（たとえば、国年24条、生活保護58条、自賠18条、恩給11条3項など）。差押禁止財産の趣旨は、民事執行法上のそれだけをとっても様々であるが（民執

131条・152条)，総じていえば，近代法治国家としては，破産の場面においても健康で文化的な最低限度の生活を債務者に保障すべきことに由来する。

もっとも，民事執行の場合と比べて，若干の修正がなされている。まず，差押禁止となる現金の範囲が，従来の民事執行法ではわずか21万円にとどまっていたのが，2003 (平成15) 年の改正で標準的な世帯の2か月間の必要生計費66万円とされ，破産法はその2分の3としたので，標準的な世帯の3か月間の必要生計費99万円と大幅に拡大された (破34条3項1号，民執131条3号，民執令1条)。また，債務者の置かれている状況は千差万別であり，差押禁止財産を固定的に考えてしまうのでは妥当性に欠けることもありうるので，個別的にその範囲を変更する仕組みが民事執行法に置かれていること (民執132条・153条) に鑑み，破産でも類似の制度を採用している。すなわち，開始決定の時からその確定後1か月を経過する日までの間に，破産者の申立てによりまたは職権で，破産者の生活状況やその他の状況を考慮して，自由財産の範囲の拡張を決定できるとされている (破34条4項)。民事執行法の差押禁止の範囲は状況により増えたり減ったりするが，自由財産の範囲は拡張のみとなっている。

差押えの可能性

差押禁止財産の趣旨は個人破産のケースによく当てはまる。では，法人の破産事件においては，どうであろうか。確かに，法人も清算の目的の範囲内で破産開始決定後もなお存続するものとみなされているが (破35条)，個人が生存するのとは意味合いが違ってこよう。

中小企業が経営者を被保険者にして簡易生命保険に加入し，経営者にもしものことがあった場合の備えとして，法人を保険金受取人

にすることはよくある。郵政民営化以前の簡易生命保険の保険金については，その一部が差押禁止財産とされていた（廃止前簡保81条）。さらに，契約者である法人が破産手続開始決定に伴い保険料の支払を滞らせれば，やがて契約は失効し還付金請求権が発生するが，かつてはこれも差押禁止財産となっていた（廃止前簡保50条〔平成2[1990]年改正前］）。その関係で，これの破産財団帰属性が問題となったが，法人には自由財産を観念しえないとして，破産財団に帰属すべきものとされた判例がある（最判昭和60・11・15民集39巻7号1487頁）。

また，一身専属的な権利（民423条1項但書参照）も，これを破産財団に帰属させ破産配当の原資とすべきではない。破産者の慰謝料請求権の破産財団帰属性が問題となった事案では，金額が確定したり，被害者の死亡に伴い行使上の一身専属性が失われた場合には，破産財団に帰属するとされたが（最判昭和58・10・6民集37巻8号1041頁／百選23。もっとも本件は，破産終結決定後に破産者が死亡し追加配当が問題になったものである），個人的な名誉と引き換えの慰謝料請求権を破産配当の原資とする扱いに批判がないわけではない。

破産財団の変化と法的性格

破産管財人が管理する破産財団は，破産手続の過程で変化を余儀なくされる。破産管財人は，就職後直ちに破産財団の管理に着手するに際し（破79条），当面は，占有や登記といった外観を基準にこれを把握するのが通常であろう。このように，破産管財人が破産財団として現に管理している破産財団のことを現有財団と呼んでいる。これに対し，破産財団は前述のように法でその範囲が定められ，あるべき理念的状態が明示されており，これを法定財団と呼んでいる。現有財団が法定財団に一致しているとは限らず，その齟齬は手続の過程で調整されていき，また破産手続にかかる諸費

用は破産財団から賄うことになるので，その分だけ目減りして配当に供しうる破産財団（配当財団）が形成されていくことになる。

破産財団という表現は，一般財団法人の類推で，法主体性をもった存在のような印象を与える。これを管理処分する破産管財人の法的地位と関連して（→第4章2②），破産財団の法的性格についても議論があった。破産債権者の満足に向けられた目的財産としてこれに法主体性を認める考え方も唱えられたことがあるが，近時は，破産管財人に法主体性を認める考え方が有力となり，破産財団にこれを認める必要はないと解する方向にある。

3 破産債権の考え方

① 破産債権の基本

破産債権 　破産債権の要件は，①破産者に対する人的請求権であること，②（原則として）破産手続開始前の原因に基づいて生じた請求権であること，③財産上の請求権であること，④強制執行可能な請求権であること，である。債務者が抱える負債状況は，貸借対照表の右側に計上されていることになるが（→表5-2），その全部が当然に破産手続において破産債権として扱われるわけではない。前述のように，破産財団について固定主義をとっていることとパラレルに，破産債権とされるのは，破産者に対して破産手続開始前の原因に基づいて生じた財産上の請求権に限られる（破2条5項）。

財産上の請求権に限定されるので，たとえば，競業避止義務のような不作為債務などは非財産権上の請求権であり，破産債権には含

まれない。破産手続は、破産財団を換価し金銭による配当を旨とするものなので、非財産権上の請求権はその射程外とせざるをえないからである。

また、破産手続開始前の原因に基づく、とは、請求権の発生原因のすべてを開始前に完備していることまでは要せず、債権発生に必要な主要な部分を具備していれば足りる、との趣旨と解されている。したがって、条件付債権・将来の請求権も、破産債権としての扱いを妨げない（破103条4項）。破産手続では金銭による配当を行うので、非金銭債権は評価額で金銭化し（破103条2項）、弁済期未到来のものはそれが到来したものとして現在化（破103条3項）する。

さらに、必ずしも明文化はされていないが、破産手続は、債権の実現を図る最終的な強制手段という側面をもっているので、破産債権は強制執行可能な債権でなければならないとされている。したがって、不法原因給付の返還請求権（民708条）、利息制限法違反の超過利息債権（貸金業規制法改正前のグレイ・ゾーン金利）などは、開始前に原因があっても、破産債権とは認められない。

> 破産債権の届出

破産債権に該当する債権は、破産手続によらなければこれを行使できないという手続的拘束を課される（個別執行の禁止。破100条1項・42条1項）。逆にいえば、実体法的には破産債権に該当する場合であっても、自ら債権の届出をして破産手続に参加する意思を示さなければ、原則として、破産債権として扱われることはない（破103条1項。再生手続におけるような自認債権は認められていない。民再101条3項参照）。すなわち、届出をして破産債権の行使をすることと、破産債権として個別執行の禁止や免責の対象となり不利益を受けることは別である。

破産手続に参加しようとする破産債権者は、届出期間内に各債権

の額および原因，優先・劣後する旨，債権者の氏名および住所等を記載して届け出る（破111条1項1号〜5号，破規32条2項・3項）。別除権者の場合については，別除権の目的である財産と予定不足額を届け出なければならない（破111条2項）。破産債権の届出をすること自体が労力を伴うものであるので，わずかな配当しか見込まれない場合に，債権届出の手間暇を回避しようと考える債権者が現れても不思議ではない。

> 破産債権の調査・確定

届出のあった破産債権は，債権調査の手続に服する。すなわち，裁判所書記官によって破産債権者表が作成され，調査期間における書面による方式または調査期日における口頭で行う方式で，調査される（破115条・116条）。具体的には，①裁判所が定めた調査期間内に，破産管財人が作成した認否書ならびに破産債権者および破産者の書面による異議に基づいて行う方法（期間方式），②裁判所が定めた調査期日において破産管財人の認否ならびに破産債権者および破産者の異議に基づいて口頭で行う方法（期日方式）の2つがあり，前者が原則とされている。債権調査には，債権届出期間に届け出られたものについて行う一般調査期間・期日と，届出が遅れたり変更があったりしたものについて行う特別調査期間・期日がある（破118条・119条）。前者では，届け出られた債権の存否・額・優劣が調査され，後者では，そこで扱われる債権に絞って調査される（破117条）。時には，正確性を欠いたり，債権の届出が虚偽・過大なことがありうるので，破産管財人，他の破産債権者，破産者からのチェックを受ける必要があるからである。特に重要なのは，破産債権の確定を妨げる効果のある破産管財人や他の破産債権者からのチェックであり（破124条1項），破産管財人はすべての届出債権について認否の態

度を明らかにし，破産債権者は届出債権に対し必要に応じて異議を述べることができるものとされている。

破産管財人が認め，他の破産債権者が異議を述べなかった債権は，仮にそれが実体法的には正しくない場合であっても，債権は確定し，確定した事項についての破産債権者表の記載は，破産債権者の全員に対して確定判決と同一の効力を有することになる（破124条3項）。

異議等のある債権の査定決定と訴訟

所定の債権調査期間または調査期日において確定しなかった破産債権は，債権者が諦めて引き下がるのであればともかく，破産債権としての扱いを受けようと思えば，次のような特別の手続を踏むことになる。すなわち，異議等のある破産債権を有する破産債権者は，破産管財人および異議を述べた破産債権者の全員を相手方として，裁判所に債権額等についての査定の申立てができるものとされている（破125条1項本文）。これは，異議等のある破産債権の存否および額等を裁判所が査定する決定手続であり，破産債権に関する争いを迅速かつ実効的に解決することを意図したものである。ただし，破産手続の開始当時異議等のある破産債権に関して訴訟が係属している場合や，異議等のある破産債権について執行力のある債務名義または終局判決がある場合には，この申立てはできない（破125条1項但書）。

破産債権の査定では，異議者等を審尋する手続保障はあるが（破125条4項），決定手続としての限界があることは否定できない。そこで，査定決定に不服がある場合は，破産債権という実体法上の権利をめぐる問題であることから，最終的に判決手続による決着の途が用意されている（破126条以下）。これは，破産債権査定異議の訴えと呼ばれ（破126条1項），原則として，破産裁判所が管轄する

(同条2項。例外として，同条3項)。査定決定の送達から1か月以内に提起することを要し（破126条1項），異議者とその相手方で争われる訴訟になるが（同条4項），対象となる破産債権をめぐって開始前に訴訟が係属していることもありうる。係属していた訴訟があれば，請求の趣旨は変更になるが，新たに異議の訴えを提起するのではなく，係属訴訟の受継という形になる（破127条）。異議等のある債権のうち執行力ある債務名義または終局判決のあるものについては，破産者がすることのできる訴訟手続すなわち請求異議の訴えによることになる（破129条）。こうした破産債権の確定に関する訴訟の判決は，破産債権者の全員に対して効力を有し，また確定判決と同一の効力を有するとされている（破131条）。

② 多数当事者債権

全部義務者の破産　　破産の場面で現れる破産債権は，単純な債権債務関係にとどまるものではない。すなわち，債権に保証・物上保証が付される例はきわめて多く，そうした中で主債務者が破産する場合はもちろん，保証人の方が破産することもあるところ，多数当事者債権関係では，原債権者と求償権者の調整という問題が浮上してくる。

基本となるのは，破産法104条である。同条は「数人が各自全部の履行をする義務を負う場合」という表現をしているが，これに該当するものとしては，連帯債務・不可分債務（民430条・441条），不真正連帯債務，連帯保証（民458条），手形・小切手の合同債務（手47条・77条1項4号，小43条）が考えられ，現実の取引では通用性が高い。連帯債務・不可分債務については民法に規定があるが（民430条・441条），破産法ではこれを他の全部義務に拡大し明確に

している。

　すなわち，破産法104条1項は，「数人が各自全部の履行をする義務を負う場合において，その全員又はそのうちの数人若しくは一人について破産手続開始の決定があったときは，債権者は，破産手続開始の時において有する債権の全額についてそれぞれの破産手続に参加することができる」と規定する。これを，たとえば，Aに対するBの貸金債務2,000万円について，CとDが連帯保証していた例で考えてみよう。Bが1,000万円弁済したところで，仮にBとCが破産手続開始に至ってしまった場合，Aは，BとCいずれの破産手続においても，開始時の残額1,000万円で参加することができる。これは手続開始時現存額主義の立場を明確にしたものとされている。そのため，その後，仮にDから500万円の弁済を受けたとしても，手続参加の債権額を減額する必要はなく（破104条2項），1,000万円のまま議決権が確定し（破140条1項），これを基準に配当額が決められることになる（破201条）。もちろん，500万円ではなく，1,000万円の全額につき弁済を受けてしまった場合はこの限りではない。

　なお，連帯保証ではない通常保証の場合に保証人が破産したという場合も，全部義務の例ではあるが，主従の関係があり，また催告の抗弁権（民452条），検索の抗弁権（民453条）が問題になりうるので，別途，明文の規定を置くことにより，同様の扱いができることとしている（破105条）。

> 求償権者の地位

ところで，破産手続開始の時点において将来の請求権であるときも，その原因は開始前にあるので，破産手続への参加は可能とされている（破103条4項）。したがって，前述の全部義務関係において，破産者に対

して将来行使することのできる求償権を有する者も，破産手続への参加が可能とされる必要がある（破104条3項本文）。民法の下でも，本来は事後求償が原則であるところ，委託を受けた保証人については，破産との関係では事前求償に修正されることになるが（民460条1号参照），これが全部義務者に拡大される趣旨である。ただし，その場合に，債権者が破産法104条1項に基づき破産手続に参加している限りでは，二重の権利行使を防ぐ必要があるので，将来の求償権者の地位は後退せざるをえない（破104条3項但書）。つまり，債権者がもっぱら破産者からの回収に期待せず，他の全部義務者からの回収に向かう場合は，破産法104条3項本文が生きることになるが，通常は債権者が破産手続への参加を全面的に諦めることはないはずなので，同項但書が機能している状態の方が現実には多いということになろう。

> 一部弁済と手続参加

債権者が破産手続に参加しても，実際に配当を受けるまでには相応の手続進行を待たなければならない。その間，債権者は，他の全部義務者に弁済等を迫るのが当然の成り行きであり，履行義務がある以上，他の全部義務者としても無視するわけにはいかず，可能な範囲でこれに応じていくことになろう。弁済に応ずれば，今度は事後求償という局面になるはずである。

この求償権の行使については，「弁済ノ割合ニ応シテ」とする旧法の条文（旧破26条2項）との関係で争いがあったところ，弁済が一部にとどまる限りは，求償権者より債権者の開始時現存額主義が優先するとの判例（最判昭和62・6・2民集41巻4号769頁，最判昭和62・7・2金法1178号37頁）が現れ，現行法はこれを明文化した。すなわち，求償権者による弁済が債権の全額に及んだ限りで，求償権

者は債権者が有した権利を破産債権者として行使できるとしたのである（破104条4項）。もっとも，複数の被担保債権のうち一部についてその全額が弁済された場合は，現存額主義は適用されず，原債権者から弁済者に権利行使主体が変わることになる（最判平成22・3・16民集64巻2号523頁／百選45）。その場合の権利行使は，弁済による代位に相当するものであるところ，手続的には，届出名義の変更で対処することになる（破113条1項）。

以上に述べた求償権の扱いは，破産者の債務について物上保証人がいる場合に同じく解してよいか，旧法では必ずしも明確でなかった。この点についても判例が現れ（最判平成14・9・24民集56巻7号1524頁），現行法では104条3項・4項が物上保証人にも準用されることが明確になった（破104条5項）。

Column⑦ 代位弁済者による原債権の地位の承継

倒産法上，財団債権（共益債権）等優先的に扱われる債権について，その保証人等が弁済し債権者に代位する場合，代位弁済者はその原債権の優先的地位を主張しうるか。これは，弁済による代位の制度（民501条）が，倒産手続との関係でどのように現れるかの難問である。すなわち，同条において代位弁済者は，求償権の範囲内で原債権を行使できると規定されるところ，代位弁済者の求償権が破産債権となり優先性がない一方で，原債権者が有していた権利を代位行使する場合には優先性のある債権として行使できるかということである。事案を異にした下級審裁判例が相次ぎ，結論も肯定するものと否定するものが拮抗し，学説での議論も巻き起こしていたが，最高裁が決着を示すべく判決を出した。

すなわち，破産事件における労働債権の代位につき，求償権が破産債権にすぎない場合でも原債権を財団債権として行使できるとされ（①最判平成23・11・22民集65巻8号3165頁／百選48①），そして，再生事件における双方未履行双務契約の解除による共益債権（過払い前渡金の返

還）についても同様であるとされたのである（②最判平成23・11・24民集65巻8号3213頁／百選48②）。判旨によれば，もともと弁済による代位の制度が求償権確保をするための一種の担保として原債権を機能させることを趣旨としたものであり，これによって他の債権者らが害されることはない，としている。もっとも，租税債権を租税保証人が代位弁済したような場合には，性質上，租税債権の代位が想定されていないことから，結論は異なりうるとの理解が示されている（①における田原睦夫裁判官の補足意見）。実際，租税債権に関する下級審裁判例は，すべて否定説で確定している（東京高判平成17・6・30金判1220号2頁／分析と展開19など）。

4 破産債権の種類と順位

破産債権の分類　破産は，債権に関する基本原則である債権者平等の具体的意味が問われる場面である。支払不能，債務超過といった経済的破綻が原因となって破産手続が始まっている以上，債権の満額配当となることはまずありえない。そこで，債権者平等の帰結は，「それぞれその債権の額の割合に応じ（た）」配当，按分弁済ということになってくる（破194条2項）。しかし，債権には様々な種類があり，それは債権の中における優劣の差となって現れてくるものである（破194条1項）。

この破産債権間の優劣関係は，既に破産以前の平常時において存在していたものを破産の場面でも尊重する趣旨であり，①優先的破産債権，②一般破産債権，③劣後的破産債権，④約定劣後破産債権

の区別・順位づけがなされている。また，本来は破産債権となるべきものでも，特別な考慮から，最優先の扱いを受ける財団債権（破151条）に格上げされることもある（破148条1項3号・149条）。なお，手続の中に担保権者や株主も含む更生手続では，更生債権のみならず，担保権者から株主に至るまでの順位が定められている（会更168条1項）。

優先的破産債権

優先的破産債権とは，他の破産債権に先立って弁済を受けられる破産債権であり，実体法上，一般の先取特権，その他一般の優先権のある破産債権がこれにあたる（破98条）。たとえば，従業員の労働債権（民306条2号・308条）や租税債権（税徴8条，地税14条）といったものが典型である。しかし，労働債権については，手続開始前3か月間については財団債権に格上げされているので（破149条），優先的破産債権になるのは，それより前の部分ということになる。これに対して，租税債権については，過度の財団債権化規定のあった従前（旧破47条2号）と比べると，財団債権になる範囲が限定されたので（破148条1項3号），優先的破産債権となる分は多くなった。

劣後的破産債権

劣後的破産債権とは，優先的破産債権および一般破産債権に劣後して配当を受ける破産債権の総称である。一般破産債権への配当も一部にとどまるのが破産配当の実情であるから，劣後的破産債権ともなれば配当がなされることは少なく，いずれは破産免責の対象になることが多い。破産法99条が同法97条と連動してこれを列挙している。具体的には，①破産手続開始後の利息請求権，②破産手続開始後の不履行による損害賠償または違約金請求権，③破産手続開始後の延滞税，利子税または延滞金の請求権等，④国税徴収法または国税徴収の例に

よって徴収することのできる請求権であって，破産財団に関して破産手続開始後の原因に基づいて生ずるもの，⑤加算税または加算金の請求権等，⑥罰金・科料・刑事訴訟費用・追徴金または過料の請求権，⑦破産手続参加の費用の請求権，⑧無利息の確定期限付債権の期限までの中間利息，⑨不確定期限付無利息債権の債権額と評価額との差額，⑩金額および存続期間の確定している定期金債権についての中間利息相当額がこれにあたる。

そのほか，親会社・役員・主要株主などの内部者が有する破産債権を個々の事件において劣後的破産債権と扱うべきかどうかが問題になることもある（東京地判平成3・12・16金判903号39頁／百選47〔否定〕，広島地福山支判平成10・3・6判時1660号112頁〔肯定〕）。

| 約定劣後破産債権 | 近時，企業の資金調達の方法が多様化する中で，資金の借入れに際し，当該債権への弁済を他の一般債権より劣後させる特約を付する場合がある。これは劣後ローンと呼ばれ，金融機関がよく利用する。自己資本に準じた扱いを受ける効果があり，自己資本比率規制との関係で有用となる。こうした債権の扱いは旧法では明確でなかったが，現行法では，これを配当の順位において劣後的破産債権に後れるものとした（破99条2項・194条1項4号）。なお，劣後的破産債権および約定劣後破産債権は，議決権も有しない扱いとされる（破142条1項）。

5　財団債権

| 財団債権の意義 | 財団債権とは，破産手続によらないで破産財団から随時に，そして破産債権に優

先して,弁済を受けられる債権のことである (破2条7項・151条)。何が財団債権になるかは,所定の債権の処遇方法を意味する優先順位の問題でもあり,また,破産手続遂行に伴う諸経費の負担の問題でもある。基本となるのは,破産管財人の報酬や破産手続の費用を破産財団の負担とするという意味で,最優先に支払う財団債権が認められていることである。つまり,共益性がポイントである。しかし,厳格な清算と破産債権者への平等な弁済は,国家が丸抱えでこれを実現してくれるのではなく,個々の事件の関係者の具体的な行動と負担によって実現していくものである。したがって,財団債権の原型は,破産法148条1項1号・2号の費用請求権であり,それを負担するのは破産財団にほかならず,破産配当は財団債権を賄ってから実現すべきものであり,この負担に堪えられなければ破産廃止になってしまうということである (破216条・217条)。同等の扱いを受けるものが,再生手続や更生手続では共益債権と呼ばれているが,その原型を知るには,財団債権よりもわかりやすい表現である。①破産債権者の共同の利益のためにする裁判上の費用請求権 (破148条1項1号),②破産財団の管理・換価および配当に関する費用請求権 (同項2号) の2つであり,この2つの財団債権については,破産財団が不足する際にも最優先で弁済されることになっている (破152条2項)。

他の財団債権

財団債権は,当該債権の性質に照らし,破産手続上特別な扱いを受けるものであり,ほかにもいくつか列挙されている。

上記①②に加え,破産手続を進める上で,③破産財団に関し破産管財人がした行為によって生じた請求権 (破148条1項4号),双方未履行双務契約の処理との関係で,④破産法53条1項の規定によ

り破産管財人が債務の履行を選択した場合に相手方が有する請求権（破148条1項7号），⑤破産管財人が契約解除した場合の相手方の反対給付価額償還請求権（破54条2項）なども実務上頻繁に現れるものである。基本類型（破148条1項1号・2号）以外の財団債権は，債権額の割合に応じて平等に弁済される（破152条1項本文）。これらはその要保護性から，破産債権に優先する財団債権の地位を特別に与えるものである。

労働債権と租税債権　　さらに，政策的配慮に基づく財団債権である労働債権と租税債権の扱いもある。これらは，一般実体法上，債権の優先性は確保されている（民306条2号・308条，税徴8条，地税14条参照）。つまり，優先的破産債権としての扱いは一応約束されたものであるが，債権の性質に照らしさらに優遇すべきであると考えた際に，それを可能にしたのが財団債権への格上げという立法措置である。もっとも，財団債権がむやみに増えては，破産手続の破綻（破産廃止率の増加）ということになってしまうので，慎重な配慮を要する。

　労働債権と租税債権の扱いは，旧法と現行法で逆の方向性がとられた。まず，労働債権については，保護の必要性が高いとして，その一部を財団債権とする立法が実現した（破149条）。これに対し，租税債権については，従前の財団債権扱い（旧破47条2号）が過度の保護になると批判されていたので，現行法では，財団債権となる範囲はかなり限定されることになった（破148条1項3号）。このように，財団債権は，それ自体優先順位の問題の要素を強くもったものでもある。*Column* ⑦では，これを代位弁済者が承継できるかという問題を取り上げた。

第6章　破産財団の増減

> 破産債権者への配当原資となる破産財団は、理念的には破産手続開始決定時で固定したもののように思えるが、以後の破産手続の進行の中で変動を免れない。本章では、変動要因となる取戻権、相殺禁止、否認権、役員に対する責任追及を扱う。

1 破産財団の理念と実際

変化する破産財団　　第5章で説明したとおり、破産財団の範囲は法律上は明確になっている（破34条）。しかし、破産管財人が現に占有管理しているそれが理念通りになっているとは限らない（現有財団と法定財団のずれ）。何かの都合で、他人の財産が混じっていたり、本来あるはずの財産が把握できていなかったりといったことは、よくあることである。当然、こうした破産財団の歪みは是正されていかなければならないはずだが、現にある状態を前提に次の利害関係が形成されていることもあるので、事は慎重に運ばなければならない。破産管財人は正しく破産財団を把握する必要があり、そのために財産をめぐる法律関係を精査

するわけだが，関係者からの権利主張によってこれが明らかになることもある。

取戻権と相殺権は破産財団が減る方向の話であるが，否認権と法人の役員に対する責任追及は破産財団を増やす方向の話となる。

配当財団の形成

他人の財産が破産財団に混じっていたとしても，その外観だけを理由に，債権者に対する責任財産になるいわれはない。したがって，これは本来の権利者に戻すべきであり，つまり取戻権という法理は，破産財団を減らすことにつながる。これに対し，破産の直前に債務者が詐害行為を行い財産が減ってしまっていたような場合，これを黙って受け入れるしかないとしたら，破産制度はある意味で無力なものになってしまうので，逆に，一定の要件の下で，いったん減ってしまった財産を取り返せてもよいはずである。これが否認権の法理であり，貧弱な状態にある破産財団を増殖しうる有力な手段となるものである。

本章で扱う問題は，破産以前の一般の実体法秩序を前提にしつつ，倒産実体法という視点で破産財団を見直し，あるべき破産財団に近づけて破産債権者に配当できる破産財団を形成していくことに関係するものである。

2 取戻権

取戻権の意義

取戻権とは，破産者に属しない財産が何かの事情で破産財団に混じっていた場合に，本来の権利者がそれを取り戻す権利のことをいう（破62条）。「取戻権（Aussonderungsrecht)」という表現こそ倒産法独特のにお

いを感じさせるが，そのような特別の権利が突如発生するものではなく，本来の権利者が，破産財団に属する外観のある財産について自分の物であると確認することを許す，いわば当然の事理を，その現象面に即してそう呼んだにすぎない。

類似の現象は，強制執行の場面でもみられる。すなわち，債務者が動産を占有しまたは不動産の登記名義人になっているが，実際には債務者のものではない，つまり責任財産の外観と実際にずれがあるような場合でも，強制執行は外観を基準に始めるほかないので，実質的に他人の財産が差し押さえられてしまうことは少なくない。そうした外観を作出した責任がないわけではないが，誤った強制執行から逃れる仕組みがあってしかるべきであろう。これが，民事執行法における第三者異議の訴えである（民執38条）。

取戻権と第三者異議の訴えは，現象面は似ているが，違いもある。第三者異議の訴えは，その名のとおり，訴えの方式による行使が求められているのに対し，取戻権では行使方法については別段の定めは置かれていない。したがって，任意の方法によればよく，破産管財人がすぐにこれを認めてくれれば訴訟の必要はないが（裁判所の許可を要する場合がある。破78条2項13号），抵抗する際には，目的物の返還請求の訴訟で所有権を主張し，これが通れば取戻権の目的を達することになる。

取戻権の基礎　前述のような取戻権の意義からわかるように，そのような種類の特別の実体的な権利が存在するわけではない。取戻権を基礎づけるのは，第三者の所有権，占有権，地上権といった実体法上の権利だからである（民執38条の文言参照）。もっとも，取戻しの基礎となる権利は，手続開始前に破産管財人に効力を対抗できるものになっていることを要す

る。

　他人物が破産財団に混じっているような典型的な場合のほか、他人の財産を管理する形の取引との関係で取戻権が問題になる場合がある。たとえば、信託によって第三者（受託者）に財産が移っても、この財産が受託者の債権者の引当てになるわけではないので（信託25条）、受託者が破産した際には委託者または受益者が信託財産を取り戻すことができるはずである。また、証券会社が顧客から預託を受けた有価証券については、これを自己の固有財産と分別管理することが求められる（金商42条の4・43条の2）こともこれに関係する。すなわち、証券会社が破産した際には、分別管理された顧客の有価証券には、顧客の取戻権が成立すると解されよう。

　外観上の財産状態が実質とずれを生じているという現象は、こうした場合にとどまらない。知られているのは、譲渡担保や所有権留保などの非占有型の非典型担保であり、目的物の占有は譲渡担保権設定者や留保買主にあるが、所有権は譲渡担保権者や留保売主にある。この場合、目的物の占有者が破産した際に、譲渡担保権者や留保売主が所有権を根拠に取戻権を主張できるかが問題になってくる（会社更生の事案で譲渡担保権者の取戻権を否定的に解したものとして、最判昭和41・4・28民集20巻4号900頁／百選57）。

配偶者の取戻権

　自然人の破産事件との関係で、夫婦の財産状況の曖昧さが生み出す問題もある。夫婦が占有する財産の所有権の帰属は他人にはわかりにくいが、普段はそれでも大きな問題にはならない（民761条の日常家事債務の連帯責任）。ところが、破産の場面では、たとえば、夫の破産手続との関係で、自分の固有財産が夫の破産財団に取り込まれてしまっていると妻の側が取戻権を主張してくることが考えられる。たとえば、

破産に先立ってなされた離婚財産分与（民768条）の分与金が未払いであったところ，夫の破産手続において元妻が分与金相当額について取戻権の主張をするような場合である。財産分与には，配偶者の潜在的持分の清算という要素があり，その意味で取戻権を基礎づける余地はあったが，最高裁はこれを否定している（最判平成2・9・27判時1363号89頁／百選50）。他方，詐害行為との関係では不相当に過大でない限り，被分与配偶者を分与配偶者の債権者より保護する傾向にあるので問題は微妙である（最判昭和58・12・19民集37巻10号1532頁，最判平成12・3・9民集54巻3号1013頁）。

> 特別の取戻権

以上に述べた取戻権は，その基礎を所有権ほかの一般実体権に有しているので一般の取戻権というが，破産法が特に定めた特別の取戻権もある。

第1は，売主の取戻権である。これは隔地者間の売買において，売主が物品を発送したが，代金が未払いで，買主がまだ物品を受け取っていない状態で買主が破産した場合，売主が当該物品を取り戻すことができるというものであり，双方未履行の状態に戻すことを目的としている（破63条1項）。もっとも，流通のスピードが早くなった今日では，これが機能する場面はそれほど多くはない（商582条も参照）。

第2は，問屋の取戻権である。問屋営業（商551条以下）に関し，問屋が物品を委託者に発送したが，委託者がまだ報酬・費用を支払っておらず物品も受け取っていない状態に対応するものである。すなわち，こうした状態の時に，問屋に取戻権を認め（破63条3項），これによって物品の占有を回復した問屋が商事留置権者として別除権の行使（破66条1項）が可能なようにするものである。

第3は，代償的取戻権である。これは，仮に取戻権の目的物が既

に譲渡等によって破産財団に存在しなくなったような場合でも、その代位物（たとえば、代金債権）が特定できる限りは、取戻権と同様の効果を確保しようとする趣旨である（破64条）。したがって、破産財団が有する反対給付請求権（目的物譲渡の対価として代金債権）の自己への移転または反対給付を受けた財産の給付を求めうることになる。

3 相 殺 権

破産と相殺　一般実体法において、相対立する債権・債務を対当額で帳消しにできる相殺（民505条）には、簡易な決済手段という機能とともに、担保的機能があるといわれる。こうした担保的機能が威力を発揮するのは、一方の当事者が倒産に至ったような場合であろうから、破産法においてもこれを尊重し、破産手続によらないで相殺はできるとしている（破67条1項）。対当額で決済できるということは、相殺適状がある分については、按分弁済を余儀なくされる破産債権者に比べ、格段に有利だということを示している。もともと相殺は、その旨の意思表示でできるものであるから、破産の場面でも特別な方法によることは要しない。破産手続では、相殺権行使の時期について法律上の制限はないが、ただ、破産手続の円滑な進行との関係で、相殺権の事実上の制限を設け、破産債権の届出期間直後までにこれをしないと効力を主張できないことがある。破産管財人は、破産債権の調査期間が経過した後、または調査期日が終了した後、相殺が可能な破産債権者には1か月以上の期間を定めて確答を促して、手続の進行

と安定の確保を図るのである（破73条）。

相殺規律の射程

破産法の相殺および相殺禁止が問題となるのは、破産債権と破産財団帰属債権との相殺である。しかし、破産の場面で債権・債務が相対立することが他にもありうる。その場合の相殺の可否は、破産手続の性質に照らして判断される。たとえば、財団債権と破産財団帰属債権の相殺、手続開始後に生じた破産者に対する債権と自由財産所属の債権の相殺、これらは認めても問題ない。これに対し、破産債権と自由財産帰属の債権の相殺、手続開始後に生じた破産者に対する債権と破産財団帰属債権の相殺、財団債権と自由財産帰属の債権の相殺は、これらを認めることは破産手続の趣旨に反するので許されないと解される。

これに対し、破産管財人から破産財団に属する債権をもって破産債権と相殺する場合については、破産債権者の一般の利益に適合する限りで、裁判所の許可を得ればできるものとされている（破102条）。

相殺権の拡張

相殺権に対する破産法のスタンスは、一方でこれを拡張し、他方でこれを制限するという両面がある。まず、拡張の方を説明する。

民法における相殺の要件（つまり相殺適状）は、①同一当事者間での債権の対立、②対立債権の同種目的、③双方の債務の弁済期の到来となっている（民505条）。しかし、破産の場面で常にこの要件を満たすことが求められるとすると、相殺権は活用の余地が小さい。しかし、相殺は相対立する債権・債務の存在が担保となる意味合いをもたらすので、破産の場面では、平時（つまり民法上）よりも相殺の可能性を広げることがある。このことは自働債権についても受

働債権についてもみられる。

(1) 自働債権

まず，自働債権について相殺権が拡張される場合である。第1に，自働債権たる破産債権については，期限が未到来でも破産手続開始決定の効果として現在化がされ（破103条3項），またそれが非金銭債権の場合は評価額をもって金銭化され（破103条2項），相殺適状を満たし相殺が可能となる。ただし，現在化による相殺に際しては，その範囲に制限があり劣後的破産債権となる部分は除かれる（破68条2項）。第2に，自働債権が解除条件付の場合については，債権自体は既に発生しているので相殺は可能なのであるが（破67条2項前段），破産手続中に条件が成就することがありうるので，相殺権の行使に際して，受働債権額について担保の提供または寄託を求められることがある（破69条）。第3に，自働債権が停止条件付の場合については，成就前は相殺ができないはずであるところ，成就の可能性があるので，破産財団に対し受働債権の弁済をする際に，後日の相殺に備え弁済額の寄託の請求ができるものとされる（破70条前段）。将来の請求権である場合にも同様である。さらに，この点は敷金返還請求権を有する賃借人が賃料債務を弁済する場合にも妥当する（破70条後段）。

(2) 受働債権

次に，受働債権については，弁済期の到来や条件成就を待つ必要がなく，直ちに相殺ができる（破67条2項後段）という意味で，相殺権が拡張されている。すなわち，これは受働債権の債務者である破産債権者側が期限や条件について利益をもっている形なので，これを放棄して相殺に供してよいという趣旨である。この場合，期限の到来や条件の成就を待って相殺することも妨げられない（保険の

満期返戻金につき相殺が認められた例として、最判平成17・1・17民集59巻1号1頁／百選63)。

> 相殺禁止

このように、相殺はこれを利用できる者にとっては、きわめて効率的な債権回収手段であり、とりわけ金融機関は好んで相殺を使ってきた。その相殺の合理的期待を倒産の場面で保護することは重要なのであるが、倒産が迫った時期に、こうした相殺の利便性を狙って作出された相殺権まで無条件に認めたのでは、債権者間の公平を害するようなことが起きてしまう。そこで、相殺に関しては、前述のように拡張する一方で、制限されるべき債務負担および債権取得が、類型的に明らかにされている（破産法のみならず、倒産4法で共通している。破71条・72条、民再93条・93条の2、会更49条・49条の2、会社517条・518条）。主体と行為、行為の時期に着目し、債権者間の公平を確保する点で否認権と共通する要素をもっている（もっとも、相殺禁止の法理と否認権は別のものであり、相殺権の行使は否認権の対象にならないとされている。最判平成2・11・26民集44巻8号1085頁）。

> 債務負担型の相殺禁止

まず、破産債権者による債務負担を対象に相殺禁止を規定したのが破産法71条である。これは破産債権者が破産手続開始後に破産財団に対し債務を負担するような場合にまで相殺を認めるのは、公平に反するという趣旨に基づくものである（破71条1項1号）。これを原型として、債務負担の時期を、①支払不能（破71条1項2号）、②支払停止（同項3号）、③破産手続開始の申立て（同項4号）の後まで遡らせていき、①の場合は、もっぱら相殺に供する目的をもって契約がなされ、契約の当時、支払不能を知っていること、②の場合は、負担の当時、支払の停止を知っていること、③の場合は、負担の当時、破産手続

開始の申立てがあったことを知っていたことを，相殺禁止の要件とする。もっとも，この2号〜4号には例外がある（相殺禁止の例外であるから，相殺ができることになる）。債務負担の時期がこれらに該当しても，①法定の原因による場合，②危機時期を知った時より前に生じた原因に基づく場合，③破産手続開始の申立てがあった時より1年以上前に生じた原因に基づく場合には適用されない（破71条2項各号）。これらの場合は，濫用の意図がないと思われるので，相殺を許す趣旨である。

> 債権取得型の相殺禁止

これに対し，破産者の債務者による破産債権の取得を対象に，相殺禁止を規定したのが破産法72条である。これは，破産者の債務者である者が他人の破産債権を取得する場合で，破産手続開始後に破産債権を取得して相殺するということは，その実質的価値が低下していることを考えると，額面との差額分だけ破産財団が減少してしまうので，これを禁止しようとするものである（破72条1項1号）。71条とパラレルに，①支払不能（破72条1項2号），②支払停止（同項3号），③破産手続開始申立て（同項4号）の後で，債権取得当時，債務者がそのような状況にあることを知っていたときにも相殺が禁止される。ただ，これにも71条と同様の例外が定められている（破72条2項1号〜3号）。さらに，この場合特有の例外も定められており，破産債権の取得が破産者の債務者と破産者との間の契約に基づく場合も相殺禁止から除外されている（破72条2項4号）。これは，同時交換的取引を尊重し，救済融資を可能にするためである。

Column⑧ 破産法72条相殺禁止の類推

破産法72条は，破産者の債務者が他人の破産債権を取得してする相殺を禁止する趣旨のものである。こうした相殺を認めることは，破産財

団に属して配当の原資となるはずの債権が消失してしまうことを意味するので，警戒を要するというわけである。ここで，保証人が主たる債務者の破産後に弁済した場合のことを考えてみよう。委託を受けた保証人には，民法上，事前求償権が与えられている（民460条）が，委託を受けない保証人には与えられていない。金融機関が自行に当座預金取引のある者の債務について保証しているという場合（つまり，債務者から委託は受けていない），当該債務者の破産後に履行に応ずると事後求償権を取得する。その後，破産した債務者の破産管財人から当座取引が解約され預金残高の支払を求められた際に，金融機関は事後求償権との相殺を主張してこれを拒めるか。保証行為が破産前になされており，相殺に供した事後求償権は他人の破産債権を取得したものでもない，といった点をどう考えるかがポイントとなる。事実審では相殺の主張が認められたが，最高裁は他人の破産債権を取得したのに近いとして，72条の相殺禁止の趣旨を類推して相殺を否定した（最判平成24・5・28民集66巻7号3123頁／百選69）。

相殺と倒産手続に関しては，一方でこれを民法の相殺適状を緩和して許容しつつ，他方で厳格に倒産法独自の禁止をもって臨んでいる。その合理的な線引きをめぐって微妙な解釈論争が学説・実務でなお続いている。

4 否認権

1 否認権の基礎

否認権の意義　経済的な状態が悪化すると，債務者は平常時とは異なる行動へと出る。懸命に打開策を講じた結果盛り返すこともあるが，倒産必至とみて財産隠匿

に走ったり，厳しい債権者の要求に屈して偏った弁済をしたりと，問題のある行動の方が多くなってしまう。破産手続が開始される前は，債務者の管理処分権に制限がない以上，これらの問題行動も受け入れるほかないとしたら，破産手続はあまりに無力というものである。そこで，事後的にこれらの行為の効力を否定し，破産財団から逸出した財産を回復したり，偏頗的な弁済の効力を否定して債権を復活させて平等扱いに戻したりする，否認権の制度が用意されている（破160条以下）。民法の詐害行為取消権（民424条以下）とルーツを同じくしながら，拡大強化されたものになっており重要な役割を担っているといえる。ほぼ同様の趣旨で他の倒産手続にも否認権の制度がある（民再127条以下，会更86条以下）。

否認権の行使

詐害行為取消権が個々の債権者によって行使されるものであるのに対し，否認権は，破産管財人がこれを行使する（破173条1項。管財人選任が稀となる再生手続では監督委員が行使する。民再56条・135条1項）。ちなみに，破産手続開始時に係属していた債権者による詐害行為取消訴訟は中断し，破産管財人による否認訴訟として受継されうるものとされている（破45条）。

否認権は，行使する破産管財人にしてみれば破産財団を増やす数少ない手段の1つであるが，取引の安全を害する可能性もあるので，就任後できるだけ早期に事案の全貌をつかみ，行使の可否を決断する必要がある。

否認権の行使方法は，訴え，否認の請求または抗弁によるものとされている（破173条1項）。行使の有無と効果を明確にする意味で裁判上の行使が基本とされているが，現実には，否認権に基づき交渉して，和解で否認権を行使したのと同様の効果を収めることもあ

る。否認の請求による方法は，破産債権の査定や役員に対する責任追及査定と同様に，決定手続と判決手続をリレーする形で，否認権の決着をつける方法である（破174条・175条）。

否認権行使の相手方（被告適格者）は，当該行為によって利益を受けた者つまり受益者が原則であるが，所定の要件の下に，転得者に対して行使することもできる（破170条）。なお，破産手続開始決定があるまでの間，利害関係人の申立てまたは職権で，将来の否認権の行使の実効性を確保する意味で，受益者らの財産に対する保全処分も可能とされている（破171条）。

否認権の制限・行使期間

否認権は，取引の安全を害する側面を免れない。そこで，破産手続開始の申立ての日から1年以上前にした行為については，支払の停止を要件とする否認は160条3項の場合を除いて制限されている（破166条）。また，破産手続開始の日から2年を経過したとき，否認しようとする行為の日から20年を経過したときは否認権は行使できないものとされている（破176条）。

否認権と詐害行為取消権は別のものであるから，総債権者について詐害行為取消権の消滅時効が完成しても，否認権には影響がないとされている（最判昭和58・11・25民集37巻9号1430頁／百選27）。また，倒産手続進行中は，個々の債権者が詐害行為取消訴訟を提起することはできないと解される（東京地判平成19・3・26判時1967号105頁／百選72，東京高判平成22・12・22判タ1348号243頁／百選A11）。

2 否認権の類型と要件

否認権の諸類型の意味

破産手続開始前の債務者の行為には，種々のものがある。前述のように，起死

回生を狙うものがあるかと思えば、財産隠しをたくらむ不当な行為もある。ほとんどの行為は相手のあるものであり、否認権が過去の行為を否定し取引の安全を害する面をもっているため、これが成立する要件は明確にされていることが望ましい。

旧法下では、故意否認、危機否認、無償否認という否認の基本類型が定められていたが、特に前二者は重なる部分があった（本旨弁済の否認をめぐって、最判昭和42・5・2民集21巻4号859頁）。現行法では、アメリカ連邦倒産法の否認規定も参考に、基本類型を詐害行為否認と偏頗行為否認の2つに整理した。その上で、行為の客観的態様、関係者の主観、相手方の属性といった点に着目して要件を工夫し、また証明責任にも配慮して、規定を緻密なものにした。

基本類型のほかに、特殊類型の否認権も用意されているが、特殊類型に関しては、旧法のものをほぼそのまま引き継いでいる。

否認権の一般的要件　否認権の要件は、類型ごとに定められているが、全体を通じた一般的な要件が抽出され議論されることもある。破産者の行為の要否と行為の有害性を取り上げておく。

破産者の行為の要否とは、否認権の条文が「破産者が……した行為」と規定していることに由来する（破160条以下を参照）。わかりやすい目安ではあるが、破産者の行為を要しないというのが学説の大勢であり、判例も破産者の行為と同視すべきものの否認を認めている（最判平成8・10・17民集50巻9号2454頁／百選39）。

次に、行為の有害性とは、当該行為が債権者を害する実質を有するかどうかを問題とするもので、適正価格による不動産の売却などについて議論されてきた。また、生活費を捻出するための財産売却は、有害性があっても不当性がないので否認を免れるとして、不当

性が否認権の一般的要件と説かれることもある。すなわち，財産減少という有害な影響はあっても，社会的に非難される行為かどうかを考慮する意味である。

詐害行為否認　詐害行為否認は，債権者を害する行為（財産減少行為）に焦点を合わせた否認類型である。財産減少行為の効力を否定し，破産財団の回復を狙いとするもので，詐害行為取消権や旧法の故意否認の流れを引くものであるが，4つに場合分けして規定されている。

第1は，債権者を害することを知ってなされた場合である（破160条1項1号本文）。これは，詐害行為否認の原型で，債務者（後の破産者）の詐害意思に着目し，行為の時期については特に問題としていない。否認権を行使する破産管財人に，破産者の詐害意思を主張・立証する責任がある。しかし，受益者の方で，債権者を害する事実を知らなかったときは否認できないものとし（破160条1項1号但書），取引の安全にも配慮している。

第2は，行為の時期も問題とし，債務者が支払停止または破産手続開始申立ての後に債権者を害する行為を行った場合である（破160条1項2号本文）。危機時期における詐害行為なので，否認の必要性は高いとみて，否認を免れるには，受益者において，危機時期にあることおよび債権者を害する事実を知らなかったことを証明しなければならない扱いである（破160条1項2号但書）。

第3は，債務消滅行為であるが対価的均衡を欠いている点で債権者を害する場合である（破160条2項）。たとえば，代物弁済で目的物の価額が債務に比べ過大であると，その分は破産財団を減少させているので，偏頗行為否認ではなく詐害行為否認の対象とするということである。この場合の証明責任については，同条1項に準じて，

債務者に詐害意思があるときは1号，危機時期になされたときは2号と同じ扱いになる。

第4は，無償行為およびこれと同視すべき有償行為の否認である（破160条3項）。贈与や権利放棄といった無償行為は，責任財産を減少させる最たる行為ということで，（旧法下では独立の類型とされていたが）詐害行為否認に吸収された。もっとも，要件に関しては，旧法の無償否認と変わっておらず，支払の停止等があった後またはその前6か月以内になされた無償行為等は，債務者や受益者の主観には関係なく，否認することができる。この条文に関しては旧法をそのまま引き継いでいるので，保証行為の無償否認該当性，たとえば法人の役員が法人の債務を保証した後に役員自身が破産した場合の問題については，これを肯定した旧法下の判例（最判昭和62・7・3民集41巻5号1068頁／百選34）が現行法の下でも通用力をもとう。

| 相当の対価を得た財産処分行為

破産手続開始前の債務者の行為のすべてが非難すべきものであるとは限らない。破綻を回避すべくぎりぎりの努力がなされることもある。たとえば，不動産等の売却処分で資金繰りをすることは珍しいことではないし，対価が相当であれば財産状態の帳尻に変動があるわけではないので，これに否認権を問題とすべき余地はないようにも思える。しかし，従来，適正価格による財産の売却行為も否認される場合があるとされてきたこともあり，破産法161条はこの点を整理し要件化を図った。

すなわち，行為の性質上，取引の安全を考え，厳格な要件の下で否認できるものとしたのである。具体的には，①相当な対価は得たが，財産の種類の変更によって，隠匿その他債権者を害する処分をするおそれを現に生じさせること（破161条1項1号），②破産者が，

行為の当時,対価として得た金銭等について隠匿等の処分をする意思を有していたこと(同項2号),③相手方において,行為の当時,破産者が隠匿等の処分をする意思を有していたことを知っていたこと(同項3号)の3つの要件を満たすことが必要とされている。なお,処分の相手方が破産者の内部者である場合は,相手方において破産者の隠匿等の処分をする意思を有していたことを知っていたものと推定し,否認を容易にしている(破161条2項)。

> 偏頗行為否認

詐害行為否認と役割を分担する偏頗行為否認は,既存の債務についてされた担保の供与または債務の消滅に関する行為,すなわち,債権者間の公平を害する行為に焦点を当てることになる(破162条)。もとより,これは債権者からすれば本来は正当な行為であるといえるが,問題なのはそれがなされた時期であり,その基準を法は,「支払不能になった後又は破産手続開始の申立てがあった後」とし,支払停止後は支払不能と推定する(破162条3項)。こうした時期的な基準とともに,受益者の悪意も偏頗行為否認のポイントとなる。なお,本条において問題とすべきは既存の債務についてであるので,救済の意味のある同時交換的行為は保護される。

まず,本旨に従った偏頗行為については,それが支払不能後になされた場合は,相手方である債権者において,債務者が支払不能であったことまたは支払停止があったことを知っていることが要件となり,破産手続開始申立て後の場合は,債権者がこの申立ての事実を知っていることが要件となる(破162条1項1号イ・ロ)。次いで,本旨に従わない(つまり義務に属しない)偏頗行為については,支払不能の前30日まで時期が遡り,他の債権者を害することを知らなかったことを受益者が証明しないと否認を免れない(破162条1項2

号)。

さらに、162条1項1号の場合に、行為の態様や相手方の属性いかんで偏頗行為否認を容易にすべく、①相手方が内部者である場合(破162条2項1号)、または②その行為または方法もしくは時期が本旨に従ったものでない場合(同項2号)には、否認の要件である支払不能等の事実を知っていたものと推定されている。

特殊類型の否認権

以上に述べた否認の基本類型については、旧法と大きく変わったが、特殊類型については、ほぼそのまま旧法のものが引き継がれた。

第1は、手形債務支払に関する否認の特則である(破163条)。手形の支払も弁済にあたるので否認権の対象であるはずだが、破産法は特別に手形取引の安全性に配慮している。すなわち、手形の支払を受けた者がその支払を受けなければ、その者が手形上の債務者の1人または数人に対する手形上の権利を失うという場合には、否認できないこととしている(破163条1項)。もっとも、この場合でも、破産管財人は、手形の最終の償還義務者または手形の振出しを委託した者が、振出しの当時支払停止等があったことを知り、または過失によって知らなかった際は、破産者が支払った金額を破産財団に償還させることができるものとなっている(破163条2項)。

第2は、対抗要件充足行為の否認である(破164条)。登記や登録、そして債権譲渡の通知等の対抗要件充足行為は、その原因行為に準じた実質をもっている。そこで、原因行為から15日以上経ってからなされた対抗要件充足行為について、それ自体を独立して否認することにしたのがこの否認類型である。原因行為後、対抗要件充足が遅れれば、債務者の財産状態についての誤った外観が形成されることに鑑み、相手方が債務者の支払停止等の事実を知って対抗要件

を充足した場合は、否認できることにしたわけである。

　第3は、執行行為の否認である（破165条）。債権者が強制執行によって満足を受けることも債務の消滅にあたるわけだが、執行行為に基づく行為であったり、執行力のある債務名義があるからといって、否認権の行使を妨げない趣旨である。また、この否認類型は、破産者の積極的行為がない場合も否認権の対象となりうることも示唆する（最判昭和57・3・30判時1038号286頁／百選38）。

　第4は、転得者に対する否認である（破170条）。否認の効果は、人的には相対的なものであるから、目的物が受益者から転売され第三者に渡ってしまっているような場合、受益者相手の否認訴訟で勝訴しても現物が破産財団に回復することにはならない（現物にこだわらない場合は、受益者に対する価額償還請求で足りる）。しかし、破産者とは直接の関係に立たない転得者に対しても否認権の行使が可能な場合が認められている。具体的には、①転得者が転得の当時、それぞれの前者（つまり、受益者と、中間転得者がいればその全員）に対する否認の原因があることを知っていた場合、②転得者が161条2項各号に定める内部者である場合、③転得者が無償行為またはこれと同視すべき有償行為によって転得した場合で、それぞれの前者に対して否認の原因があるとき、である（破170条1項各号）。

③　否認権の効果

否認権行使の効果　　否認権行使の効果は、破産財団を原状に復させることである（破167条1項）。たとえば、詐害行為によってある財産が受益者の下に移っていたような場合であれば、当該行為は無効になり、物権的にその財産が破産財団に復帰するという意味である。しかし、否認される行為は様々

であるから，否認権行使が功を奏した場合でも効果の現れ方は様々である（目的物が可分である場合も，否認の効果が全体に及ぶとした判例として，最判平成17・11・8民集59巻9号2333頁／百選43）。

まず，詐害行為否認で財産が現存する場合は，前述のように，破産財団の増殖つまり原状回復が基本である。もっとも，この破産財団への復帰を第三者に対抗するには対抗要件の具備が必要で，その関係で，登記または登録のある権利について否認権を行使する場合は，「否認の登記」という特殊な登記をして破産財団への復帰を公示する方法が用意されている（破260条1項・262条）。否認の登記は特殊なものであるので，その後目的財産を処分する際に買受人に不安を与えないよう配慮している（破260条2項・3項）。目的財産が転売されて受益者の下にない場合は，目的財産の返還に代えて価額の償還ということになる（価額算定の基準時について，判例は否認権行使時としている。最判昭和61・4・3判時1198号110頁／百選42）。

これに対し，偏頗行為否認の場合は，これが認められたからといって，金銭等が物権的に戻ってくるわけではないので，具体的に弁済等の行為を巻き戻す必要がある。相手方が弁済分について債権的な返還義務を負い，偏頗行為以降の利息の支払義務も生じるものと解される。

否認の相手方の地位

破産財団からみた否認権行使の効果は，上にみた通りであるが，破産財団の原状回復の裏返しの問題として，否認権行使には相手方がいるのであるから，相手方の地位も行為以前の状態に戻す必要がある。これも，元の行為が何であったかによって様々である。

まず，否認される行為が詐害行為の場合は，取得した財産が破産財団に戻るわけであるから，相手方は破産財団から自己のした反対

給付の返還を受けられることになる（破168条1項1号）。反対給付した現物が破産財団にあれば，単純にそれを返してもらうということで足りるが，現存しない場合は，相手方は財団債権者として反対給付の価額の償還を請求できる扱いとなる（破168条1項2号）。ただ，行為の当時，破産者が反対給付として得たものを隠匿する意図をもち，相手方もこれを知っていることもありうるので，この価額償還については，場合分けして制限がなされている（破168条2項）。特に，反対給付による利益が破産財団に現存していないような場合は，相手方は破産債権者として反対給付の価額の償還を請求できるにとどまるものとされる，などの制限がされている（破168条2項2号）。また，管財人と相手方の相互の返還処理を簡便にする差額での償還方法もある（破168条4項）。

次に，否認される行為が弁済などの偏頗行為である場合は，破産財団にとっての否認権行使の効果は弁済がなかったことにすることであるから，その裏返しは，つまり相手方の債権の復活ということである。この相手方の債権の復活時期は，相手方による給付の返還または価額の償還があったときとされている（破169条）。そして，この債権の復活に伴い，当該債権にかかる保証債務・物上保証等も当然に復活するものと解されている（最判昭和48・11・22民集27巻10号1435頁／百選41）。

5 法人役員に対する責任追及

　法人が破産手続開始に至った場合特有のものとして，役員の責任査定決定の制度がある。従来は，会社更生，商法上の会社整理・特

別清算に限定されていたものが，破産や民事再生にも導入されたものである。すなわち，法人の破産手続においては，破産管財人の申立てによりまたは職権で，裁判所は，決定をもって，法人の役員の責任に基づく損害賠償請求権の査定の裁判ができるというものである（破178条）。賠償責任が果たされればその分だけ破産法人の破産財団が増えることになる。査定に先立って，役員の財産に対し保全処分を講ずることもできる（破177条）。ただ，法人の破産に前後して役員も破産していることの多い中小企業では，役員責任査定制度を使う実益がほとんどない。

　これは，破産債権の査定決定や否認の請求と類似の手続構造を採用したもので，まずは決定手続で早期決着の途を開き，ここで決着がつかない場合は後に控える判決手続（異議の訴え。破180条〔役員責任〕・126条〔破産債権〕・175条〔否認権〕）に委ねるというものである。決定手続と判決手続をリレーさせる方式といえる。異議の訴えは，査定決定に不服のある者が，送達を受けてから1か月以内に破産裁判所に提起する。責任の有無は根拠実体法（株式会社であれば，会社法423条）の解釈適用問題にかかわるものであるので，最終的に訴訟手続によって判断されるというわけである。

　また，持分会社について破産手続が開始された場合には，その出資の全部または一部を履行していない社員に対して，破産管財人は，当該出資にかかる定款の定めにかかわらず，出資させることができる（破182条，会社663条）。

第7章 破産手続における担保権の処遇

> 破産手続において担保権をどのように扱うかは、破産財団の増減に直結する倒産実体法の問題の1つである。破産法はこれに別除権という地位を与えているが、その実際の扱いは破産手続に大きな影響を与えるものであり、独立の章として説明する。

1 倒産手続と担保権

担保の効用

　倒産という経済現象の発生によるリスクを計算しなければならない社会体制の下では、それへの対処を債権者も怠らないはずである。すなわち、債務者が倒産すれば、乏しくなった責任財産をめぐって債権者間でしのぎを削ることになるので、そんな場合に備え何らかのアドバンテージを獲得しておくことが重要となる。これには、大きく分けて2通りの方法があり、1つは、責任財産の個数を増やすこと、すなわち、保証人を立てるなどの人的担保をとることであり、もう1つは、抵当権、質権というように債務者の責任財産の特定のものについて優先的地位を獲得しておく物的担保の制度を利用することである。

こうしてあらかじめ有事に備えたのに，倒産手続が開始した途端にこのアドバンテージが無視されることになってはたまらないであろう。しかし，倒産手続は，平常時における優先順位をリセットして形式的な債権者平等を実現するものでは決してないのである。

> 別除権構成と
> 更生担保権構成

人的担保については，多数当事者債権として既に説明したので（→第5章 *3* ②），ここでは，物的担保について述べる。物的担保は倒産というリスクに備える手段であるから，倒産手続においてもその相応の地位を尊重することが，平常時の一般実体法と倒産法との望ましい関係といえる。もっとも，その尊重の仕方は，手続の種類によって異なりうる。この点，破産手続と再生手続では，原則として，担保権を別除権という形で手続外での権利行使を認めるのに対し，更生手続では，担保権の手続外での権利行使を禁止する更生担保権という構成がとられている（もちろん，更生手続の中での優位は守られており，優先順位の逆転はない。会更168条1項）。すなわち，更生手続では，担保権者も一般の債権者と同様に，届出・調査・確定という手続に服する必要があり，更生計画では権利変更の可能性もあるが，決議は更生担保権者の組において独立でなされ，その決議要件は他の組に比べ厳しい（会更196条5項）。

2 別除権者の地位

> 破産と担保権

(1) 典型担保

破産手続における担保権処遇の基本は，別除権の地位を与えることであるが，この扱いを受ける担保権の範

囲を，破産法は，特別の先取特権，質権，抵当権であるとしている（破2条9項）。また，設定者が破産した時の仮登記担保権についても，個別法規の明文で抵当権と同様の扱いを受けるとされているので，別除権となる（仮登記担保19条1項）。

このことから，典型担保権のすべてが破産手続において自動的に別除権と読み替えられるわけではないことがわかる。すなわち，一般の先取特権は，優先権が個別の財産との関係で確保されたものではないので，優先的破産債権として扱われ（破98条），別除権とはならない。また，留置権については，民事留置権は破産財団との関係では効力を失うとされ（破66条3項），商事留置権は特別の先取特権と同視されることで別除権となるものとされている（破66条1項・2項）。もっとも，商事留置権本来の効力としての留置権能はなお維持されると解されているが（最判平成10・7・14民集52巻5号1261頁／百選52），破産者の事業継続（破36条）との関係で必要な場合には，特に設けられた商事留置権の消滅請求制度を使うことが可能とされている（破192条）。商事留置権は再生手続では破産手続と異なる扱いがなされているので注意を要する（→第16章 *Column* ㉖）。

(2) 非典型担保

これに対し，実務の発展が目覚ましい非典型担保権の扱いについては，破産法は明言を避けている。非典型担保はその法的形式と経済的実質が乖離していることがあるため，これを倒産処理の上でどう位置づけるかは難しい問題である。たとえば，譲渡担保や所有権留保は，担保目的物の形式上の所有権は信用供与者である担保権者に属しており，債務者が倒産した際には，一見すると取戻権の地位があるようにも思える。しかし，その実質は担保であるから，取戻権は過剰な地位を与えることになってしまう。したがって，その実

質に照らし別除権の規律に服させるのが妥当であろう。被担保債権額と目的物価額の差額分の清算義務があるので、破産手続との関係では取戻権でも別除権でも大差はない。会社更生の事案で譲渡担保権者の取戻権を否定した判例（最判昭和41・4・28民集20巻4号900頁／百選57）がある。

非典型担保を別除権と扱うということは、破産手続では破産管財人の換価介入（破184条2項・185条）、目的物の受戻し（破78条2項14号）、そして担保権消滅許可制度といった規律に服することを意味する。もっとも、非典型担保権の実行方法との関係で、担保権消滅許可制度の適用には事実上の困難も予想される。

別除権の意義

前述したように、破産手続における担保権処遇の基本は別除権である（破65条）。その意味するところは、破産手続によらないで権利行使ができること、すなわち、破産債権に課される届出・調査・確定といった一連の手続上の拘束を受けることなく、自由に担保権の実行ができるということである。この場合、担保権の目的となっている個別の財産は破産財団に属しつつも、担保権者のために特にえり分けられた状態にあるという意味で「別除権」と呼ばれる（ドイツ法のAbsonderungsrecht を訳した用語である）。別除権行使の具体的な意味は、典型担保権については、競売などの法所定の方法による担保権の実行であり、非典型担保権については、各々について認められた私的実行（処分清算型または帰属清算型であろう）によることができるということである。

もっとも、「別除権は、破産手続によらないで、行使することができる」（破65条）とあるが、担保権者が破産手続と一切かかわらずにいられることを意味するものではない。すなわち、別除権者が

担保にとっている目的物は破産財団帰属財産として破産管財人の管理処分権が及んでいるのであるから、破産手続開始の影響は避けられない。したがって、破産管財人から目的財産の提示を求められることがあり（破154条1項）、また破産管財人による当該財産の評価を拒むこともできないとされている（同条2項）。そして、破産管財人が、民事執行法その他強制執行の手続に関する法令の規定により目的物を換価する場合には、別除権者はこれを拒めないものとされている（破184条2項）。目的物の換価予想価額との関係で、別除権者が実行のタイミングを見計らっている一方、破産管財人としては事件処理のスムーズな進行を図る必要性もあるので、最終的には破産管財人の破産財団換価権が優先するということである。

別除権者の破産債権行使

担保権者と破産手続の関係には、次のような意味もある。すなわち、担保権者の被担保債権が破産債権としての性質を有する場合でも、別除権の行使により完全な満足を受ける限り、別除権者は破産債権者として破産手続によりその債権を行使する必要はない。それを認めるのは破産債権者との関係で不公平であるからである。しかし、満足を受けえない部分に関しては、破産債権として行使することを認める必要がある。破産法は、別除権者が別除権の行使によって弁済を受けることができない債権額（不足額）についてのみ、破産債権者としてその権利を行使することを認めている（破108条）。これを不足額責任主義という。

もっとも、この不足額は別除権が行使されて初めて明らかになってくるものであるから、まずは不足が見込まれる額が届け出られるべきものとなる（破111条2項2号）。その範囲で、議決権の行使も認められる（破140条1項2号）。しかし、この予定不足額は暫定的

なものであるから，破産配当を受けるに際しては，特別な配慮が必要となる。すなわち，中間配当の場合は，目的物の処分に着手したことの証明と，不足額の疎明を要し（破210条1項），最後配当の場合には，不足額の証明が必要となる（破198条3項）。

なお，これと似て非なるものとして，根抵当権の場合の極度額を超える部分については，不足額とは別の意味で，破産債権としての扱いが認められている（破196条3項）。たとえば，極度額が1,500万円の根抵当権が設定されていて，その被担保債権額が1,700万円になっていたとしよう。不足額は目的物の価額に左右されるが，極度額を超える分は別除権を行使しても満足を受けられないことが明らかなので価額に関係なく破産債権の扱いを認めるのである。

別除権者と破産管財人の攻防

前述のように，別除権の目的物については別除権者と破産管財人の権限が競合することになる。別除権者は，元来は破産手続の成り行きなど気にせず担保権の実行ができるのが建前であるが，目的物の売却価格によって満足の範囲が左右されるので，特に不動産市況が低迷しているような時には，なかなか実行に踏み切りにくいものである。他方で，別除権者が担保権の実行を控えている間は，いわゆるオーバーローンの状態で破産財団として余剰価値がない場合であっても，当該財産は破産財団帰属財産ということになるので，破産管財人に管理責任があり，固定資産税などの負担が財団債権として発生してくる（破148条1項2号）。となると，破産管財人としては，別除権者に担保権の実行を促すか，無駄な負担を回避する意味で，目的物を破産財団から放棄することもある（破78条2項12号）。破産管財人が目的物を破産財団から放棄した場合には，後順位の担保権者が別除権を放棄して一般債権者として破産手続に

参加する前提として，この別除権放棄の意思表示を誰にしたらよいのかという別の問題も出てくる（最決平成 12・4・28 判時 1710 号 100 頁，最決平成 16・10・1 判時 1877 号 70 頁／百選 59）。

また，このように破産管財人が別除権の目的物を早々に放棄してしまうことがあるかと思えば，換価権限を活かし破産財団を増やす試みがなされることもある。それは，任意売却といわれる換価活動であり，破産管財人が競売価格を上回る価格での買受人を探し出し，そうした努力に酬いる意味で，代金の一部を（仮にその積み上げ価格をもってしてもオーバーローンには変わりがないという場合でも）破産財団に組み入れるというものである。その際，担保権消滅許可の制度（破 186 条以下）がこの方法を後押しする。

3 担保権消滅許可制度

担保権消滅許可制度の意義

倒産手続において，担保権者は最上位に位置づけられる利害関係者である。別除権と位置づけられる場合と，更生担保権と位置づけられる場合とでは，かなりの違いはあるが，最上位という点は同じであり，担保権者の動向は個々の倒産事件の鍵を握ることも多い。再生手続では，担保権の実行によって再建の基盤となる財産を失う危険すらある。これに対抗しうる手段として，民事再生法に担保権消滅許可制度が導入されたのを皮切りに（民再 148 条以下），同じ名称の制度を会社更生法，破産法でも導入した（会更 104 条以下，破 186 条以下）。要件や構造，そして目的に差はあるが，この制度の共通する特徴は，担保目的物に相応する価格を提示するこ

とで強制的に担保権を消滅させることができるということである。これによって，担保権の不可分性（民296条。これは，民305条・350条・372条で準用されている）を根拠に不当な要求をしたり，妨害的な担保権実行を企てる担保権者を牽制することが可能になった。

> 破産手続における担保権消滅

破産手続における担保権消滅許可制度は，当該目的物を再建の用に供することを目的とするものではなく，任意売却によって代金の一部を破産財団に組み入れることを狙いとし，これをサポートする手段と位置づけられている。すなわち，破産財団に属する財産について担保権が設定されている場合でも，破産管財人がこれを「任意に売却して当該担保権を消滅させることが破産債権者の一般の利益に適合するとき」がこの制度を利用する際に求められる基本的な要件とされている（破186条1項）。ただし，担保権者の利益を不当に害することがあってはならない（同項但書）。担保権の消滅許可を申し立てる破産管財人は，任意売却の具体的なプラン，そして破産財団への組入額などを明らかにする必要がある（破186条3項）。

もちろん，担保権者にも一定の対抗手段は用意されており，権限のバランスはとっている。すなわち，制度利用の要件を具備していない（破産債権者の一般の利益に適合していない）として異議がある場合には，即時抗告をして争うことができる（破189条4項）。また，任意売却予定額や破産財団組入額に不満があるときには，次の2つの対抗措置を使うことができる。すなわち，自ら担保権実行の申立てを行う方法と（破187条），自らもしくは第三者による買受けの申出をする方法がある（破188条）。この点，価額決定請求で対抗する，民事再生法や会社更生法とは異なっている。

もっとも，こうした担保権消滅の許可制度が正規に活用されることは少なく，これを梃子に破産管財人と担保権者との協議で目的物の任意売却が進められるのが実状であるが，おおむねこの協議はスムーズに進んでいる。これに対し，目的物の利用を望む再生手続では担保権者との交渉は厳しいものとなり，担保権消滅許可制度の重要度は増すことになる。

第8章 破産手続における契約関係の処理

破産者に限らず,我々は多くの契約に依拠して活動を営んでいる。契約の多くが両者の give and take によって成り立っているので,一方当事者の破産は契約関係に大きな影響を与えざるをえない。本章では破産が契約にどのような影響を与えるかを説明する。

1 破産者の契約関係

破産の契約への影響

破産手続においては,破産手続開始決定時を実体的規律の基準時としている。すなわち,第5章で説明したとおり,この時点での破産財団をもって,これ以前に原因のある破産債権への配当を実現させていこうとするからである。そして,この破産手続開始時の財産状態はといえば,これは破産者がそれまでに結んだ各種の契約関係によって形成されたものにほかならない。法人であれ個人であれ,現代社会では無数の契約関係の中で我々は暮らしている。個人で考えると,生計の基盤として働き(雇用契約),住居を借り(賃貸借契約),万が一の事故に備えて保険に入り(保険契約),休日には会員となっているスポー

ツ・ジムで汗を流すし（会員権契約），日々の生活では，電気・ガス・水道などライフラインの供給を受ける（継続的供給契約）。こうした契約の多くは，お互いの債権債務が対価性・牽連性をもった双務契約であり，また契約締結から債務の履行完了まである程度のスパンで契約関係が続いていることが多い。

　そうすると，すべての契約関係の決済が終了したその瞬間に破産手続開始決定に至るということはまずありえない話であり，段階は様々であれ履行の途中で破産という局面を迎えることが多いだろう。そして，契約関係にある者の一方の破産は，その者の履行能力への懸念から，契約関係に影響を与えるであろうことは想像に難くない。仮に契約は守られるべきであるとして，相手方には完全な履行を要求する一方で，破産者側（破産管財人）からは破産財団の範囲でわずかの履行しかできない，というのでは両者の均衡を失してしまう。民法では，同時履行の抗弁権（民533条）という手段が用意されており，それによって相手方の信用不安に備えることも可能ではある。しかし，一方当事者の破産手続の開始決定というところまで事が至った場合には，同時履行の抗弁権だけではにらみ合いが続くので，特別な対応措置を講じないことには手続遂行に支障が生じてしまう。そこで，破産法は，この状態を打開することのできる制度を用意しており，同時に，これまで抱えてきた契約関係の見直しの場ともなるのである。

倒産解除特約

　一方当事者の倒産は不測の事態ではあるが，不可避の現象ともいえるので，これに備えておくことも必要である。当事者間で優劣がはっきりしている場合は，相手方に先履行義務を課すことも可能であるし，自分が先履行する際には担保を要求することもできるだろう。しかし，こ

うしたリスク回避が常にできるとは限らない。むしろ現実に多くみられるのは、解除の特約をすることによって、優位を導こうとする工夫である。すなわち、一方当事者に、破産、民事再生、会社更生の申立てなどの事実があれば、他の契約当事者は直ちに契約を解除できるとする、いわゆる「倒産解除特約」の仕組みである。もっとも、常にこうした特約を有効としたのでは、後に開始される手続に支障をきたすおそれもあるので、無効と解されることもある（最判昭和57・3・30民集36巻3号484頁／百選75〔会社更生〕、最判平成20・12・16民集62巻10号2561頁／百選76〔民事再生〕）。また、そもそも現在は倒産の発生を織り込んだ社会を前提にしているので、個々の契約法レベルで契約当事者の破産の場合に言及する規定が存在するということにも注意する必要がある（民631条・642条・653条2号、保険96条など）。こうしたことからも、双務契約の一方当事者の破産が契約に与える影響は決して小さくないことが分かる。倒産解除特約については、第17章 *1* 参照。

2 双務契約処理の基本原則

1 双務契約に関する通則規定

破産法53条

破産手続を進めていく上で、中途の状態にある双務契約に何らかの決着をつけないわけにはいかない。倒産法は、双務契約に関するほぼ共通の規定を有している（破53条、民再49条、会更61条。特別清算には存在しない）。

破産法53条1項は次のように定める。すなわち、「破産者及びそ

の相手方が破産手続開始の時において共にまだその履行を完了していないとき」、つまり双方が未履行であることを前提条件に、破産管財人が契約の解除か履行（破産者の債務を履行して相手方の債務の履行を請求する）かを選択しうる、というのである。したがって、管財人としては、もはや履行が不要か不可能であると考えるときはこれを解除し、有用と考えるときは履行を選択しうるわけである。ただ、相手方も本来は対等の立場にあるので、管財人の選択を待つだけでなく、相当の期間を定めて（1か月程度）、契約解除か履行請求か確答すべき旨を管財人に催告できるものとし、その期限内に確答がない場合は、「契約の解除をしたものとみなす」ものとしている（破53条2項）。なお、再生の場合については、第17章 *1* 参照。

このように双方未履行双務契約に一定の方向性を示した上で、その後の効果に関しても明文規定が用意されている。まず、解除の場合に関しては、これによって生じた相手方の損害賠償請求権が破産債権にとどまること（破54条1項）、一部履行済みの反対給付に関しては、現物の返還か、これが現存しない場合には価額について財団債権とする（同条2項）といったように、巻戻し関係を定めている。これに対し、履行が選択された場合に関しては、相手方の請求権を財団債権と扱うことで、双務契約の対価バランスに配慮している（破148条1項7号）。

通則規定の意義

上に述べた双務契約に関する倒産法上の通則規定については、その法的性質の理解をめぐって学説上争いがあるところである。すなわち、管財人に解除か履行かの選択権が与えられていること、そして選択後の法的効果の内容、これらをどう理解するかである。

基本的には、通則規定の要件・効果は双務契約の本質に由来する

もので，管財人の選択権は迅速に手続を処理するためのものと解されている。これに対し，管財人に解除の権限が与えられていることを重視し，これによって管財人が破産財団に有利な処理を導きうることに意義を見出そうとする理解，あるいは，逆に，相手方に財団債権の地位を与えることで，有用な契約を破産財団に確保しうることに意義を見出そうとする理解も唱えられている。通則規定については旧法時代から変更されていないので，それまでの性質論争が今後に引き継がれるものと思われる。

② 双務契約通則の射程

通則規定の適用要件となる「双方未履行」とは個々の契約にとって，どのような状態を指すのか，また双方に未履行債務が残っていれば常にこの通則規定によって処理してよいのか。旧破産法の制定当初には存在しなかったような，新しい契約が倒産処理の場面で問題になる中で，通則規定がどこまで汎用性をもつものかが問われることになった。2つの契約類型を通して，検討してみよう。

ファイナンス・リース契約

ファイナンス・リース契約は，必要な物件をリース会社がサプライヤーから購入し，物件はユーザーに直送されユーザーが使用収益し，リース会社の投下資本の回収はこれにあわせて設定されたリース料に委ねられるという一連の取引である。その性質をいかに解するか，現実に発生した事件を通じて，判例・学説が進展していった。そして，リース会社に所有権のある物件をユーザーが使用収益し月々一定のリース料を支払うという点で，賃貸借的な側面を有しているが，その実質的機能をとらえて，リース会社がユーザーに金融の便宜を与えるものであると解されるようになった。

そうした中，ファイナンス・リース契約の途中でユーザーが倒産手続開始決定に至った場合の契約の処遇，すなわちこの場合にも通則規定が適用されるかが争われることとなった。具体的には，ユーザーが会社更生に至った事件で，その再建目的に即してファイナンス・リース契約の履行が選択された場合には，リース料債権が全額共益債権の扱いになるのではないか，というリース会社側の主張を軸に議論が展開された。

この問題が最高裁に係属したところ，リース会社による上記の主張は否定された（最判平成7・4・14民集49巻4号1063頁／百選74）。判旨によれば，リース料はリース物件の使用収益の対価ではなく，金融の便宜（つまり，リース料債務は契約成立の時点で全額発生し，期限の利益が与えられている）にすぎず，双方未履行双務契約の通則を適用する余地はなく，リース料債権は共益債権にあたらないと位置づけられた。つまり，双務契約ではあっても，フルペイアウト方式によるファイナンス・リース契約においては，リース物件が引き渡されればもはや相互に牽連性のある債務が未履行であるといえる状態にはない，として通則規定の射程外とされたのである。

双方未履行双務契約としての性質が最高裁によって否定されてからは，ユーザーの倒産時にリース会社は倒産解除特約を付することによって優位に立とうとしたが，これも最高裁に否定されることになり（最判平成20・12・16民集62巻10号2561頁／百選76），リース会社は業容の転換へと向かう動きを示すようになった。詳しくは，第17章 *1* 参照。

___ゴルフクラブの会員契約___

ゴルフクラブの会員契約も，新しい契約類型として双方未履行双務契約の通則規定の適用の可否が問題となった。この種

の契約にはバリエーションもあるようだが、預託金の支払をもって入会となり当該ゴルフ場施設の優先的利用権を取得、その後は、利用に応じて料金が発生し、さらにこれに年会費が加わる、というのが基本パターンのようである。価値的には、高額の預託金の支払と当該クラブの会員としての優先的利用権取得が契約の主眼であり、預託金と比較すると年会費の額は小さく、利用料も実際の利用に応じてその都度生ずるものにとどまる。したがって、一方当事者が倒産した場合の主たる関心は、預託金の行方（解除の場合）、優先的利用権（履行の場合）のあり方に向けられると思われる。

　ゴルフ場運営会社の倒産が相次ぎ、会員の優先的利用権の再生計画における処遇について議論が進む一方で（金銭債権者との差別化が難しい問題となる。東京高決平成13・9・3金判1131号24頁、東京高決平成16・7・23金判1198号11頁／百選90）、会員が破産するケースでは預託金の行方が問題となるに至った。会員の破産管財人は、預託金を破産財団に取り込むことを企図して、会員契約を双方未履行双務契約の通則規定によって解除することを求めた。第1審・控訴審は、こうした処理を肯定し管財人の請求を認めたものの、最高裁はこれを破棄し管財人の請求を棄却したのであるが（最判平成12・2・29民集54巻2号553頁／百選80①）、通則規定と本契約の関係について注目すべき見解を述べた。すなわち、「年会費の支払義務があるゴルフクラブにおいては、ゴルフ場施設を利用可能な状態に保持し、これを会員に利用させるゴルフ場経営会社の義務と、年会費を支払う会員の義務とが」双方の未履行債務になるとしながら、「契約を解除することによって相手方に著しく不公平な状況が生じるような場合には、……解除権を行使することができない」としたのである。そして、通則規定の適用につき、「破産者の側の未履行債務が双務

契約において本質的・中核的なものかそれとも付随的なものにすぎないかなどの諸般の事情を総合的に考慮」すべきであるという新たな基準も示した。こうした理解は，破産管財人が単に破産財団の利益になるかどうかだけで未履行双務契約の帰趨を決すべきではなく，より広い状況判断が求められる立場にあることを示唆するものと解することができる（破産管財人の注意義務が問題とされた最判平成 18・12・21 民集 60 巻 10 号 3964 頁／百選 19 も参照）。

> 通則の運用

ファイナンス・リース契約については，契約の性質を見極めた結果，通則規定の適用が排除されたわけだが，ゴルフクラブの会員契約については，通則規定の趣旨から，その適用が制限される，という具合に異なった方向性が打ち出されたのである。換言すれば，双方の債務が未履行の場合に通則規定を適用してよいかどうかがまず問題となり，双方未履行であっても通則規定の効果の重大さから適用に慎重になることがあるのである。

3 主要な契約と破産

① 賃貸借契約

> 賃借人の破産

賃貸借契約は，使用収益と賃料が対価関係に立ち，順次履行されるという意味で，双方未履行双務契約の典型といってよい。中でも，不動産の賃貸借は，企業レベルでも個人レベルでも活動基盤をなす重要な契約関係である。

かつては，賃借人の破産は賃貸借契約の解約事由となる旨の明文

規定が民法に置かれていた（民旧621条）。破産の場面では，破産者も今後は賃貸借契約が不要になるだろうし（たとえば，当該物件を事務所として借りていたような場合），仮に継続したとしても賃貸人としては賃料確保に不安を感じるだろうとの考慮により，通則規定にない，賃貸人による解約権を規定していたわけである。しかし，賃借権は破産財団にとって相応の財産的価値のあるものなので，当然に解約が導かれたものではなく，解約の正当事由（借地借家6条・28条）を要すると解することで解約を制限する判例・学説が多かった（最判昭和48・10・30民集27巻9号1289頁。もっとも，借家につき借地ほどの賃借人保護は働かないとした東京高判昭和63・2・10高民41巻1号1頁）。実際，破産の場合でも，法人事業者の残務整理の拠点として従前の賃借物件が有用であることも多いし，個人にあってはそれが住居としての生活拠点となっていることも少なくなかった。このような状況に鑑み，賃借人の破産について定めていた民法旧621条は削除されるに至った。そうすると，現在は，賃借人の破産は，双方未履行双務契約の通則規定に従って処理すべき問題となり，まずは破産した賃借人の破産管財人が選択権を行使しうることになった。もっとも，管財人から解除するにしても，敷金や違約金の処理をめぐってまだ問題は多い（たとえば，東京地判平成23・7・27判時2144号99頁）。

賃貸人の破産

従前，賃貸人の破産について民法に明文の規定が存在していなかったために，双方未履行双務契約の通則規定によって処理されることになるのか問題であった。賃貸人側の破産という事情で賃貸借契約が解約されて賃借人が賃借権を奪われるのは不当であるとして，学説は，賃貸人破産の場合には，通則規定の適用を制限すべきであるとの解釈を試

みていた。

　2004（平成16）年の現行破産法制定に際しては，このような方向性を支持し，「賃借権その他の使用及び収益を目的とする権利を設定する契約」について，破産者の相手方が「当該権利につき登記，登録その他の第三者に対抗することができる要件を備えている場合」には，通則規定は適用しないとの明文を設けるに至った（破56条）。ここでいう要件とは，具体的に，登記された賃借権（民605条），建物登記を備えた借地権（借地借家10条1項・2項），引渡しを受けた建物賃借権（借地借家31条1項）などを指す。これによって，賃借人の不安は大幅に解消されることになった。

　賃貸人の破産に関連して，旧破産法には，破産前に，賃借人による賃料の前払いまたは破産者による賃料債権の処分があった場合，当期および次期の2期分しか破産債権者に対抗できないとの規定があった（旧破63条）。しかし，今日では債権の流動化で，将来債権の処分が広くなされている実態に鑑み，この種の規定は現行破産法には引き継がれなかった。また，旧破産法には賃料債権を受働債権とする相殺について，当期および次期の2期分（敷金があればその限度まで）に限る旨の規定（旧破103条1項）があったが，これも削除された。現行法では，敷金返還請求権を有する賃借人が賃料を弁済する場合に弁済額の寄託を請求し相殺に備えることができる（破70条後段）。

Column⑨ ライセンス契約と破産

　企業活動における知的財産の重要性が高まる中，特許権などの保有者（ライセンサー）とそれの実施許諾を受ける者（ライセンシー）との間でのライセンス契約当事者の倒産という事態も現実化してきた。この契約では，ロイヤルティーの支払と特許権の使用収益が対価関係にあり，一

方の倒産時には双方に未履行債務がある双務契約であることは疑いない。しかし，ライセンシーにとっては，使用許諾を得た知的財産が事業の基盤になっていることも少なくないので，ライセンサーの破産によって，ライセンス契約が解除されることになっては不利益が大きくなってしまうことが予想される。使用収益を内容とする点で賃貸借契約に類似した関係にあるので，対抗力のあるライセンス契約については，ライセンサーの破産管財人による解除は制限されるものと解されることになった（破56条による53条の排除）。その意味で，ライセンシーはライセンサーの破産後も継続して当該知的財産を使用収益できる途が開かれたといえる。特に，2011（平成23）年の特許法改正により，特許権の通常実施権は，（登録制度が廃止されたことで）当然に第三者に対抗できることとなった（特許99条）。

② 請負契約

注文者の破産　請負契約は，請負人が仕事の完成を約し，注文者がこれに対して報酬の支払を約する双務契約（民632条）であり，報酬は後払いが原則なので（民633条），仕事が完成する前の一方当事者の破産の場合に，双方未履行の状態となって現れる。

注文者の破産に関しては，民法に明文の規定があり，請負人も注文者の破産管財人も契約を解除できるものとしている（民642条1項前段）。破産により，注文者はもはや仕事の完成を望まないだろうし，また仮に完成してもらっても報酬の支払が覚束ない可能性があることに鑑みての規定とされている。このように解除は双方にとって合理性をもったものであることから，双務契約の通則規定の適用は排除されたと解するのが通説である。

仕事の完成と後払いされる報酬が対価関係に立つという意味で，法律的にはゼロか百かの契約の観があるが，現実には仕事は少しずつ仕上げられ，報酬についても相当程度の前払いがなされていることが多い。そのため，どちらが解除するにしても，請負人が既になした仕事（出来高分）については報酬の請求ができてしかるべきであり，これは破産債権として行使しうるとしている（民642条1項後段）。一方で，仕掛かり途中の仕事（典型的には建設工事の未完成出来形）の帰属も問題となるところ，その分の報酬請求権を請負人に認めることと引き換えに，破産財団に帰属させると解するのが判例である（最判昭和53・6・23金判555号46頁／百選78）。なお，注文者の破産管財人が解除をしてきた場合に限って，請負人は損害賠償を破産債権として求めることができるものとされている（民642条2項）。

> 請負人の破産

民法の明文規定によって処理される注文者破産の場合に対し，議論が重ねられてきたのは請負人破産の場合である。

旧破産法には，請負人破産の場合に，破産管財人が必要な材料を提供し，破産者（請負人）に仕事をさせるか第三者にそれをさせ，報酬を破産財団に組み入れることを可能とする，いわゆる破産管財人の介入権が定められていた（旧破64条）。この規定の存在から，請負人破産の場合には，双務契約に関する通則規定は適用がないとの理解がありえた。しかし，旧破産法制定時の請負契約が個人的な労務の提供を内容とするものが中心であったのに対し，請負契約の多様化・没個性化，請負人組織の法人化も進み，別の理解も説かれるようになった。すなわち，請負人破産の場合に，通則規定の適用を認める理解が（適用になるものとならないものを分ける二分説を含め

て）増えてきたのである。そして，ついに肯定説に立つ最高裁判例も現れた。「請負契約の目的である仕事の性質上破産管財人が破産者の債務の履行を選択する余地のないときでない限り，同条の適用を除外すべき実質的な理由もないからである」とされたのである（最判昭和62・11・26民集41巻8号1585頁／百選79）。

現行破産法制定に際しては，旧破産法64条のような趣旨の規定は引き継がれなかった。つまり，請負人破産の場合には，通則規定を適用させるのが現行法の立場である。したがって，請負人の破産管財人が履行を選択した時には，破産者自身または第三者に仕事を完成させ，報酬を破産財団に取り込む一方で，仕事の完成に寄与した破産者または第三者に報酬を支払うことになろう（破産財団の利益に寄与しているので，財団債権と解してよい。破148条2号）。これに対し，管財人が解除を選択した時には，現代の請負契約では，途中までの仕事についての出来高精算を行うべきものとされる。すなわち，注文者が支払った前渡金と仕事の出来高の精算となり，前者が後者を上回る場合は，その差額分の返還は財団債権となる（破54条2項）と解されているが，前渡金が請負人の材料調達や資金繰りに充てられている実態から，破産債権の扱い（同条1項）で足りるとの理解も有力である。

③　雇用契約

労働者の破産　　雇用契約は労働者の労務の提供と使用者の給料の支払が対価関係に立つもので，それこそ日雇いのアルバイトでもない限り，一方当事者の破産は双方未履行双務契約となって現れることは間違いない。しかし，労働者が破産しても，雇用関係は破産者自身にとって一身専属的なもの

なので，破産の影響は受けないのが原則である（一定の資格を前提に雇用契約を結んでいる場合は，破産による欠格事由との関係で影響を免れないこともあろう）。したがって，労働者の破産の場面では，その破産開始決定後の労務の提供と給料，すなわち個人破産における新得財産の問題になる。

　もっとも，労働者の破産は雇用契約に影響を与えないのが建前であるが，そこに至る過程で，給料の差押えや職場への取立屋の訪問があったり，破産者としての肩身の狭さから退職を余儀なくされる現実は少なくない。また，再就職が可能な場合には，退職金を顕在化させ一部を破産財団に組み入れるべきことが要請されるのも現実であろう。そもそも破産による資格制限で同じ仕事ができなくなることもある。そのような意味での影響はなお避けられないといえる。

| 使用者の破産 |

　これに対して，使用者の破産は，雇用契約への影響が大きい。雇用契約の基礎になる使用者の事業が，多くの場合早晩廃止せざるをえない状況に至ったことを意味するからである。そうなると，労働者も早急に次の就職先を確保する必要がある。このような理由から，使用者の破産については民法に明文規定があり，労働者または破産管財人のいずれからでも雇用契約の解約の申入れができるとされ，これによって生じる損害の賠償はいずれも求めえないとされている（民631条）。

　労働者が見切りをつけて解約の申入れをする場合は，再就職先を確保できていることが予想されるので，未払いの給料債権の扱いが問題になるだけである。ところが，破産管財人の方から解約する場合は，使用者の側からの雇用契約の解約，すなわち解雇を意味することになるので，労働法上の解雇法理に服すべきことになる（労基19条〜21条）。30日の予告期間を置くか，または30日分の予告手

当の支払を要する。この予告手当を含め，破産手続開始から解約までの労働に対応する分の給料は財団債権の扱いとなる（破148条1項8号）。破産手続開始前の未払いの給料債権については，開始前3か月間については財団債権（破149条1項），これを超える分は優先的破産債権となる（民308条，破98条1項）という形で労働者の保護が図られている。これに加えて，一定の条件の下では，労働者健康福祉機構による立替払の保護が受けられることになっている（賃確7条）。立替割合に限度はあるが，早めに支払を受けられる。

なお，使用者の破産では，ほとんどの雇用契約が解約になるのは致し方のないところであるが，労働者の中には破産の残務整理のために残ってもらうことが有用な人材もいる。有用な人材ほど再就職先の確保は早いことが予想されるが，雇用が継続となる場合はその分の給料は財団債権になることを説明して残ってもらうよう説得するほかない。雇用関係が継続される場合，破産法には通則規定の労働協約への不適用の明文がないので（民再49条3項，会更61条3項参照），双務契約の一種とみて，労働協約を解約することは可能であろう。しかし，一方的な解約は有用な人材を失うことにつながりかねない。

*Column*⑩ 使用者の破産と整理解雇

上で述べたように，使用者の倒産は雇用契約に大きな影響を与える。とりわけ，破産で完全に事業を廃止せざるをえないような場合は，労働法上の解雇法理も無力となる。しかし，破産の場合でも，事業の継続が試みられることもあるし，再生手続や更生手続では，事業の継続が前提なので，雇用契約も継続が前提と考えられる。他方で，倒産の場面では，過剰気味の人員を削減しないことには，事業の再生が覚束ないことも事実である。したがって，労働者の中には雇用契約が継続される者と解約

になる者が現れることになる。問題はその選定が使用者側の裁量に委ねられるとしたら、恣意的あるいは濫用的な解雇を増長させるおそれがあることである。そこで、いわゆる整理解雇の法理は、こうした倒産の場面でも妥当すべきものと考えてよい。すなわち、解雇を有効に導くには、①人員削減の必要性、②解雇回避努力、③整理の人選基準と適用の妥当性、④解雇の説明手続、といったハードルをクリアーしていることが求められることになろう。もっとも、不況が続く中で、この法理が緩和される傾向も見受けられる（再生との関係では、伊藤眞「事業再生手続における解雇の必要性の判断枠組み」東京弁護士会倒産法部編『倒産法改正展望』〔商事法務・2012年〕2頁以下）。

4 保険契約

保険者の破産

偶然の事故によって生じる損害を塡補する損害保険であれ、相手方または第三者の生死に関し一定の金額を支払う生命保険であれ、保険契約は保険料と保険金の支払が対価関係に立つ双務契約である。近年、バブル経済の崩壊後は保険会社の経営破綻事例が続出し、保険者の破産が顕在化した。保険者の破産は保険事故への対処が不可能になってしまうことを意味するので、保険契約者は保険契約を解除することができ、解除しなかった場合には、破産手続開始決定後3か月で当該保険契約は失効すると定められている（保険96条）。保険契約の機能から考えて、保険契約者としては、この間に別の保険会社と新たに保険契約を結ぶのが賢明である。

しかし、現実問題として、特に生命保険では全く同じ条件で新しい保険契約に加入できるとは限らないし、新規契約が難しい者もいる。そうした事情もあり、過去の破綻事例でも保険会社の破産処理

は回避されており，受け皿となる他の保険会社への事業譲渡を中核とすることが多かった。その場合にも，保険契約の内容の変更は避けられないところであるほか，特有の問題が多くあるので，特別な破綻処理制度が確立している（金融機関等の更生手続の特例等に関する法律）。

> 保険契約者の破産

保険者の破産の場合と異なり，保険契約者の破産に関しては，特別の規定は存在しない。したがって，双方未履行双務契約に関する通則規定によって処理されることになろう。そうすると，保険契約を解約すれば，経過年数に応じた解約返戻金が支払われるので，保険契約者の破産管財人としては，解約して返戻金を破産財団に組み入れる措置に踏み切るのは当然である。

しかし，返戻金はそれまでに支払った保険料に比べると低いものであることから，破産者に返戻金相当額を破産財団に対して支払わせることにより，保険契約については自由財産として破産者に解放するという処理も行われている。また，他人のための保険契約に入っている保険契約者が破産した場合には，保険者は被保険者に保険料を請求することも可能であるが，被保険者が保険契約上の権利を放棄したときはこの限りではない。

5 その他の契約

> 継続的供給契約

電気・ガス・水道などライフライン関係の継続的な供給を内容とする契約と双務契約通則規定の関係については，かねて議論があった。旧会社更生法にのみ相手方に履行を強制する明文規定が存在していたが（旧会更104条の2），破産だからといって，これらの供給が直ちに不要に

なるわけではないので,状況はほぼ類似していた。そこで,2004 (平成16) 年の現行破産法制定に際して,継続的供給契約については,民事再生法に続いて会社更生法と同一内容の規定が置かれることになった (破55条)。

継続的供給契約では,基本となる契約が存在し,そこから派生する個別の支分給付が継続的に相互になされており,被供給者が破産した場合,双方未履行双務契約となって現れることは明らかである。したがって,通則規定に従い,破産管財人がこの契約の履行か解除かの選択をなしうることは当然と考えられるが,その上で,特則が用意された。すなわち,これがライフラインにかかる契約であることから,管財人の履行選択の際に,相手方 (多くの場合,独占的地位にある) は,破産手続開始申立て前の給付にかかる債権について弁済がないことを理由に,開始後の義務の履行を拒むことはできないことを明らかにした (破55条1項)。もちろん,相手方の同時履行の抗弁を明文で否定した形になるので,開始申立ての日の属する期間内の給付にかかる請求権を含め,開始決定までの給付分について相手方に財団債権の地位を確保することとして保護を図っている (破55条2項)。開始後の給付にかかる請求権についての財団債権性は明らかである (破148条1項7号)。

市場の相場がある商品の取引にかかる契約

砂糖,大豆,生糸などの取引所の相場のある商品の売買,あるいは株式などの有価証券で取引所の相場がある商品の取引にかかる契約については,平時から特定の日時または一定の期間を決めて決済することになっている。そこで,この種の契約当事者の一方が破産した際の契約関係の帰趨について明確化する規定が用意されている。

すなわち，すみやかに差額決済を導くべく，履行期前に一方当事者について破産手続が開始されたときには当該契約は解除されたものとみなし（破58条1項），その場合の損害賠償の額は，履行地またはその他の相場の標準となるべき地における同種の取引であって同一の時期に履行すべきものの相場と当該契約における商品の相場との差額によって定め（破58条2項），それは破産債権とされるというものである（同条3項）。そして，この規定に関連して，金融派生商品（デリバティブ）取引に関してみられる一括清算ネッティング条項の有効性を広く認めることにした（破58条5項）。

また，商法に定められた交互計算，すなわち，一定の期間内になされた取引から生じた債権および債務の総額で相殺し差額分で決済すること（商529条）に関しては，一方当事者の破産で当然に契約は終了し，計算を閉鎖して残額を割り出すこととされている（破59条1項）。残額請求権が破産者にあれば破産財団に属し，相手方にあれば破産債権となる（破59条2項）。これは，旧来の規定を引き継いだものである。

委任契約

委任契約は，当事者の一方が法律行為を行うことを相手方に委託し，相手方がこれを承諾することによって成立する片務契約である（民643条）。もっとも，現実には報酬が定められることが多く（民648条1項参照。たとえば，弁護士への訴訟委任），商人の場合は当然に有償であり（商512条），双務契約の実質がある。

いずれにせよ，民法では，委任契約の一方当事者の破産は委任の終了事由とされている（民653条2号）。委任契約が相互の信頼関係を基礎とすることから，破産の影響は避けられないとして当然終了を明文化したものと解されている。もっとも，委任の終了は相手方

への通知または相手方がこれを知っていたときでなければ、相手方には対抗できない（民655条）。したがって、その間に委任事務の処理がなされることが起こりうる。そこで、特に、委任者破産の場合の受任者の事務処理に関して規定が置かれている。すなわち、その場合の費用償還請求権や報酬請求権については、原則として、破産債権となるとされている（破57条）。もっとも、その事務処理が破産財団の利益になる場合や急迫の必要からなされた場合は、財団債権と扱われる（破148条1項5号・6号）。

*Column*⑰　会社の破産とその役員

株式会社と取締役ほか役員の関係は、委任によるものとされている（会社330条）。したがって、会社が破産手続開始決定に至った場合に、委任関係が当然終了となり、取締役はその地位を失うのか争いがあった。同時廃止の場合に、取締役はその地位を失っているので別途の清算人選任を要するとの判例がある一方で（最判昭和43・3・15民集22巻3号625頁）、管財人が選任される場合に、管財人の権限と抵触しない、組織上の権限はなお行使しうるとの考えを示す判例もある（最判平成16・6・10民集58巻5号1178頁／百選15参照）。会社の破産後も取締役の地位に影響がないことを前提に、株主総会決議等不存在確認の訴えの利益がなおもあるとした判例もある（最判平成21・4・17判時2044号74頁／百選16）。ちなみに、受任者である取締役が破産した場合については、これが欠格事由となると解する判例があり（最判昭和42・3・9民集21巻2号274頁）、その後、これが明文化された時期もあるが（商旧254条ノ2第2号）、2005（平成17）年成立の会社法では、法による規制は不要と考えられ、取締役の欠格事由から破産者が除外された。

信託関係

信託は，委託者が財産を受託者に移転し，受託者がその信託財産を目的に従って管理運営し，その利益を受益者に供与する仕組みを指し，多方面に活用されうるものであり，近時の重要性に鑑み 2006（平成 18）年末に現行信託法が成立した。

信託法の制定に伴い，破産法には，従前からあった相続財産破産に準じた形で，信託財産の破産に関する特則が置かれることになった（破 244 条の 2〜224 条の 13）。

これに対し，委託者または受託者の破産に関しては，本来，信託財産は，委託者の財産から分離し受託者に移転し，しかも受託者の固有財産とは分別管理されているべきものなので（信託 25 条），信託契約の当事者の一方が破産した際に当然にこれに影響を及ぼすと解する必要はないはずである。信託法では，受託者の破産によりその任務は終了することを原則としつつ（信託 56 条 1 項 3 号），破産をもって任務終了としない旨を定めることができるとし，受託者の職務は受託者たる破産者本人が行うこととした（信託 56 条 1 項但書・同条 4 項）。また，委託者の破産については，委託者の破産管財人による，双方未履行双務契約の通則規定による信託契約の解除の可能性がありうるが（信託 163 条 8 号），信託関係成立後に残る未履行債務は付随的なものにすぎないことが多く，解除権の制限法理が働く余地があると解される。

そのほか，信託に関しては，委託者が債権者を害する意図で信託を設定する，いわゆる詐害信託の問題があり，詐害行為取消権の信託との関係での特則（信託 11 条），そしてその趣旨を否認権にも及ぼす規定（信託 12 条）が置かれていることが注目される。

第9章 消費者の破産と免責

> 本章では、消費者の破産について説明する。経営が破綻し過少になった残余財産を破産管財人の手で厳格に清算する手続となる事業者の破産と違い、消費者の破産では、ほとんどの場合が多重債務から逃れて再出発するための免責の取得を目的としている。免責制度を中心に消費者破産独自の問題を学ぶ。

1 消費者破産の推移

消費者信用の光と陰

 消費者の破産が注目を集めるようになったのは、わが国では1980年代のことである。国民総生産・総所得は大きく伸び、物質的には豊かさを実感する一方で、先行する消費意欲に負けると、いとも簡単に債務は膨らむ。退職時に貯蓄で住宅を取得するのではなく、多くの者がしかるべき年代の時に住宅ローンを組んで家をもつ。これに自動車や家電のローンも加わる。買い物をする時も現金は不要で、与信機能のついた便利なクレジット・カードがある。返済が苦しくなっても、まだ消費者金融からの借入れの途があり、深夜でも無人契約機で借りて凌ぐことができる。ところが、健康で仕事を順調にこなしてい

るうちは何とかなっても，人間には病気，事故，リストラなどの蹉跌がつきものである。借金には，対価としての利息がついて回るので，借金返済のための借金がいっそう債務額を増やす結果となる。近時の消費者信用残高は国家予算規模にも迫る73兆円まで拡大し，一見，豊かな生活を国民各層にもたらしたようにもみえるが，消費者破産という陰の社会現象をもたらした。ピークとなった2003（平成15）年には，25万件を超える破産，23,612件の個人再生，537,071件の特定調停が裁判所を賑わすことになった。その後，事件数は大幅に減少している。2006（平成18）年末に消費者破産増加の一因ともされていた金利のグレイゾーンが撤廃されたこと（罰則金利と利息制限法金利の同一化）等の影響であろう。

法的対応の変遷

わが国の破産法は，当初は免責制度を有していなかった。しかし，第二次世界大戦での敗戦を受け，憲法を始め各法分野でアメリカ法を参考にするケースが増える中，免責制度は，株式会社の強力な再建型倒産手続として会社更生法を制定したのと同時に，1952（昭和27）年に旧破産法に追加されることになった。株式会社のみならず，個人にも経済的再スタートの機会を提供する趣旨であった。ところが，早い段階に制度の違憲問題（憲法29条に定める財産権の侵害にならないか）はクリアーしたにもかかわらず（最大決昭和36・12・13民集15巻11号2803頁／百選82），個人の破産利用は少なく，したがって免責許可の申立ても最初の四半世紀はわずかな数にとどまった。変化が現れたのは，1980年代以降であった。いわゆるサラ金からの借金が増え，厳しい取立てに喘ぐ者の救済策として，破産免責が活用されるようになったのである。「貸金業の規制等に関する法律」（貸金業規制法）などの制定，その後の好景気でいったんは事件数が減ったも

のの，バブル経済の崩壊の影響は個人にも及び，この間に消費者信用残高は急増し，その結果，消費者の経済的破綻は，サラ金破産当時よりもその層が広がり，破産事件数もまさに激増の観を呈することになった。

　破産免責は，後述する通り，破産者を苦しめる債務について裁判でその責任を免ずるもので（破252条1項），当然にそれが制裁の対象ではないものの，肩身の狭い思いをする現実がある。その意味で，破産に至る手前で多重債務者を救済する手立ての必要性も認識されるようになっていた。本書の第1編で述べたように，民事調停による債務処理の発展形態としての特定調停，あるいは民間のクレジットカウンセリング，そして，2001（平成13）年4月からは個人再生の手法が，多重債務に苦しむ消費者を救済する選択肢として展開され，破産免責とその役割を分担しているのが現在の状況である。

2　消費者破産の構造

同時廃止の処理

　現行破産法は，第1条の目的規定の中で，「債務者について経済生活の再生の機会の確保を図る」と消費者破産への対応も明確にしている。この目的を達するには，破産免責の許可決定を得ることを要するが，それには，まず破産手続開始決定に至ることが前提となる。すなわち，両者は裁判所の手続としては別個のものとされているのであるが，反対の意思がない限り，セットで取り扱われる（破248条4項）。

　免責の前提となる破産手続に関しては，事業者であれ，消費者であれ，建前は変わるところはない。したがって，開始決定に至れば，

破産管財人が選任され，自由財産を除く破産者の全財産が厳格な手続の下に債権者に配当されることになるのは当然である。むしろ，違いはその運用にある。それは，消費者破産のほとんどがそうした実質的な意味での破産手続がなされることなく，もっぱら免責の可否に関心が集中していることである。というのも，実質的な破産手続は，それ相応の破産財団が存在してはじめて意味のあることであり，破産財団に属する財産が僅少で破産手続の費用すら賄えないような場合は，破産手続の開始決定と同時に破産を廃止する，いわゆる同時廃止の扱いとなり（破216条1項），消費者破産の相当部分がこの成り行きとなっているからである。

現実の消費者破産の多くは破産財団不足が明白であり，この処理で特に問題はない。しかし，破産管財人による財産の管理が一度も試みられないのだから，財産隠しをして「財産がないふり」をしていても破産財団不足の原因を検証する術はないし，その不足が詐害行為による場合も否認権によってこれを是正する機会もない（最判平成9・2・25判時1607号51頁／百選88参照）。それでよいのか疑問もあるが，実際のところ，破産手続の費用も破産財団で賄う現在のシステムでは，最低限の資金を調達しないと厳格な破産は進められないのである。なお，法律扶助が消費者破産事件に活用されているが，（代理人の報酬を含む）申立て費用の立替えにとどまっており，管財人選任事件の大幅増には至っていない。

少額管財事件

旧破産法には，破産財団が100万円未満の場合に，大幅に手続を簡略化した小破産という制度があった。しかし，現実には全く利用されておらず，現行法には受け継がれなかった。ただ，同時廃止処理になる破産者に全く財産がないかというと，必ずしもそうとは限らない。前述の

ように，同時廃止処理には問題点もあるので，一部の裁判所では，20万円程度の予納金の納付を条件に，破産管財人を選任し，簡略な手続によってわずかでも破産配当を実現する「少額管財事件」の処理が実践されている。実務上，破産管財人は，複数の事件を同時に担当するなどして効率化することで，この対応策を支えている。これによって消費者の事件か法人の事件かを問わず，また規模の小さい場合でも管財人就任が可能となっている。

Column ⑫ 破産者の生活

同時廃止のケースでは，債務者は破産者となり，続く免責の裁判を受ける資格を得ることになるが，破産管財人が登場しないので，実のところ財産の管理処分権には変動がない。最大で99万円の現金（破34条3項1号）のほか差押禁止財産（同項2号）を確保することができる上に，ほとんどの場合，免責は許可されるので，確かに再スタートの機会となる。

さらに，持家の場合は別だが，同時廃止のケースで賃貸物件に居住している限りでは，破産後も解約を免れ（破56条1項），また，特別な職業にない限り，雇用関係にも影響しない。つまり，破産手続開始決定後に得た給料は新得財産として，再スタートの元手となる。そして，破産自体で何らかのペナルティーが課されることもないので，一見すると，破産して免責許可を得た者は誰よりも身軽に映る。しかし，現実は，破産者に対する視線は厳しいものがあるし，家庭の崩壊も珍しくはない。他方で，過去の経験者によって構成される支援の会のカウンセリングなどの教育効果で再起を果たす破産者もいる。破産を機に再起を果たせた者とそうでない者を分けた要因は何か，それを探っておくことも倒産法学の課題である。

3 破産免責の手続

免責許可の申立て　破産免責は、破産手続で配当を受けられなかった債権につき、破産者のその責任を免除する制度であり、破産手続とは別の、しかしこれに付随する破産法上の制度である。したがって、自然人たる債務者が破産手続の開始申立てをした場合には、同時に免責許可の申立てもあったものとみなされる（破248条4項）。これによって、破産手続と免責手続は連続性が確保され、この間は一貫して債務者の財産に対する強制執行等は禁止される扱いである（破249条）。これは、現行法制定前の旧破産法下では、このような意味での連続性が確保されていなかったため、同時廃止後免責が許可されるまでの間に強制執行に及ぶ債権者が現れるという問題が発生していたところ（しかも、その間の債権回収は免責が許可されても不当利得にならない。最判平成2・3・20民集44巻2号416頁）、これを改める趣旨である。なお、仮に当初はみなし申立てとは反対の意思表示をしていた場合も、破産手続開始決定が確定した日から1か月を経過する日までは免責許可の申立てができる（破248条1項）。

　免責許可の申立ては書面による。免責の対象となる債権を予告する意味で、債権者名簿の提出を要する（破248条3項、破規74条3項）。虚偽の債権者名簿の提出は、免責不許可の可能性につながるし（破252条1項7号）、破産者が知っていながら名簿に記載しなかった債権については、債権者が破産手続開始決定を知っていたのでない限り免責されない（破253条1項6号）。

免責の審査

旧破産法の下では、免責許可の申立てがあるときは、期日を定めて破産者を審尋していた（旧破366条ノ4）。これに対し、現行法の下では、審尋期日の開催は必要とされていないが（破250条）、従来通り破産者を審尋する慣行を続けている裁判所もある（ただし、改めて審尋するのではなく、破産手続申立て時の審尋で代えている）。

破産管財人が選任されるケースでは、免責に関する情報収集のルートもあるが、同時廃止のケースではそうもいかない。裁判所の調査について、いかに破産者を協力させるかが重要となる（破250条2項・271条）。加えて、免責の許否について最も利害関係のある破産債権者に意見を述べるための期間を定めるものとされている（破251条）。事件数から考えても、裁判所に積極的な調査が期待できるものではないので、免責の審査では債権者から寄せられた具体的な情報が重宝されることになろう。

免責の裁判

免責許可の申立ては、不適法であれば却下されるが、そうでなければ許可または不許可の決定がなされる。その判断は、免責不許可事由（破252条1項1号～11号）の有無によって決まる。詳細に不許可事由が定められ、「いずれにも該当しない場合には」免責許可の決定がなされるとの文言からは、免責のハードルは高そうにみえる。しかし、実際には、免責不許可となるケースはきわめて少ない。というのも、仮に不許可事由に該当する場合であっても、「裁判所は、破産手続開始の決定に至った経緯その他一切の事情を考慮して免責を許可することが相当であると認めるときは、免責許可の決定をすることができる」（破252条2項）と、裁量免責の余地が認められており、緩やかな運用がなされているからである（厳しい運用になれば、不許可

が続出することもありうる)。

　免責の裁判については，その裁判書などを関係者に送達して，その結果を知らせる（破252条3項・4項）。そして，この裁判については，関係者は即時抗告ができるものとされており（破252条5項），免責許可決定は確定するまで効力を生じない（同条7項）。個別の送達は即時抗告の機会を実質的に確保する意味があるが，官報による公告（破10条）がなされた場合の即時抗告期間の計算は，送達を受けた破産債権者であっても，一律に公告のあった日から起算して2週間となるとするのが判例である（最決平成12・7・26民集54巻6号1981頁／百選85）。

免責の取消し

　免責許可決定の裁判が確定した後でも，所定の事由が判明した場合には，破産債権者の申立てによりまたは職権で，免責の取消しの決定がなされることがある（破254条1項）。すなわち，①当該破産者について詐欺破産（破265条）の有罪判決が確定したとき，あるいは，②免責許可の決定が破産者の不正の方法によって取得された場合で免責許可決定から1年内に取消しの申立てがあったときである。

　免責取消しの決定が確定すると，免責許可決定は効力を失うことになり（破254条5項），破産債権者に対する破産者の責任が復活する。実際に，免責の取消しがなされることは稀である（取消しの例として，大阪高決平成15・2・14判タ1138号302頁）。

4 免責不許可事由と免責の効果

1 免責不許可事由

免責不許可事由の意義　破産免責は，理由はどうであれ破産者が自らの活動の中で負った債務についてその責任を免れさせるものであり，ある意味で，法体系的には異質の考え方を示すものである。というのも，破産免責の前に連なる，民事訴訟，民事執行，破産はどれも権利の公権的実現に資することを旨としているのに，一転して，債務からの解放をもたらすからである。一歩間違うと破産免責はモラル・ハザードを招く危険性があるので，すべての破産者に無条件でこれを許可するわけにはいかない。いかなる条件で免責を破産者に与えるか，先行してこの制度を発展させてきた英米でも歴史的な変遷があった。その後，この制度をとり入れた各国も，まだスタンスはまちまちである。すなわち，誠実な破産者のみの特典として破産免責を与えるのか（特典説），特典ではなく権利として破産者には免責の途が開かれているが，例外的に悪質な債務者のみ不許可とするのか（更生手段説），あるいは一定の弁済を条件とするのか，といった考え方の違いがある。

スタンスの違いはあっても，免責不許可事由が，自然人の経済生活上のモラル低下を防ぐ歯止めの意義を有していることは間違いない。もっとも，わが国の免責の裁判の現状は，前述したように，不許可事由を細かに定めハードルを高くしているようにみせつつも，現実にはかなり緩やかな運用がなされている状況にある。

免責不許可事由

旧破産法では，免責不許可事由は破産犯罪に重ね合わせながら規定されていたが，現行法では，破産犯罪との関連性は薄まり，不許可事由は252条1項1号～11号として独自に規定されている。不許可事由は多岐にわたっているが，大別すると，3つに分けられる。すなわち，①経済生活上での不誠実な行為，②手続上の不誠実な行為，③リピーターの防止である。

①の類型は，252条1項の1号から5号がこれにあたると思われる。財産の隠匿，不当目的の行為，浪費・賭博，詐術を用いた信用取引，といったものがここに含まれており，免責不許可事由の根幹をなすものである。破産に至る過程では，程度はともかく，普通の人なら該当行為の1つや2つはありがちなものが列挙されており，厳格に運用すれば不許可事例の続出もありうるところであるが，前述のとおり，運用は緩やかなものである。

②の類型は，252条1項の6号から9号および11号がこれにあたる。書類に関する虚偽，破産手続上の義務違反，妨害行為などである。免責を得る上では，手続の過程においても不誠実な行為はあってはならない，との趣旨を体現したものといってよい。

③の類型は，リピーターの防止ということで252条1項10号に定められた不許可事由である。これは，短期間に何度も免責を繰り返されては，経済的なモラルが低下しかねないので，免責は過去の免責から7年を経過していなければならないとするものである。なお，ここでいう免責とは，破産免責のみならず，再生手続における免責も含む（民再239条1項・235条1項・244条）。従来は，10年と規定されていたが，7年に短縮された。

2 免責の効果とその例外

<免責の効果> 破産免責の許可決定が確定すると，破産者は，破産手続による配当を除き，破産債権についてその責任を免れる（破253条1項）。ここでいう「責任を免れる」の理解をめぐっては，対立がある。すなわち，①債務と責任を分離し，強制執行力を欠いた債務（自然債務）になると解する自然債務説と，②債務そのものの消滅を意味すると解する債務消滅説の対立である。後者の意図は，自然債務説では，将来，債権者からの要求を否定しにくい点で，免責による破産者救済の趣旨が徹底できないと考えるところにある。しかし，通説・判例は，文言に忠実なこともあり，前者の立場に立っている（判例でこれを示唆するものとして，最判平成9・2・25判時1607号51頁／百選88，最判平成11・11・9民集53巻8号1403頁／百選89）。

免責許可決定が確定したときには，破産債権者表にその旨が記載され（破253条3項），破産債権者は，破産者の自由財産に対してであっても強制執行をすることは許されず（もっとも，自由財産からの任意弁済は肯定される。最判平成18・1・23民集60巻1号228頁／百選44），仮に強制執行の申立てがあった場合には，破産者は免責決定の裁判では個々の債権について免責の可否を特定していないので，免責決定の正本を提出しても強制執行を止めることはできず，請求異議の訴えで免責を主張する必要がある（大阪高決平成6・7・18高民47巻2号133頁／百選A17）。

なお，破産免責は，これが許可されるか不許可となるかの二者択一が原則であるが，債務の一定割合を免責する，あるいは債務の内容によって免責か非免責か柔軟に決する，いわゆる一部免責の運用

が広まった時期があるが，明確な基準を決めにくいことから，現在ではほとんど行われていない。

<u>免責の主観的範囲</u>　破産免責の効果は，当該破産者限りのものである。すなわち，破産者の債務の中には，これに保証，連帯債務，連帯保証などの形で，破産者と共同して債務を負う者がいる場合が少なからずある。破産者が主たる債務者である場合，民法の原則では，保証人の責任は主たる債務に附従することとされている（民448条）。しかし，破産免責との関係では，保証人その他破産者とともに債務を負担する者に対して有する権利および破産者以外の者が破産債権者のために供した担保に影響を及ぼさない，と附従性の原則の例外が定められている（破253条2項）。もともと，こうした人的担保などは，破産リスクに備えるためのものであるから，ここでこそ威力を発揮しないことには意味がない。したがって，確認の意味で附従性の原則の例外を定め，破産免責の効力が及ぶ範囲は破産者限りとされたのである。

こうした附従性の原則の否定は，破産免責に限らず，再生計画や更生計画による免除でも同様である（民再177条2項・235条7項，会更203条2項）。この点は，直ちに憲法の平等原則に反するものではなく，事柄の性質に照らした合理的な差別と解されている（最大判昭和45・6・10民集24巻6号499頁）。こうした免責の効力の主観的範囲との関係で，附従性の原則の例外により保証人等が後日もとの債権の全額を弁済したとしても，求償権にも免責の効果が及んでいると解されることには注意を要する（最判平成7・1・20民集49巻1号1頁，最判平成10・4・14民集52巻3号813頁）。

<u>免責の客観的範囲</u>　一部免責の運用が定着をみなかったので，免責によって破産者は破産債権の全部に

ついてその責任を免れることになるのが原則であるが，所定の債権については明文で免責の対象から除外されている。これは，非免責債権と呼ばれる，免責の客観的範囲での例外ということになる（破253条1項1号～7号）。債権の性質上，破産者の経済生活の再生のためとはいえ犠牲にしてはいけないと思われるものを中心に列挙したものと思われる。

これは，4つのタイプに分類できよう。すなわち，第1は，政策的なもので，租税や罰金などの請求権であり，公共政策上の観点から非免責債権とされたものである。第2は，被害者を犠牲にして加害者の救済を図るべきではないとの考えによるもので，破産者が悪意で加えた不法行為に基づく損害賠償請求権（過度のカード利用のケースにつき，非免責性を肯定したものとして，最判平成12・1・28金判1093号15頁／百選86），破産者が故意または重大な過失により加えた人の生命または身体を害する不法行為に基づく損害賠償請求権が挙げられている。第3は，親族関係に基づく扶養などの義務にかかる請求権（民752条・760条・766条・877条～880条）で，要扶養者を保護する趣旨のものである（旧破産法では，破産者に扶養される者の扶助料は財団債権とされていた。旧破47条9号）。そのほか第4として，雇用関係に基づいて生じた使用人の請求権および使用人の預り金の返還請求権，破産者が知りながら債権者名簿に記載しなかった請求権も非免責債権とされ，破産免責の効果が及ばないことが明らかにされている。

破産者に経済生活再生の機会を与えるための破産免責にとって，非免責債権が多いことはそのメリットが減殺されてしまうことを意味するが，モラル・ハザードを招かないよう，現時点での免責の限界を示すのが非免責債権の役割ということになろう。

5　復権制度

> 復権の意義

わが国の現行破産法は、破産法自体で破産者を制裁するようなことはしない非懲戒主義の考え方をとっている。しかし、現実には、破産の性質上（とりわけ、財産の管理処分権を喪失する点）、公私の資格が制限されている状況にある。これ自体を直ちに全面撤廃することにはなお抵抗も予想されるところであるが、少なくとも、破産者に永久にこうした制限を強いることまでは社会も望んではいない。そこで、破産に伴って受けていた公私の制限を解除する手当てが必要であるので、これを復権の制度として破産法に置いたのである（破255条・256条）。

> 復権の態様

復権には、申立てや裁判を要せずに自動的に生ずる当然復権と、破産者の申立てにより復権の決定がなされることで生じる申立てによる復権の2種類がある。

当然復権となるのは、次の4つの場合である（破255条1項1号～4号）。すなわち、①免責許可決定が確定したとき、②破産債権者の同意による破産手続の廃止決定が確定したとき、③再生計画認可の決定が確定したとき、④破産者が破産手続開始の決定後、詐欺破産の罪につき有罪の確定判決を受けることなく10年が経過したときである。①の復権事由からは、資格制限の期間が比較的短いことがわかるし、④の復権事由からは、資格制限の最大限が10年であることがわかる。なお、復権の効果は、制限を規定した各々の法令に

委ねられている（破255条2項）。

　これに対し，申立てによる復権は，破産者が弁済その他の方法により破産債権者に対する債務の全部につき責任を免れたとき，破産者の申立てにより，破産裁判所の決定によりなされるものであるが，利害関係者である破産債権者に書面で意見を述べる機会を与えるなどの手続が用意されている（破256条）。

第10章 特別清算

> 本章は、会社法上の制度でありながら、清算型の倒産処理として位置づけられる特別清算について、その概略を述べる。清算段階にある株式会社の特殊な清算手続がどのような構造で、いかなる役割を担っているかを学ぶ。

1 特別清算の意義

特別清算の法源

わが国の裁判上の倒産法制は、第1編で述べたとおり、4つの制度から成っている。破産手続、再生手続、更生手続が各々について定める単行法によって容易に法源を認識できるのに対し、特別清算の所在は、いささかわかりにくい。というのも、従来から、特別清算は、法体系としては、会社法に本拠を置いた制度だからである。したがって、現行の特別清算は、一連の倒産法改正の中に位置づけられながらも、仕上げは2005（平成17）年の会社法制定の一環として整備され、今日の姿となったものである（その際、それまで「特別清算」と同様に会社法上の制度でありながら倒産処理制度の1つに数えられていた「会社整

理」が、再生手続でほぼ需要を満たせるとして廃止された)。

　会社法そのものが、実体規定と手続規定を分ける編別構成となった関係で、特別清算も、全体の条文数はそれほど多くないにもかかわらず、1か所にまとまってではなく、分離して規定されている。中心となるのは、実体規定として、第2編第9章第2節（510条～574条）、手続規定として、第7編第2章第4節（857条・858条）・同第3章第3節（879条～902条）を、特別清算の主たる法源として挙げることができよう（ほかにも、若干関連規定はある）。さらに、従来から、特別清算は非訟事件の1つとされてきたので、非訟事件手続法第2編の通則規定が適用されるし、会社法上の制度である以上、会社法施行令、会社法施行規則、会社非訟事件等手続規則にも特別清算に関する細目規定が置かれている。

特別清算の沿革

　特別清算の手続は、1938（昭和13）年の商法改正の際に導入され（商旧431条以下）、独自の存在として有用性が認められてきたので、今回の改正でも廃止されず、むしろ整備充実を果たした。清算手続に入った株式会社の特殊な清算手続として、債務超過の疑いや清算の遂行に支障をきたすおそれがある場合に、裁判所の監督の下で、厳格な清算を行うものとして利用されてきた。改正に際しては、株式会社のみならず法人全般の簡易な破産手続という位置づけにする案もあったが、あくまで株式会社の清算手続の延長という位置づけで落ち着いた。しかし、債務超過という状況下での清算となると、債権者らとの利害調整は倒産処理と類似するところが多く、裁判所の監督下で多数決による協定がなされることから、会社側にも（債務免除益と欠損金の相殺）、債権者側にも（免除分の損金処理）、税務上のメリットがあり、近時は年間300件～400件の利用がある。

2 特別清算の申立て段階

清算株式会社　今回の倒産法と会社法の改正論議の中では、特別清算の守備範囲の拡大も検討されたが、従来通り、清算段階の株式会社に限定された手続とされた（会社510条）。これを他の法人にも拡大するには、各々の法人の根拠法ごとに特別清算の定めを置くことが必要となり、法人法制の立法作業が前提となる（例として、保険業184条）。しかし、特別清算は従来通り株式会社限定の制度ではあるものの、会社法が株式会社と有限会社の規律を統一した関係で、特別清算の現実的利用可能性は社会全体では十分に広がったといえる（もっとも、特例有限会社については、更生手続の利用資格は認めたが、特別清算についてはあえて認めることはしなかった。会社法の施行に伴う関係法律の整備等に関する法律35条）。

特別清算の開始原因　特別清算は、平時の事業を続けている株式会社がいきなりこれを利用するという位置づけのものではない。解散その他の原因で、清算手続が開始されていることが前提となる。会社法は、通常の清算手続については裁判所の監督を要せず簡易で足るとする一方で、一定の事由がある場合には、裁判所の監督下で厳格に清算するとしている。これが特別清算の基本的な位置づけである。

その開始原因は、次の2つである。すなわち、①清算の遂行に著しい支障をきたすべき事情があること、②債務超過の疑いがあることである（会社510条）。この開始原因こそが、特別清算が倒産手続

の1つに位置づけられる所以である。つまり、特別清算は、財産不足などの状態で債権者間の利害対立が厳しくなり、簡易な清算手続では済まなくなった際に使われるものである。

> 特別清算の申立て

特別清算の申立権があるのは、債権者、清算人、監査役、株主である（会社511条1項）。株主の申立権について特別な要件は課されていないので、単独株主権と解してよい。清算会社自身の申立権は認められておらず、また、従来あった、監督官庁の通告による職権開始の制度は廃止された（商旧431条3項）。なお、債務超過の疑いがあるときには、清算人には申立義務が課せられている（会社511条2項）。

申立てに際して、清算人や監査役の申立てについては、特に開始原因の疎明は要しないと解されているが、債権者や株主の場合は、疎明が必要である（会社888条1項）。

3 特別清算手続の運営

> 管轄裁判所

特別清算事件を管轄するのは、会社の本店所在地の地方裁判所である（会社868条1項）。他の倒産手続の管轄と基本は変わるところはない。したがって、関連会社を同一の裁判所で一体的に処理するための関連管轄も認められることになり、親会社について既に特別清算・破産・民事再生・会社更生のいずれかの事件が係属しているときは、当該事件が係属している裁判所に、その子会社・連結子会社の特別清算の申立てができるとされている（会社879条）。実際、特別清算については、親会社の倒産手続に連動して子会社を特別清算で処理する

ことが多くなされてきた。その意味で，有用な規定であるが，先行した子会社の倒産手続との関係での関連管轄は認められていない点は，他の手続の関連管轄規定と違うところである。

開始前の保全処分

特別清算も裁判所が監督する手続であるから，所定の開始原因が存在し，また開始を妨げる障害事由がないことが，開始命令の条件となる（会社514条1号〜4号）。したがって，その審理のため，開始申立てから開始命令までのタイムラグは不可避なので，開始前の保全処分が用意されているのも他の倒産手続と同様である。

まず，破産手続，強制執行，仮差押え・仮処分の手続の中止命令が可能とされている（会社512条1項）。もっとも，包括的禁止命令，保全管理命令の制度は認められていない。特別清算では，ここまでの強力な保全処分の必要性はないだろうとの立法判断である。これに対して，財産関係の保全処分については，処分禁止の仮処分などの保全処分（会社540条2項），株主名簿の記載禁止などの処分（会社541条2項），会社役員の責任に基づく損害賠償請求権についての役員の財産についての保全処分（会社542条2項）が認められている。保全処分の発令後は，特別清算の取下げ制限効が働く（会社513条後段）。

他の手続の中止に関しては，開始後も同様の扱いとなり（会社515条），開始後は担保権の実行の中止命令も認められている（会社516条）。

特別清算の機関

特別清算では，管財人のような強力な権限をもつ第三者機関は予定されていない。特別清算の場合には清算手続に入っていることが前提であり，その段階で，機関として清算人が予定されている（会社477条）。清算人

には取締役が就任するのが基本である（会社478条1項1号）。清算事務は，この清算人が担う。つまりは，DIP型（自力再建型）ということになるが，清算人は公平誠実義務を負い（会社523条），場合によっては，裁判所によって解任されることもあるとされている（会社524条）。債権者および株主に清算人の解任申立権が付与されているのも，特別清算の意義に照らし，直接の利害関係を有する者の意向を尊重する趣旨と思われる。

第三者機関として関与するものとして，監督委員（会社527条以下）と調査委員（会社533条）が規定されている。監督委員は，重要事項についての同意権をもって清算人の行為を牽制する役割を担い，調査委員は，旧法下では検査役と呼ばれていたものであるが，他の倒産手続とほぼ同様に必要な調査を行う機関である。

これに対して，債権者関係の機関については，特に債務超過の場面を考えると，債権者の意見を清算事務に反映させる意味で必要性が出てこよう。旧法下では，債権者集会を必要的なものとしていたが，会社法では，他の倒産手続がこれを任意化したのにならうことになった。すなわち，一応，清算会社の業務・財産状況の調査結果等の報告・意見陳述のための債権者集会は予定しながらも，適宜の方法で債権者に周知できる場合には，債権者集会の招集を要しないとされている（会社562条）。

特別清算における財産確保

特別清算には，否認権は存在していない。したがって，詐害行為の存在が疑われながら提示された協定が，債権者の一般の利益に反しないかどうかという視点でこれをチェックするほかない（会社569条2項4号）。ただ，役員の責任免除については，否認権に準ずる形で，清算株式会社はこれを取り消すことができると定めら

れている（会社544条）。これと関連するものとして，役員等に対する責任追及に関しては，他の倒産手続と全く同じ査定制度が用意されている（会社545条・899条）。また，特別清算が開始されようという時に，相殺適状が作出されてなされた相殺を放っておくのは好ましいことではない。したがって，これも他の倒産手続と同様に，相殺禁止の規律が用意されていることが注目される（会社517条・518条）。すなわち，役員の責任査定と相殺禁止の2つは，倒産4法で規律を同じくする数少ない例なのである。

4 特別清算における協定

協定債権　清算手続として，特別清算では，会社の財産を換価し債権者への弁済をしなければならない。もっとも，債務超過等の疑いをもって開始されているので，平常時の弁済のようなわけにはいかない。再生計画や更生計画に準じて，特別清算では協定による権利変更という処理が控えている（会社564条・565条）。

このように，特別清算における協定の対象となる債権を協定債権と呼んでいる（会社515条3項）。この協定債権には，①一般の先取特権その他一般の優先権がある債権，②特別清算の手続のために清算株式会社に対して生じた債権，③特別清算の手続に関する清算株式会社に対する費用請求権は含まれない。①の優先債権を協定の対象とせず，債権者の組分けによる複雑化を避けている点は，再生手続に類似している。②③は，他の手続なら共益債権として随時弁済を受けるものであり，特別清算においても同様の扱いになる。

協定による弁済

特別清算の開始とともに，協定の対象となる一般債権者は個別的な権利行使はできなくなる（会社515条1項）。協定債権者は清算株式会社に対して債権の存在を認識させ，清算事務の中で弁済を受ける。債務超過等の状況にあるので，全額の弁済が期待できる状況にはなく，特別清算においては，弁済は次の3つの方法による。

第1は，債権額の割合に応じて弁済を受ける方法，いわゆる割合弁済である（会社537条1項）。第2は，個別和解に基づく弁済である。これは，債権者数が少ないため，厳密な割合弁済によらずとも，どの債権者にいくら弁済するか，合意が形成できるような場合の話である（結合企業が節税目的で子会社を清算するケースなど）。そして，第3は，協定による弁済である（会社563条以下）。これは，再生計画や更生計画に準じたもので，清算株式会社が，残余財産で可能な弁済額などを協定案として債権者集会に申し出て，債権者集会が多数決（出席者の過半数で，議決権の3分の2以上）で可決し（会社567条），裁判所の認可を受ける，という方法である。不認可要件は，再生計画のそれとほぼ同じである（会社569条2項，民再174条2項）。

協定案の内容は，他の倒産手続における考え方と同様，債権者間で平等であることが原則である（会社565条本文）。しかし，衡平の見地から差等を設けることも許されている（会社565条但書）。協定は，清算株式会社およびすべての協定債権者に対して効力を有する（会社571条1項）。しかし，協定による権利変更が多数決によるものであることに照らし，担保権，保証人その他清算株式会社とともに債務を負担する者に対して有する権利等には影響を及ぼすものではない（会社571条2項）。すなわち，ここでも他の倒産手続の場合と同様に，附従性の原則の例外が定められ，協定が会社限りのもの

であることが明らかにされている。ちなみに，個別和解の場合にも，その効力の範囲を協定の場合と同様に解した裁判例がある（東京地判平成18・6・27金法1796号59頁）。

協定の実行上必要があれば，協定の内容は変更が可能である（会社572条）。

> 特別清算の終了

特別清算は，特別清算終結の決定または職権による破産手続の開始により終了する。

前者の終結決定がなされるのは，特別清算が結了したとき，または特別清算の必要がなくなったときで，清算人，監査役，債権者，株主，調査委員の申立てがある場合である（会社573条）。特別清算の必要がなくなったときとは，特別清算開始の事由が解消し，通常清算で足りるようになった場合のことを意味するが，あえて通常清算に戻さず特別清算を実行し続けることも妨げないと解される。

これに対し，後者は特別清算の頓挫を意味し，これに続いて開始される破産手続は牽連破産ということになる。破産手続の開始が必要的とされる場合は，①協定の見込みがないとき，②協定の実行の見込みがないとき，③特別清算によることが債権者の一般の利益に反するとき，の3つである（会社574条1項）。さらに，④協定が否決されたとき，⑤協定の不認可の決定が確定したときについては，裁量的に破産手続が開始されることがあるとされている（会社574条2項）。牽連破産に備えての規定がこれに続けて設けられている（会社574条3項・4項）。

第3編

再建型倒産手続

第11章 再建型倒産手続立法の経緯

わが国の再建型倒産手続には、どのようなものがあるか。それらの手続は、どのような経緯で制定されてきたのか。本章では、各再建型倒産手続について説明をする前に、それらの点について簡単に触れておく。

1 民事再生法制定の経緯とその後の法改正

旧和議手続

2000（平成12）年3月末まで、わが国には、債務者の種別（自然人か法人か）を問わずに広く適用される再建型の一般的倒産手続として和議法（1922〔大正11〕年制定）上の和議という手続が存在した。和議は、債務者に破産手続開始原因たる事実（支払不能と債務超過）が存在する場合に、債務者自身が和議条件と呼ばれる再建（整理）計画案を作成し（和12条・13条）、和議条件について、法定多数の債権者の同意（可決要件は、出席債権者の過半数で総債権額の4分の3以上の同意であった。和49条1項、旧破306条参照）を得て、裁判所が和議を認可すれば（和50条）、それで手続は終了し、以後は、債務者自身が和議条件に

従って分割弁済等を行っていけばよいという，債務者主導の簡易な再建型手続であった。債務者会社の経営者は，手続期間中も財産の管理処分権，事業の経営権を失うことなく，通常の営業活動を継続することができた（和32条）。

しかし，和議手続に対しては，実質的には債務の減免手続にすぎず，一般的な再建型倒産手続として十分に機能していないとの批判が強かった。特に手続的不備として指摘されていたのは，①和議手続開始原因が破産手続開始原因と同じであり，和議手続を利用できる時期が遅すぎる，②和議の申立てと同時に再建計画案（和議条件）の提示が必要であるため，適切な和議条件の提示が困難である，③債務者が和議の申立てにより弁済禁止等の保全処分を得て，手形不渡りによる銀行取引停止処分を免れている間に，財産を処分・隠匿し，その後に和議の申立てを取り下げるといった濫用的申立てを防止する手続的手当てがない，④債務者が和議の申立て前に行った詐害行為や偏頗行為を否認する制度がないなど，利害関係人間の公平を確保するための手続的手当てが不十分である，⑤担保権実行に対する制約がない，⑥和議認可後の和議条件の履行を確保できる保障がない，⑦和議認可要件が厳しすぎる，などの点であった。

民事再生法の成立とその後の法改正

1999（平成11）年12月に成立した民事再生法は，従来の和議手続のもつ債務者主導の簡易な再建型倒産手続としての性格を基本的に維持しつつも，和議手続の有する欠陥をできる限り是正する形で新たに創設された，再建型の一般の倒産手続としての民事再生手続に関する基本法である。すなわち，同法は，元々は中小企業や個人事業者などに再建しやすい法的枠組みを提供し，債権者などの利害関係人にとって公平かつ透明で，現代の経済社会状況に

適合した迅速かつ機能的な再建型倒産手続を創設することを目的として立法作業が開始された法律である。2000（平成12）年4月1日から早速施行され，それに伴い，従来の和議法は廃止された。

しかし，当初導入された民事再生手続は，従来の和議手続のもつ多くの欠陥を克服するため，その手続の様々な局面で入念な規定の整備が行われた結果，中小企業や個人事業者向けの利用しやすい再建型手続を目指すという民事再生法の当初の立法方針に反して，大企業でも利用できるやや重たい手続に仕上がってしまった（たとえば，いわゆる資本構成の変更手続の一部導入など）。他方で，消費者倒産の多発という社会現象の中で，定期的収入のある個人債務者について，その将来の収入の中から債権者に弁済を行うことによって破産を回避するとともに，住宅等の維持を可能とする手続の必要性がかねてより主張されていた。そこで，2000（平成12）年11月には，「民事再生法等の一部を改正する法律」が成立し，民事再生手続の中に，新たに零細な個人事業者やサラリーマンのような個人債務者向けの簡易な再生手続および住宅等の維持を可能とする手続が設けられるに至った。個人再生手続は，長引く不況の下で積極的に活用され，その申立件数はかなりの数にのぼる。

民事再生法成立後も，引き続き倒産法制の改正作業は続けられた。そして，会社更生法（2002〔平成14〕年）・破産法（2004〔平成16〕年）の成立，さらには会社法上の特別清算手続の規定の整備（2005〔平成17〕年）に伴って，民事再生法についても，その都度一部改正がなされた。特に注目すべき改正点としては，①現行会社更生法が成立した際に改正された事項の民事再生法への導入，②破産法の手続規定の改正に伴う民事再生法の改正，③現行破産法の実体規定の整備に伴う民事再生法の実体規定の改正などである。これらの諸改正

を経て施行されているのが，現在の民事再生法である。

2 会社更生法制定の経緯とその後の法改正

会社更生手続の特徴 　会社更生手続は，株式会社に特化した再建型の倒産処理手続である。元々は，窮境にあるが，再建の見込みのある大型の株式会社を対象として，利害関係人間の利害を調整しつつ，その企業ないし事業の維持・更生を図ることを目的とした手続である（会更1条参照）。大企業を解体・清算に至らせたのでは，多くの従業員や取引先・関連企業などに大きな影響を及ぼし，深刻な社会問題を引き起こすので，会社更生では，事業の維持・再建に向けて，強力かつ豊富な手段が整備されている。そういった意味で，会社更生は，再建型手続としては最も整備の行き届いた制度である。

会社更生手続については会社更生法が規律しているが，同法は，1952（昭和27）年に，当時のGHQ（連合国軍最高司令官総司令部）の強力な示唆の下に，アメリカ合衆国の1938年連邦倒産法（チャンドラー法）第10章の会社更生（Corporate Reorganization）手続と同様の強力な企業再建手続をわが国に導入するために制定された法律である。1967（昭和42）年に，更生手続の濫用防止および取引先である中小企業者の保護等の観点から，相当程度法改正が行われたものの，その後は，実質的な見直しはなされていなかった。1996（平成8）年に開始された倒産法制の見直し作業においても，会社更生法は戦後に立法されたものであり，また，1967（昭和42）年に比較的大きな法改正も行われていることから，破産や和議等の法的倒産処

理手続に比べ、現代の経済社会状況に適合していると考えられていた。

会社更生法改正の経緯　しかし、再建型倒産手続の基本法たる民事再生法の成立・施行により、同法に存在する制度について、会社更生法でも横並びの改正を検討する必要が生ずるとともに、再生手続と比べて時間がかかりすぎるという更生手続の短所ばかりが目立つようになった。また、平成大不況が予想以上に長引く中で、更生手続が適用対象として想定している大規模株式会社の倒産事件が増加し、更生手続について新たな制度整備の必要性が高まってきた。さらに、協栄生命や千代田生命など保険会社の破綻処理が、会社更生手続の特例法（更生特例法。正式名称は「金融機関等の更生手続の特例等に関する法律」）により行われたことなども、日本経済の再生のためには会社更生法についても改正が必要であるとの認識を強める結果となった。

そこで、2001（平成13）年3月から会社更生手続の見直しを開始した法制審議会倒産法部会では、更生手続に関して検討すべき事項を大幅に拡大し、会社更生法についても大幅な見直しが行われることになった。

現行会社更生法は、2002（平成14）年12月に成立し、新設の会社更生規則とともに、2003（平成15）年4月から施行されている。現行会社更生法の立案担当者によると、同法の特徴は、大規模な株式会社の迅速かつ円滑な再建を可能とするため、更生手続の迅速化および合理化を図るとともに、再建手法を強化して、現代の経済社会状況に適合した機能的な手続に改めた点にあると説明されている。

第12章 再生手続の開始段階

本章では，民事再生手続の開始段階で現れる問題について説明する。主として取り上げるのは，再生能力，再生手続開始原因・申立権者，再生手続開始申立ての手続，再生手続開始前の保全処分・中止命令，再生手続開始決定と効果，などである。

1 再生能力——利用対象者

　再生能力とは，再生手続に服しうる資格，換言すると，債務者が再生手続開始決定を受けて，再生債務者（民再2条1号）となりうる資格を意味する。民事再生法は，再生能力について特段の制限を設けておらず，民事訴訟法の当事者能力に関する規定に従って（民再18条），再生能力の有無が判断される。民事訴訟法上，当事者能力が認められるのは，自然人，法人および法人格のない社団・財団であるが（民訴28条・29条），再生能力についても，すべての自然人，法人および民事訴訟法29条所定の法人格のない社団・財団に認められる。したがって，株式会社，合名会社，合資会社，合同会社はもとより，従来，本格的な再建型倒産手続を欠いていた学校法

人，医療法人，社会福祉法人などの特殊な法人や個人事業者にも再生能力が認められる（民再1条参照）。

Column⑬ 地方公共団体の再生能力

　国家や地方公共団体などのいわゆる本源的統治団体については，債権者の多数決によって事業の再生を図るという民事再生手続の目的に馴染まないことから，一般的には，再生能力は否定すべきであると解されている。もっとも，民事再生手続は，破産手続と異なり，原則として債務者に財産の管理処分権を継続させたまま再建を実現しようとする手続であるから，地方公共団体に再生能力を認めることも不可能ではないとする見解もある。

2 再生手続の開始原因と申立権者

　民事再生手続は，債務者に再生手続開始原因があり，申立権者による適法な申立てがなされ，かつ，申立て棄却事由（民再25条）が存在しないときに，裁判所の再生手続開始決定によって開始する（民再33条）。裁判所がいきなり職権により再生手続を開始することはない。

開始原因　　ある債務者について再生手続が開始されると，債務者は自らの財産の管理処分権・事業経営権を制約される可能性があり，他方，債権者も，当該債務者に対する個別的な権利行使を制約される可能性がある（民再39条1項・85条1項）。このように，債務者が再生手続に入ると利害関係人に大きな不利益が生じるため，ある債務者について再生手続

を開始するためには、実質的要件として、そのことを正当化できるだけの債務者の財産状態の悪化が必要となる。これが、再生手続開始原因が必要とされる理由である。

再生手続開始原因事実には、①破産手続開始の原因となる事実の生ずるおそれがあること（破産原因前兆事実）と、②債務者が事業の継続に著しい支障をきたすことなく弁済期にある債務を弁済することができないこと（事業継続危殆事実）、の2つがある（民再21条1項。なお、再生債務者について外国倒産処理手続がある場合には、再生手続開始原因事実があるものと推定される。民再208条）。

①の再生手続開始原因にいう「破産手続開始の原因となる事実」とは、一般的には「支払不能」のことであり、存立中の合名会社・合資会社を除く法人については、「支払不能」と「債務超過」をさす（破15条1項・16条参照）。存立中の合名会社・合資会社が除外されているのは、それらの会社では、無限責任社員の人的信用が会社の弁済能力を構成しているので（会社576条2項3項・580条1項参照）、会社の財産状態のみを基準に手続開始原因の有無を判断するのは適切ではないからである。②の再生手続開始原因は、①の開始原因よりも財産状態の悪化の程度が軽いものであり、客観的には支払能力は残っているが、弁済期の到来した債務を弁済すると、それ以降の事業の継続が困難になる状態をいう。②の手続開始原因は、性質上、事業者のみに適用がある。

①②のいずれの手続開始原因も、近い将来債務者の事業または経済生活の破綻が相当程度の蓋然性をもって予測されることを基礎づける事実であるが、破産手続開始原因よりも緩和されており、債務者の経済的破綻が決定的になっていない段階でも早めに再生手続の利用ができるよう配慮されている。

申立権者

再生手続開始申立権者は、債務者および債権者である（民再21条）。このうち債権者による手続開始申立ては、前記①の再生手続開始原因事実があるときに限られている（同条2項）。すなわち、債務者自身は、①②いずれの再生手続開始原因事実があるときにも手続開始申立てができるが（同条1項）、債権者は、①の再生手続開始原因事実があるときしか申立てができない（同条2項）。債務者の財産状態の悪化が軽度な段階で外部者たる債権者から再生を求めることができることにすると、債務者の財産の管理処分や事業経営に対する過度な介入となるおそれがあるためである。実際、ひとたび倒産状態に至った債務者が、債権者との間でその事業の再生方法をめぐって交渉を重ね、最終的に再生計画の定めに従って再生を果たすことができるか否かは、ひとえに債務者の再生に向けての意欲と経営改善の努力にかかっているので、債務者自身による再生手続開始申立てが一般的である。

Column⑭ 債権者申立ての再生事件

もっとも、債権者申立ての事件もないではない。たとえば、2000（平成12）年5月に再生手続開始申立てをした柏栄興産(株)は、兵庫県でゴルフ場を経営している会社であるが、同社の再生事件は、ゴルフクラブの会員権の保有者たる債権者が、ゴルフのプレー権の維持を目的として再生手続の申立てを行ったというケースである。また、2001（平成13）年3月には、東京都が中心になって設立した第三セクター企業「多摩ニュータウン開発センター」について、債権者である東京都が同企業の再生手続の申立てを行っている。

3 再生手続開始申立ての手続

> 再生事件の管轄

民事再生事件は，営業者については主たる営業所，非営業者については住所・主たる事務所（民訴4条2項〜5項）所在地の地方裁判所の専属管轄である（民再5条1項）。もっとも，補充的に，再生債務者の財産の所在地の地方裁判所にも管轄が認められる（同条2項）。また，親子会社（孫会社も含む）のいずれか，または会社とその代表者のいずれかについて再生事件が係属している場合には，他方も再生事件が既に係属している裁判所に自らの再生手続開始の申立てをすることができる（同条3項〜6項）。日本各地に存在するそごうグループ各社の再生事件も，この関連裁判籍の規定によってすべての事件が東京地方裁判所で処理されたことは，記憶に新しいところである。また，いわゆる法人成りした中小企業のように，主要な不動産はすべて代表取締役の個人名義で，会社はそれを賃借しているようなケースでも，この規定により，同一の裁判所で会社の事業と代表取締役個人の生活の双方の維持再生を図ることができる。なお，現行破産法の制定に伴う法改正により，再生事件についてもより処理体制の整った裁判所で事件処理が行われることになった（→*Column* ③）。

> 申立ての方式

再生手続開始の申立ては，管轄権を有する裁判所（民再4条・5条）に対して所定の事項を記載した書面（再生手続開始申立書）を提出することによって行う（民再規2条1項）。

再生手続開始申立書の必要的記載事項は，民事再生規則12条1

項に規定されている。具体的には，申立人・再生債務者の氏名・住所等，再生手続開始を求める旨の申立ての趣旨，再生手続開始原因となる事実のほか，再生計画案の作成の方針についての申立人の意見（民再規12条2項も参照）を記載する必要がある。これらの記載事項の全部または一部の記載を欠くときは，補正命令の対象となり，補正がなされないと，裁判長が申立書を不適式として却下する（民再18条，民訴137条1項・2項）。

再生手続開始申立書には，このほかに，債務者の資産・負債その他の財産の状況や再生手続開始原因となる事実が生じるに至った事情などを記載することが求められる（民再規13条）。これらは任意的記載事項とはされているが，裁判所が再生手続を迅速・円滑に進めるためには必要な情報である。また，申立てに際しては，貸借対照表や損益計算書などの書類の添付も求められる（民再規14条）。

> 申立ての適法要件

再生手続開始申立てにあたり，申立人は，法定の申立手数料を納付しなければならない（民訴費3条1項）。

申立人は，申立ての適法要件として，再生手続開始原因事実を疎明しなければならない（民再23条1項）。債権者からの履行の追及を一時的に免れるため等の濫用的申立てを予防するためである。また，申立人が債権者の場合には，それに加えて，自己の債権の存在も疎明しなければならない（同条2項）。いずれの場合にも，疎明がなされないと，申立ては不適法として却下される。

> 申立ての審理事項

再生手続開始申立てについて裁判をする際に審理すべき事項は，先に述べた①再生手続開始申立ての適法要件のほか，②再生手続開始原因事実（民再21条1項）の存否，③再生手続開始申立棄却事由（民再25条各号）

の存否である(民再33条1項)。債務者申立ての場合には、①②が問題となることはほとんどなく、もっぱら③が審理の対象となる。

民事再生法25条は、4つの再生手続開始申立棄却事由を定めている。すなわち、(a)再生手続の費用の予納がないとき(1号)、(b)裁判所に破産手続または特別清算手続が係属し、その手続によることが債権者一般の利益に適合するとき(2号)、(c)再生計画案の作成もしくは可決の見込みまたは再生計画認可の見込みがないことが明らかであるとき(3号)、(d)不当な目的で再生手続開始申立てがされたとき、その他申立てが誠実にされたものでないとき(4号)である。このうち4号は、1号から3号の列挙事由に該当しなくても、4号に該当するときには、申立てを棄却するとの包括的棄却事由を定めた規定である。再生手続開始申立てをした再生債務者は、以後、債権者に対して公平誠実義務を負うが(民再38条2項)、4号は、その誠実性に疑問のある再生債務者による申立てを棄却すると定めることで、再生債務者のモラルハザードを防止する機能も有している。

近時、再生手続開始申立てが、4号の不誠実申立てに該当するか否かが争われた裁判例が目につく(たとえば、東京高決平成17・1・13判タ1200号291頁／百選9、東京高決平成19・7・9判タ1263号347頁、東京高決平成19・9・21判タ1268号326頁／分析と展開7など)。それらの裁判例を通じて、どのような申立てが不誠実申立てにあたるかという点につき準則が形成されつつある。

> 費用の予納

また、申立人は、裁判所が相当と認める額の手続費用の予納をしなければならない(民再24条1項)。予納金の具体的な金額は、裁判所が、再生債務者の事業の内容、資産および負債その他の財産状況、再生債権者の数、監督委員その他の手続機関を選任する必要性等を考慮して事

表 12-1　民事再生事件の予納金基準

負債総額	基準額
5,000 万円未満	200 万円
5,000 万円〜1 億円未満	300 万円
1 億円〜5 億円未満	400 万円
5 億円〜10 億円未満	500 万円
10 億円〜50 億円未満	600 万円
50 億円〜100 億円未満	700 万円
100 億円〜250 億円未満	900 万円
250 億円〜500 億円未満	1,000 万円
500 億円〜1,000 億円未満	1,200 万円
1,000 億円以上	1,300 万円

(注1) 2013 年 2 月現在の東京地方裁判所民事第 20 部における予納金基準。
(注2) 法人を対象とする通常再生事件に関するもの。関連会社は 1 社 50 万円とする。ただし，規模によって増額する場合がある。

件ごとに定めるとされているが（民再規 16 条 1 項前段），裁判所ごとに負債総額を基準にして，一応の予納金基準が設定されているようである（その例として，表 12-1 参照）。再生手続の費用としては，公告・送達・通知のための費用等も含まれるが，その相当部分は，手続機関の費用・報酬である。特に申立てと同時に監督委員を選任する現在の裁判所の運用の下では，監督委員（および補助者）の費用・報酬がその主なものである。前述のように，費用の予納がなければ，再生手続開始申立ては棄却される（民再 25 条 1 号）。

申立てについての審理手続

裁判所が再生手続開始決定をすべきか否かについて判断する際には，債権者・債務者間の権利義務関係に大きな影響を与えるものではあるが，非常事態に迅速かつ秘密裏に対処する必要から，公開の口頭弁論を必要とする判決手続にはよらず，決定手続で審理が行われる（民再 8 条 1 項・33 条 1 項）。実際には，申立書および添付書面についての書面審理と債務者の審尋が審理の中心であり，

これに監督委員の調査結果が加味される。ただし、この段階では、主要債権者の動向や再生計画案の立案の見込みおよび見込まれる計画案の具体的な内容についてまでは審理しないというのが一般的な実務運用である。所定の要件が充たされていれば迅速に再生手続を開始し、あとは当事者の自治的な判断に委ねるというほうが、民事再生法の理念に適うからである。

事業の再生を図る上で、再生債務者の従業者や労働組合等の協力が重大な影響をもつ場合が少なくない。そこで、民事再生法は、再生手続開始の申立てについて裁判をする際には、労働組合等（労働者の過半数で組織する労働組合または労働者の過半数の代表者）の意見を聴かなければならないと規定している（民再24条の2）。労働組合等の倒産手続への関与権を広く認めるのが近時の倒産立法の特徴の1つであり、上記の規定もこの流れに沿ったものである。労働組合等が会社の事業の再建に協力する姿勢がないときは、事業の継続は一般的に困難であるし、また、労働組合等が会社の重要な内部情報をもっていることも考えられるからである。

*Column*⑮　再生手続開始に関する監督委員の意見書

わが国の多くの裁判所では、後述のように、民事再生事件全件について、再生債務者の業務遂行と財産管理処分について監督を行う手続機関である監督委員（民再54条）を選任しているが（→第13章 **2** ③）、東京地方裁判所民事第20部（破産再生部）では、監督委員が、再生債務者の事業所の実態調査や、主要債権者への意向調査の結果等を踏まえて、裁判所に対し再生手続開始が相当か否かについて口頭で意見を述べるという運用が行われている。手続開始相当との意見の場合には、債権者の閲覧に供するために、「本件については、主要債権者の意見聴取の結果等から棄却事由が認められないので、再生手続開始決定をするのが相当

である」旨を記載した書面の提出を求めているとのことである。

4 再生手続開始前の保全処分と中止命令

> 総説

再生手続開始の申立てがあってから手続開始決定がなされるまでには一定の時間がかかる。債務者申立ての場合には，再生手続開始の申立てから1週間程度で手続開始決定がなされることが多いが，その場合であっても，この間に債権者による個別の権利行使や債務者自身による財産処分等によって債務者の財産が散逸したり事業価値が毀損され，再生可能性が損なわれるおそれがある。そこで，民事再生法は，再生手続の円滑な遂行と債務者財産の保全を図る趣旨で，再生手続開始前の保全処分制度を設けている。開始決定の効果の一部を先取りするものであるから，この保全処分は，①債務者の財産管理処分権・事業経営権を制約するものと，②債権者による権利行使の禁止を内容とするものとに分かれる。破産法上の保全処分と基本的な考え方を共通にするが，事業継続のための配慮が随所にみられる点に特徴がある。

他方，開始決定前でも，再生手続開始申立ての取下げを自由に認めると，たとえば，債務者が弁済禁止の保全処分を取得し，手形不渡りによる銀行取引停止処分を免れている間に，財産を処分・隠匿し，その後に再生手続開始申立てを取り下げるといった保全処分の濫用事例も予想される。そこで，以下に述べる中止命令等が発令された後は，開始決定前であっても，裁判所の許可を得なければ，再生手

続開始申立ての取下げを認めないことにしている（民再32条後段）。

仮差押え・仮処分その他の必要な保全処分

仮差押え・仮処分その他の必要な保全処分（民再30条）は，再生手続開始申立てにつき決定があるまでの間に，再生債務者が自己の財産の処分等をすることにより，財産が減少・散逸するのを防ぐために，再生債務者の財産管理処分権・事業経営権を制約するものである。

実際によく発令されているのは，弁済・担保提供禁止の保全処分と業務・財産管理状況の報告書を監督委員に提出する旨を命ずる保全処分である。実際の民事再生事件では，再生手続開始申立てと同時に監督命令が発令され，監督委員が選任される（民再54条1項）ことが多い。この場合には，財産の処分や借入れなどは監督委員の同意事項（同条2項）となるので，個別財産に関する保全処分としては，弁済・担保提供禁止を内容とするもののみが発令され，処分禁止の仮処分はあまり用いられていない。

民事再生手続では，破産手続とは異なり，事業の継続が必要であるから，弁済禁止の保全処分では，事業継続に必要な法律関係から生じる債務を除外するのが一般的である。その場合，電話代等や申立て前の光熱水道料金にかかる債権（民再50条1項参照）のような再生債権だけでなく，租税債権や労働債権，さらにはリース料債権のような再生債権とならないものについても，確認的に除外されることが多い。弁済禁止の保全処分が発令されると，手形交換所規則により，債務者は当座預金に手形決済資金を有していなくても銀行取引停止処分を免れ，引き続き手形を用いて事業継続ができるという点が，この保全処分の実際上の利点である。弁済禁止の保全処分に反してなされた弁済は，弁済を受けた債権者が悪意のときは，弁

済の効力を主張できず(民再30条6項)，当該債権者に対して不当利得返還請求権が発生する。

他の手続の中止命令
債権者に認められた法律上の権利行使であっても，それが再生手続の目的と抵触し，しかも，再生手続によらせるほうが債権者一般および再生債務者の利益に資すると認められる場合には，再生手続開始前の段階で，それらの権利行使を禁止または中止させる必要がある。これが，民事再生法26条が他の手続の中止命令を規定した趣旨である。

中止命令の対象となるのは，①再生債務者についての破産手続または特別清算手続，②再生債権に基づく強制執行や仮差押えもしくは仮処分または再生債権を被担保債権とする留置権(商事留置権を除く)による競売手続，③再生債務者の財産関係の訴訟手続，④再生債務者の財産関係の事件で行政庁に係属しているものの手続，⑤再生債権に基づく外国租税滞納処分である(民再26条1項1号～5号)。この中で最も重要なのは，②の強制執行等の手続に対する中止命令(民再26条1項2号)である。

この中止命令は，再生債権者に不当な損害を及ぼすおそれがない場合に限って発令される(民再26条1項但書)が，実際に「不当な損害」を及ぼすと判断される例は少ない。なお，取戻権に基づく強制執行，共益債権(民再119条・120条3項4項)や一般優先債権(民再122条1項)に基づく強制執行等は，民事再生法26条の中止命令の対象ではない。また，別除権者による担保権実行は，民事再生法26条ではなく，後述の31条の中止命令の対象となる。

ところで，強制執行等の対象財産が再生債務者の在庫商品のような動産や売掛債権である場合には，差押えにより処分が禁止されると，販売とその代金の回収ができなくなり，事業の継続に困難を生

じることが予想される。そこで，裁判所が，再生債務者の事業の継続のために特に必要があると認めたときは，再生債務者の申立てにより，担保を立てることを条件として，中止した強制執行等の手続の取消しを命ずることができる（民再26条3項）。これにより再生債務者は在庫商品の処分や債権の取立てが可能となる。

中止命令および取消命令に対しては即時抗告ができるが（民再26条4項），執行停止の効力はない（同条5項）。中止命令等に対して即時抗告がなされた場合に執行停止の効力を認めると，抗告審の裁判があるまでの間に強制執行等の手続が進み財産散逸等のおそれがあるからである。したがって，即時抗告がなされても，中止命令等の効力は維持される。

包括的禁止命令

債権者による強制執行等に対しては，民事再生法26条の中止命令および取消命令で対応できるが，たとえば，強制執行の対象となりそうな財産が各地に多数存在し，また，強制執行を申し立ててきそうな債権者が相当数存在するなど，債務者のどの財産に対してどの債権者から強制執行が行われるのかをあらかじめ把握できない場合もある。そのようなときに，強制執行が行われるたびに中止命令等を求めていたのでは，そのための費用・労力が過大な負担となり，再生手続の目的を達成できないことも予想される。そこで，個別の中止命令等では事業の再生という目的を十分に達成できないおそれがあるなど特別の事情が認められる場合には，裁判所は，事前に，すべての再生債権者に対して，再生債務者のあらゆる財産に対する強制執行等の禁止を命ずる包括的禁止命令を発令することもできる（民再27条1項）。もっとも，再生債権者による権利行使を包括的に禁止しておきながら，債務者自身による財産の処分を無制限に認めると，債権者の利益を

第12章　再生手続の開始段階

害するおそれが大きいので，包括的禁止命令が発令されるのは，事前にもしくは同時に，債務者の主要な財産に関し仮差押え・仮処分その他の保全処分（民再30条1項）や，監督命令（民再54条1項）あるいは保全管理命令（民再79条1項）により，再生債務者財産の管理処分が制約されている場合に限られる（民再27条1項但書）。

包括的禁止命令が発令されると，既に係属中の強制執行手続は中止するが（民再27条2項），特に必要がある場合には，立担保を条件に強制執行等の手続を取り消すことができる（同条4項）。包括的禁止命令に対しては即時抗告ができるが（同条5項），中止命令の場合と同様に，執行停止効はない（同条6項）。

包括的禁止命令により個別執行ができなくなった債権者の中には，個別執行をしないと自らの財産状態が危機に瀕する者がいる可能性もある。そこで，包括的禁止命令の対象となった再生債権者のうち特定の者について「不当な損害」の発生を条件として，個別に禁止の解除をすることができる（民再29条1項）。

担保権実行手続に対する中止命令

民事再生手続では，担保権は一般に別除権として扱われ，担保権者は，再生手続の制約を受けることなく，再生手続外でその権利を行使することができる（民再53条）。しかし，担保権実行について何らの制約がないものとすると，再生債務者の事業または経済生活の再生のために必要ないし有用な財産について担保権が実行され，再生債務者の再生が困難となるほか，再生債権者の一般の利益に反する場合が生じうる。そこで，民事再生法は，再生債務者等が担保権者と交渉し，担保目的物の利用や被担保債権の弁済方法（あるいは担保目的物の処分時期や方法）等について合意による解決を図るための時間的猶予を与えることを主たる目的として，再生手

続開始前であっても担保権の実行手続を一時的に中止できる担保権実行手続に対する中止命令の制度を認めている（民再31条）。もっとも，民事再生法53条1項が別除権として処遇する担保権（特別の先取特権，質権，抵当権または商事留置権）に基づく担保権実行は，同法31条の中止命令の対象となるが，いわゆる非典型担保の実行が中止命令の対象となるかどうかについては争いがある（詳細については，第16章 *3*）。

<u>その他の保全処分</u>　以上の保全処分以外にも，開始決定前段階で利用可能な処分として，開始申立ての段階から既に第三者機関を再生手続に関与させたほうが適切な場合には，監督命令（監督委員による監督を命ずる処分）や調査命令（調査委員による調査を命ずる処分），さらには保全管理命令（保全管理人による管理を命ずる処分）が必要に応じて発令される（民再54条・62条・79条。詳しくは，第13章のそれぞれの手続機関に関する項目で扱う）。

5 再生手続開始の決定と効果

<u>開始の決定</u>　再生手続開始決定がなされるためには，民事再生法所定の手続開始原因事実（民再21条1項）が存在し，かつ，再生手続開始申立棄却事由（民再25条各号）がないことが必要である（民再33条1項）。再生手続開始決定については裁判書を作成し，裁判書には決定の年月日時を記載しなければならない（民再規17条）。開始決定は，確定を待たず，決定の時から効力を生じる（民再33条2項）。再生手続開始決定および再生手続開始申立てを棄却する決定に対しては，即時抗告ができ

る（民再36条1項）。

　裁判所は，再生手続開始決定をすると同時に，再生債権の届出期間および債権調査期間を定める必要がある（民再34条1項）。これを同時処分という。債権届出期間は，原則として，再生手続開始決定日から2週間以上4か月以下，また，債権調査期間は，債権届出期間から調査期間の初日との間に1週間以上2か月以下の期間をおいて，1週間以上3週間以下の期間が定められる（民再規18条1項）。また，裁判所は，破産手続の場合と同様に，付随処分として，再生手続開始決定およびこれに関連する事項を公告し，かつ，再生債務者および（裁判所に）知れている再生債権者等に，公告の対象事項を通知しなければならない（民再35条）。また，関係者に再生手続開始の事実を公示し，取引の安全を保護するために，再生手続開始の登記の嘱託等が行われる（民再11条）。

> 開始決定の効果

　再生手続開始決定がなされると，後述のように，再生債務者は，原則として，その業務遂行権および財産管理処分権こそ奪われないものの（民再38条1項），再生手続の機関として，公平かつ誠実にそれらの権利を行使し，再生手続を追行する義務を負うことになる（同条2項）。他方，再生債権者は個別的な権利行使が許されなくなり，弁済を受けるためには，再生手続に参加しなければならない（民再39条1項・85条1項）。

　再生手続開始決定はその確定を待たずに効力を生じ（民再33条2項），直ちに全利害関係人のために再生手続が進行を開始するので，再生手続開始申立ての取下げを認めるべきではない。そこで，民事再生法は，再生手続開始申立てをした者は，再生手続開始決定前に限り，取下げが許される旨を規定している（民再32条前段）。

第13章　再生手続の機関と進行

> 再生手続は、誰によって担われ、どのように進んでいくか。破産手続では、裁判所により破産管財人という手続機関が必要的に選任されるのに対し、再生手続では、再生債務者自身が、再生手続開始後も、そのまま業務の遂行および財産の管理処分を継続しながら事業の再生を目指す、いわゆるDIP型が原則的な再生方法とされている。そのため、建前としては、再生手続に登場する（再生債務者以外の）手続機関の選任はすべて任意的である。本章は、再生手続の諸機関と進行過程に特徴的な点を概説する。

1　総　説

手続機関の関与の仕方　　破産手続では、裁判所により破産管財人という手続機関が必要的に選任されるのに対し、再生手続に登場する（再生債務者以外の）手続機関の選任はすべて任意的である。これは、再生手続が一般的な再建型倒産手続であり、自然人・法人、事業者・非事業者、大企業・中小企業の区別なく利用される手続であることから、債務者の業務遂行・財産管理に対する介入の必要性の程度や、手続機関の選任によるコスト負担に耐えられるかどうかが、利用者によって区々であることに配慮した結果である。

| 業務遂行権・財産管理処分権の帰趨 |

再生手続では、再生債務者自身が、再生手続開始後も、そのまま業務の遂行および財産の管理処分を継続しながら事業の再生を目指す、いわゆるDIP型（自力再建型）を原則的な再生方法としている（民再38条1項）。わが国の民事再生手続の母法ともいえるアメリカ合衆国の1978年現行連邦倒産法第11章の再建手続（Reorganization. いわゆるチャプター・イレブン）では、債務者会社の経営者が、「占有（継続）債務者」（Debtor in Possession, DIP）として会社の再建にあたるのが原則であるが、わが国の再生手続も、アメリカの第11章手続と同様に、DIP型を原則としている。

しかし、再生債務者がDIPとして自ら再生手続を遂行・管理する態勢は、反面、手続の濫用的利用の危険をはらんでいる。そこで、わが国の多くの裁判所では、再生手続の公正さを担保するため、（通常）再生事件全件について、保全処分（特に弁済・担保提供禁止の保全処分）の発令（民再30条）とほぼ同時に、監督委員による監督を命ずる監督命令を発令し（民再54条）、監督委員の監督下で再生債務者が事業の再生を図るという方式が採用されている。監督命令において、監督委員の同意を得なければ再生債務者がすることのできない行為が指定され（民再54条2項）、その場合に、監督委員の同意なしに再生債務者がした行為は無効とされる（同条4項）。監督委員は、以上のような再生債務者の行為に対する同意権のほか、報告受領権や調査権限を有する（民再59条）。

さらに、再生債務者が法人の場合で、再生債務者にそのまま業務の遂行・財産の管理処分を委ねておくことが不適切な場合には、管理型、すなわち、開始決定前であれば保全管理命令を発令し（民再79条）、保全管理人に再生債務者の業務遂行・財産の管理処分を委

ね（民再81条），開始決定と同時または決定後であれば管理命令を発令して（民再64条），管財人に再生債務者の業務遂行・財産の管理処分を委ねる方式（民再66条）がとられることもある。この場合には，再生債務者は業務遂行権・財産管理処分権を失うことになる。

Column ⑯ 再生債務者と再生債務者等

　民事再生法2条によると，再生債務者とは，「経済的に窮境にある債務者であって，その者について，再生手続開始の申立てがされ，再生手続開始の決定がされ，又は再生計画が遂行されているものをいう」と定義されている（1号）。これに対し，再生債務者等とは，「管財人が選任されていない場合にあっては再生債務者，管財人が選任されている場合にあっては管財人をいう」と定義されている（2号）。

Column ⑰ DIP型民事再生と経営者の交替

　民事再生手続でDIP型が採用されているとはいっても，債務者会社の再生にあたり，債権者の理解・協力を得るためには，経営者（代表者）の交替が必要な場合もある。実際にも，債務者会社の代理人のイニシアティブで経営者の交替が行われる再生事件が相当数にのぼっている。特に最近では，大企業だけでなく中小企業についても，申立ての直前や手続遂行過程で債務者会社の経営者が交替することが多い。

2　再生手続の機関

1　再生債務者

　　公平誠実義務　　　再生手続はあくまでも再生債務者自身が中心となって進めていく再生債務者主導の手続であるが，民事再生法は，再生手続が開始されると，再生債

務者は,再生手続における手続機関として,再生債権者に対して公平かつ誠実に手続を追行する義務(公平誠実義務)を負う旨を定めている(民再38条2項)。

公平義務とは,再生手続において再生債権者を平等かつ公平に扱い,特定の債権者ないしは関係人の利益を図ることがないようにすることである。また,誠実義務とは,財産の管理,業務の遂行,再生手続の追行に際して,再生債権者の利益の犠牲において,自己または第三者の利益を図ってはならないことをいう。

このことは,再生手続開始決定があると,従前の「債務者」が,「再生債務者」となり,再生債務者は,債権者のための手続機関としての性格を有することを意味する。したがって,たとえば,再生債務者が清算価値と事業価値との間にあまりに開きのある再生計画案を作成し,裁判所に提出するような行為は,民事再生法38条2項所定の「公平誠実義務」に違反する行為といえる。

Column⑱ 民事再生手続における申立代理人の地位

債務者を代理して再生手続開始申立てをした弁護士(申立代理人)は,あくまでも再生債務者の代理人である。しかし,再生債務者が再生債権者に対して公平誠実義務を負う以上,申立代理人も同様に,再生債権者に対して公平誠実義務を負うと解されるから,再生手続開始後は,再生債権者のためにも職務遂行をしなければならない。また,監督委員から再生債務者の業務・財産状況につき報告を求められた場合には,報告の義務があり(民再59条1項2号),報告拒絶は犯罪となりうる(民再258条)。

再生債務者の第三者性　　債務者について再生手続開始決定があると,従前の「債務者」は,公平誠実義務

を負う「再生債務者」となり，債権者のための手続機関としての性格を有することになる。いわば，再生手続開始決定によって，いったん債務者の財産管理処分権が剥奪され，改めて手続機関としての「再生債務者」にその権利が付与されると考えるのである。通説は，再生債務者が手続機関としての性格を有することを理由に「再生債務者の第三者性」を根拠づけている（これに対しては，再生手続開始には処分制限効がないから〔民再38条1項参照〕，「第三者」性は認められないが，裁判所や監督委員による行為制限がなされた場合〔民再41条・54条〕には，再生債務者は「第三者」に該当するとする見解もある）。

したがって，再生債務者には，破産手続における破産管財人と同様に，3つの法的地位（顔）が認められる。すなわち，第1は，元の債務者の一般承継人としての地位，第2は，再生債権者の利益代表としての地位であり，第3として，民事再生法45条1項但書にも現れているように，差押債権者の地位を超える地位が与えられることもある。

たとえば，実体法が，ある法律効果を善意の第三者に対して主張できないと規定していたり，あるいは対抗要件を具備しなければ第三者に対して法律効果を主張しえないと規定している場合において，その第三者に差押債権者が含まれると解されるときは，再生債務者には，前記第2の地位が認められるから，再生債務者もここにいう第三者に該当することになる（大阪地判平成20・10・31判時2039号51頁／百選21）。

手続機関としての職務　再生債務者（管財人が選任されている場合を除く）は，再生手続開始後遅滞なく，再生手続開始に至った事情や，再生債務者の業務および財産に関する経過および現状，役員に対する損害賠償請求権についての財産の

保全処分と査定の裁判（民再142条・143条）を必要とする事情の有無，その他再生手続に関して必要な事項を記載した報告書（財産状況報告書）を作成して，裁判所に提出しなければならない（民再125条1項）。その内容は，破産管財人が提出義務を負う報告書の内容（破157条）と同じである。このことは，再生債務者が手続機関としての性格を有することの証左である。このほか，再生債務者は，その業務および財産の管理状況その他裁判所が命じる事項も裁判所に報告しなければならない（民再125条2項）。それらの情報は，裁判所が，事業譲渡の許可（民再42条1項後段・43条1項但書）や再生計画認可の際に事業再生の可能性があるかどうかの判断（民再174条2項2号）をする際の材料となる。

民事再生法は，再生債権者への情報開示の目的から，財産状況報告集会（→ 2 ⑥）が開催されたときは，再生債務者は，集会で財産状況報告書の要旨を報告しなければならないと定めている（民再126条1項）。しかし，債権者集会を開催する時間的余裕がないことから，実務では，財産状況報告集会が開催されるのは稀であり，その代わり，再生債務者の主催する債権者説明会（民再規61条）において，再生債務者の業務および財産に関する状況や手続の進行に関する情報提供がなされるのが通例である。また，財産状況報告書の要旨の送付（民再規63条），裁判所に提出した報告書の閲覧（民再16条）等を通じて，再生債権者への情報提供がなされている。これらの情報は，後日，再生債権者が再生計画案の賛否等を検討する際の判断材料となる。

② 再生裁判所

民事再生手続では，基本的に，再生債務者主導でその手続が進め

られていくことが予定されているが，手続遂行が不公正・不適切に行われるようなことがあってはならない。そこで，民事再生法は，再生債務者の財産の減少・散逸を防ぎ，再生債権者の一般の利益を確保するために，再生債務者による財産の処分その他重要と考えられる行為について，裁判所の許可を要する旨の指定をすることを通じて，裁判所自身が，再生債務者に対して直接監督権限を行使することを予定している（民再41条）。

　しかし，全国の多くの裁判所では，弁済・担保提供禁止の保全処分などと同時に監督命令（監督委員による監督を命ずる処分）を発令する際，民事再生法41条1項所定の裁判所の要許可行為とほぼ同様の行為を，監督委員の要同意行為として監督命令に記載する（民再54条2項）という運用を行っており，その場合に，手続の煩雑化を防ぐため，監督委員の要同意行為として指定した行為については，重ねて裁判所の要許可行為とする運用はしていない。したがって，実際には，再生債務者に対する裁判所による監督権の行使は，監督委員を介して行われているといってよい。しかも，多くの裁判所では，監督委員から裁判所に提出される手続開始に関する意見聴取（意見書）により，特に手続開始申立棄却事由（民再25条）が認められない限り，原則として再生手続開始決定をするとともに，再生債務者が作成し，債権者集会が可決した再生計画を認可するかどうかという局面においても，基本的に債権者の最終判断に任せるという当事者主義的運用が行われており，債務者の経営の細部にわたって介入するといったことは行われていない。その意味で，民事再生手続において裁判所は，あくまでも再生債務者や再生債権者に自律的活動の場を提供し，かつ，手続が公正かつ迅速に運営されるよう，その条件の整備に努めるいわば手続「管理者」的な役割を担ってい

るにすぎない。

③ 監督委員

<u>監督委員の全件選任とその理由</u>

監督委員は，再生債務者の業務遂行と財産管理処分について監督を行う再生手続上の機関である。裁判所は，再生手続開始の申立てがあれば，手続開始の前後を問わず，必要があると認めるときは，利害関係人の申立てによりまたは職権で，監督委員による監督を命ずる処分（監督命令）をすることができる（民再54条1項）。裁判所が監督命令を発令する際には，1人または数人の監督委員を選任し，かつ，監督委員の同意を得なければ再生債務者がすることのできない行為を指定しなければならない（民再54条2項）。

民事再生法54条1項にいう必要性は，本来，再生債務者の手続遂行能力などの要素を基礎として具体的に判断すべきものである。しかし，わが国の多くの裁判所では，純粋なDIP型（自力再建型）を採用することによる濫用的利用を牽制・抑制するため，民事再生事件全件について監督委員を選任し，さらに監督委員の補助者として公認会計士を利用するなど，手続の公正さを担保するための方策を実施している。このような体制により，再生手続に対する信頼が確保されている。これに対しては，本来予定された姿とはいえないのではないかとの批判もあるが，再生債権者の再生手続への積極的関与が望めないわが国の実情を考慮すると，少なくとも現段階では，やむをえない措置といえようか。

<u>監督委員の職務内容</u>

(1) 再生債務者の行為に対する同意

監督委員の最も重要な職務ないし権限は，裁判所によって指定された行為を再生債務者が行う際に同意を与え

ることである（民再54条2項）。再生債務者が監督委員の同意なしに行った行為は無効とされるので（同条4項本文），再生債務者が裁判所によって指定された行為を有効に行うためには，監督委員の同意を得なければならない。このように，民事再生法では，監督委員の同意・不同意の判断を通じて，再生債務者の業務遂行・財産管理処分の適正さが担保される仕組みが採用されている。

　裁判所がどのような行為を監督委員の要同意行為として指定するかは，1つの問題である。ただ，監督委員は，裁判所に代わって，再生債務者ならびに再生手続の遂行過程を監督する機関であるから，監督委員の要同意行為の指定に際しては，基本的には，裁判所の要許可行為（民再41条1項）が一応の基準となる。

*Column*⑲　監督委員の要同意行為の記載例

　具体的には，監督委員の要同意行為として，①再生債務者が所有する財産に係る権利の譲渡，担保の設定その他一切の処分（商品の処分その他常務に属する財産の処分を除く），②再生債務者の有する債権について譲渡，担保権の設定その他一切の処分（再生債務者による取立てを除く），③財産の譲受け（商品の仕入れその他常務に属する財産の譲受けを除く），④金銭の貸付け，⑤金銭の借入れ（手形割引を含む）および保証，⑥債務免除，無償の債務負担および権利の放棄，⑦別除権の目的の受戻しが指定されるのが一般的であるが，事件または裁判所によっては，これに未履行契約の解除，訴えの提起および取下げ，和解が加わったり，反対に，以上のうちの一部の行為が除かれることもある。また，再生債務者の行為を把握しておく必要から，行為そのものは再生債務者に委ねるものの，事後すみやかに監督委員に報告すべきもの（たとえば，従業者の給与・賞与の改定，解雇，退職金の支給，再生債務者会社の組織変更に関する行為など）を指定することもできる（民再規22条1項）。しかし，いずれにせよ，業務遂行の機動性を確保するために，常務に属する行為は，

監督委員の要同意行為から除かれている。

---

(2) その他の職務

監督委員のその他の職務としては，①再生手続開始申立て後，開始前の借入金等によって生じた債権（たとえば，貸金返還請求権）の共益債権化について，裁判所の許可に代わる承認をすること（民再120条2項。→第14章**4**），②再生債務者の業務および財産管理状況その他裁判所が命ずる事項について裁判所に報告すること（民再125条3項），③裁判所の求めに応じて債権者集会に出席し，再生債務者の業務および財産状況その他の事項について意見陳述をすること（民再規49条），④再生債務者その他の関係人に対して業務および財産の状況について報告を求めたり，再生債務者の帳簿・書類その他の物件を検査すること（民再59条），⑤成立した再生計画を再生債務者が遂行するのを監督すること（民再186条2項），⑥再生計画遂行の見込みがないことが明らかであると判断したときなどに再生手続の廃止や再生計画変更の申立てをすること（民再193条・194条・187条1項），⑦裁判所から否認権限の付与を受けて，それに必要な行為をすること（民再56条1項・2項）などがある。

4 調査委員

調査委員は，再生手続において，債務者の財産状況，再生計画の遂行の見込み等について調査を担当する機関である。裁判所は，再生手続開始申立てがあった場合において必要があると認めるときは，調査委員による調査を命ずる処分をすることができる（調査命令。民再62条1項）。この場合には，裁判所は1人または数人の調査委

員を選任し，調査事項を指定して，調査結果の報告期間を定めなければならない（同条2項）。

　調査委員には，公認会計士が選任されている場合が多い。調査委員制度は，裁判所が手続開始決定や再生計画認可決定をする際に，再生債務者からの報告等だけでは判断に必要な情報が得られないときに，第三者である調査委員を選任して必要な情報を収集・報告させるものである。ただ，わが国の多くの裁判所では，監督委員の選任が常態化しており，監督委員は調査委員と同様の調査権限を有するため（調査委員には，原則として，監督委員に関する規定が準用されている。民再63条，民再規26条2項），調査委員の選任は例外的な場合に限られている。

5 保全管理人・管財人

　前述のように，再生手続では，再生債務者自身が，業務の遂行および財産の管理処分を継続しながら事業の再生を目指すDIP型（自力再建型）が原則的な再生方法とされている（民再38条1項）。また，監督命令が発令され監督委員の監督下で再生債務者が事業の再生を目指していく場合も，再生債務者自身に業務遂行権・財産管理権が帰属することに変わりはない。しかし，再生債務者が法人の場合で，再生債務者が，放漫経営を続けてその財産を減少させ続けていたり，財産処分等により債権者平等を害するような行為を行っている場合など，再生債務者の財産の管理または処分が失当であるとき，その他再生債務者の事業の継続のために特に必要があるときは，例外的に，管理型，すなわち，開始決定前であれば保全管理命令を発令し（民再79条），保全管理人に再生債務者の業務遂行・財産の管理処分を委ね（民再81条），開始決定と同時または決定後であれ

ば管理命令を発令して（民再64条），管財人に再生債務者の業務遂行・財産の管理処分を委ねる方式（民再66条）をとることが認められている。

なお，管理型の再生手続が法人債務者についてしか認められないのは，再生債務者財産の範囲につき膨張主義（→第14章1）をとる再生手続で，個人債務者の場合にも管理型を認めると，個人に帰属すべき財産・収入と保全管理人・管財人に帰属すべき財産・収入との区別が困難になる可能性が高いためである。

保全管理人

再生手続開始申立て後であっても，手続開始決定前であれば，再生債務者の財産の管理処分が失当であるとき，その他再生債務者の事業の継続のために特に必要があるときは，裁判所は保全管理人による管理を命ずる処分をすることができる（保全管理命令。民再79条）。保全管理命令が発令されると，再生債務者の業務遂行権・財産管理処分権は剥奪され，保全管理人に専属する（民再81条1項本文）。ただ，管理命令が発令された場合と異なり，保全管理人が再生債務者の常務に属しない行為をするためには，裁判所の許可を得なければならない（同項但書）。保全管理命令はあくまでも保全段階の暫定的な措置なので，原則として保全管理人の権限を現状を維持するための行為に限定する趣旨である。

管財人

再生手続開始と同時または決定後も，再生債務者の財産の管理処分が失当であるとき，その他再生債務者の事業の継続のために特に必要があるときは，裁判所は管財人による管理を命ずる処分をすることができる（管理命令。民再64条）。管理命令が発令されると，やはり再生債務者の業務遂行権・財産管理処分権は管財人に専属する（民再66条）。

また、業務遂行権・財産管理処分権が管財人に移転するため、管理命令に関する公告・送達・通知が必要となる（民再65条）ほか、管理命令発令に伴う様々な措置（管理命令発令後の既存の訴訟の取扱い、郵便物等の管理、管理命令発令後の再生債務者の行為等の効果など）に関する規定が民事再生法に置かれている。

　従来、通常再生事件で、管理命令が発令されるケースは比較的稀であったが、近時は、これまで管理命令の発令に消極的であった東京地方裁判所でも管理命令が適宜発令されるようになった。DIP型（自力再建型）が不適切な事件での管理命令の適宜の発令は、再生手続に対する信頼を維持する上でも必要不可欠である。

6 債権者機関

債権者集会　再生手続上、再生債権者の利益を代表する機関として認められているものとして、債権者集会がある（民再114条）。債権者集会は、再生債権者に対して、一方で、再生手続の進行についての情報を開示するとともに、他方で、それを基礎として債務者の再生にかかわる重要事項についての意思決定の機会を与える手続機関である。特に重要な債権者集会としては、財産状況報告集会（民再126条）と再生計画案の決議のための債権者集会（民再170条）がある。もっとも、民事再生法は、そのための場として債権者集会を必置機関とはしておらず、再生債務者等や債権者委員会（次項）などの申立てにより招集される任意的な手続機関と位置づけている。そのため、再生債権者に対して再生債務者の財産状況を報告するための財産状況報告集会が実際に招集されることはほとんどなく、その代わりに、再生債務者等が主催する債権者説明会（民再規61条）で、再生債権者に対する情報

提供が行われているのが実情である。

債権者委員会

民事再生法は，再生債権者をもって手続外で任意に組織された債権者委員会が，裁判所から再生手続への関与を承認された場合には，同委員会が，再生手続の進行過程に債権者の意思を反映させるための意見聴取機関ないし意見具申機関として再生手続に関与することを認めるとともに，再生計画の遂行過程において監視ないし監督機関として手続に関与することを認めている（民再117条以下・154条2項，民再規52条～54条）。再生手続では，財産状況の報告や再生計画案の決議も含めて，債権者集会の開催はすべて任意化されているが（民再126条・171条参照），その反面で，再生債権者に再生手続への関与を認めるためのより柔軟な制度が必要であることも，民事再生法の立案段階から指摘されていた。債権者委員会の制度は，まさにこのような要請に応えるものとして制度化されたものである。

しかし，残念ながら，実務上，再生債権者の意見を再生手続に反映できるような健全な債権者委員会（民再117条）が設置された事例は必ずしも多くなく，かえって，整理屋，紹介屋，事件屋とみられる債権者が，債権者委員会を組織しようと画策したと思われる事例があったとの報告すら存在する。

代理委員

利益を共通にする複数の再生債権者のために，再生債権者が有する権限を代わって行使するものとして，代理委員がある（民再90条）。たとえば，ゴルフ場経営会社の再生事件などでは，ゴルフ会員権者の中から代理委員が選任され，再生債務者との交渉にあたることで，手続の迅速な処理が促進される場合がある。

3 再生手続の進行

1 再生手続の特徴

> 公正・迅速・透明・
> 予測可能・簡易

再生手続が創設されるまで使われていた和議手続は、硬直的で予見可能性に乏しい上に、使い勝手も悪かったことから、極めて評判が悪く、利用件数は必ずしも多くなかった。これに対して、民事再生手続は、和議手続に比べると利用率も高く、その評判も上々である。近年、事件数自体は若干減少傾向にあるものの、ほぼ安定的に利用されているといってよい。それは、主に再生手続が、公正かつ迅速で透明性が高く、予測可能な手続である上に、簡易で使い勝手がよいことによる。

　これらの再生手続の特徴は、いずれも民事再生法がDIP制度を採用したことにより達成されたものである。前述のように、民事再生法は、再生債務者自身が、手続開始後もそのまま業務の遂行および財産の管理処分を継続しながら事業の再生（再建）を目指すDIP型（自力再建型）を原則的な再生方法としている（民再38条1項）。しかし、再生債務者が自ら再生手続を管理・遂行する態勢は、反面で、手続の濫用の危険性をはらんでいる。そのため、わが国の多くの裁判所では、これを牽制・抑制するため、（通常）再生事件全件について監督委員（民再54条）を選任し、さらに監督委員の補助者としての公認会計士を利用するなど、手続の公正さを担保するための方策を実施している。このような態勢により、再生手続に対する信頼が確保されている。

再生債務者主導の手続構造

しかし，その場合であっても，再生債務者が，基本的に，再生手続の開始から終了までの間，一貫して再生手続において中心的な役割を担うことに変わりはない。もちろん，再生手続では，裁判所がその要所要所において，監督命令（民再64条）をはじめ，再生債務者またはその事業の再生に必要な処分（調査命令ほか）を行うが（民再62条ほか），再生計画案の作成（民再163条1項），債権調査および債権認否の作業（民再99条以下）など，従来の倒産手続では裁判所によって選任された手続機関の職務とされたものの相当部分が，再生手続では再生債務者自身の職務とされている。そういった意味で，再生手続の遂行過程で行われる職務の中で，再生債務者ひいてはその代理人が行う職務の占める割合はきわめて高い。

かつての倒産手続では，ややもすると債務者や代理人は，手続開始申立てまでは誠意をもって対処するものの，申立て後の事務処理については，裁判所が選任する手続機関，具体的には，和議の場合は整理委員（旧和21条），会社更生の場合は管財人（旧会更94条），会社整理の場合は監督員（商旧386条1項10号・397条）または検査役（商旧386条1項3号・388条）・整理委員（商旧386条1項4号・391条）に任せきりになりがちであった。しかし，再生手続では，旧来の手続とは異なり，再生債務者自身の自主的な再建に向けての意欲ないし自助努力を尊重するという基本的なスタンスがとられている。

2 再生手続における事業譲渡

再生手法としての事業譲渡の意義

再生債務者の事業を再生する方法としては，①再生債務者財産を再生債務者の管理下に置いた状態でその事業の再生を図っていくタイプと，②再生債務者の事業の全部または一部を第三者に譲渡し，第三者の下でその事業の再生を図っていくタイプに大きく分かれる。

一般に，企業の有する「事業」は，事業を構成する個々の財産よりも大きな価値を有するのが通例であることから，倒産手続における事業譲渡は，債権者にはより多くの弁済可能性をもたらし，他方，労働者にとっても雇用の確保を図るというメリットもある。そこで，破産事件でも，破産会社の事業のうち堅調であった事業についてそのまま継続させた上で（破36条），比較的高い価格で第三者に譲渡するという方法（破78条2項3号）がとられることがあるが，最近の再生事件では，事業再生の方法として②のタイプが増えている。ただ，債務者について倒産手続開始決定があると，その事業価値は急速に劣化するので，事業の価値が劣化しないうちに，迅速に事業譲渡を進めることが重要となる。そのため，再生手続では，債務超過の会社については，手続開始後は，再生計画によることなく，かつ，株主総会の特別決議（会社467条1項1号2号・309条2項11号）を経ないで，裁判所の許可だけで債務者会社の事業の全部または重要な一部の譲渡を行うことができるものとされている（民再42条・43条）。そして，実際にも，多くの再生事件で再生計画外での事業譲渡が行われている。

再生手続で事業の全部譲渡が行われる場合には，譲渡代金による

弁済手続が，また，一部譲渡の場合には，残部の清算と弁済手続が残るだけであるから，再生計画もそれらの内容を定めたものとなり，再生手続は比較的短期に終結できるというメリットがある。

事業等の譲渡一般

まず，民事再生法42条は，再生手続開始後に行う再生債務者の営業または事業の全部または重要な一部の譲渡について，裁判所の許可を必要的なものとしている（同条1項）。これは，事業譲渡が民事再生法41条1項1号の「財産の処分」に含まれることを前提に，その許可を裁判所の自由裁量に委ねることなく，法定の要件として規制を強化したものである。また，同法41条の裁判所の許可とは異なり，許可要件が明示され，再生債務者の事業再生のために当該事業譲渡が必要である場合に限られることが要求されている。加えて，裁判所が，事業譲渡の許可を与えるに際しては，知れている再生債権者または債権者委員会の意見聴取（民再42条2項），労働組合等への意見聴取の手続（同条3項）を経由することが必要である。

Column ⑳　事業譲渡に関する労働組合等の意見聴取

事業譲渡が，倒産企業に雇用されている労働者に与える影響の大きさを考えると，事業譲渡について労働組合等（労働者の過半数で組織する労働組合または労働者の過半数の代表者。民再24条の2参照）の関与が認められる必要がある。そこで，民事再生法は，裁判所が，事業譲渡の許可を与えるに際しては，債権者委員会等の意見とともに，労働組合等の意見を聴かなければならない旨を定めている（民再42条2項・3項）。もっとも，法律上，意見聴取が求められているにすぎないから，同意を必要としないのはもちろんのこと，裁判所が意見聴取の機会を設けずに事業譲渡の許可を与えても，不服を申し立てる途は用意されていない。これに対しては，労働組合等に不服申立ての機会を認めるべきであると

いう意見もあるが，不服申立てを認めれば，倒産処理の成否を決する迅速性が犠牲となるので，現行民事再生法の取扱いで足りよう。事業譲渡と労働者の権利保護の問題については，中島弘雅「営業譲渡による倒産処理と労働者の権利保護」谷口安平先生古稀祝賀『現代民事司法の諸相』（成文堂・2005年）545頁参照。

債務超過会社の事業譲渡と代替許可

また民事再生法43条は，債務超過状態の株式会社における事業譲渡について，代替許可の制度を設けている。すなわち，①株式会社である再生債務者の債務超過，および，②事業継続のための事業譲渡の必要性を要件として，裁判所が，株主総会の特別決議（会社467条1項1号2号・309条2項11号参照）に代わる許可を与えることができる旨を規定している。

倒産状態に陥っている株式会社の株主は，会社の経営に関心を失うのが一般的であり，倒産会社の事業譲渡に必要な株主総会の特別決議の定足数（会社309条2項柱書）を充足できないために特別決議の成立がしないおそれがある。その一方で，株式会社が債務超過の状態にある場合には，株主の会社に対する権利（株主権）は，実質的に価値を喪失していると解される。そこで，民事再生法は，株式会社である再生債務者がその財産をもって債務を完済できないとき，すなわち，債務超過のときは，裁判所の許可があれば，株主総会の特別決議等，会社法所定の手続を経ることなく，事業譲渡を行うことができることにした。これは，利害関係人に対する手続保障よりも，迅速な処理を優先させることを狙ったものである。

裁判所による代替許可の要件は，①再生債務者が債務超過であること（民再43条1項本文）と，②事業譲渡が債務者の事業の継続の

ために必要であること（同項但書）である。しかし，これらの要件を満たしていないのに，再生債務者が計画外での事業譲渡を強行しようとする場合もなくはない（東京高決平成16・6・17金判1195号10頁／百選24，東京高決平成16・6・17金判1195号17頁／分析と展開41は，①②の要件を満たしていないとして代替許可を取り消した事例である）。その意味で，迅速に事業譲渡が行われればよいというものではなく，その手続はあくまでも公正なものでなければならないということである。

第14章 再生債務者財産と再生債権等

> 再生債務者財産とは,再生債務者がその事業または経済生活の再生を図るための基礎となる財産であり,破産手続における破産財団に相当する概念である。本章では,この再生債務者の事業再生の基礎となる再生債務者財産と財産評定,再生債務者財産を引き当てとする再生債権その他の権利について説明する。

1 再生債務者財産

意 義

再生手続開始決定が効力を生じると(民再33条),再生債務者(民再2条1号)が有する一切の財産は,「再生債務者財産」とされる(民再12条1項1号第1括弧書)。これは,再生手続の目的,すなわち,「当該債務者とその債権者との間の民事上の権利関係を適切に調整し,もって当該債務者の事業又は経済生活の再生を図る」(民再1条)という目的を実現する上での基礎となる財産である。破産手続における破産財団に相当する概念である。

再生債務者財産は,手続機関としての再生債務者の管理処分権(民再38条1項)または(法人たる)再生債務者の管財人の管理処分

権（民再66条）に服する。破産財団には，法定財団，現有財団および配当財団の区別があるが，再生手続では，配当は予定されていないので，配当財団に該当する概念はない。したがって，再生債務者財産には，法定再生債務者財産と現有再生債務者財産の区別があるのみである。むしろ，再生債務者等の職務は，再生債務者の業務を遂行するなどの方法によって（民再38条1項・66条参照），再生債務者財産を基礎として事業収益などを挙げ，再生債権者の権利変更などを内容とする再生計画の立案および遂行を通じて，再生債務者またはその事業の再生を図ることにある。

範囲

再生債務者財産は，再生債務者（民再2条1号）が有する一切の財産（日本国内にあると外国にあるとを問わない）を内容とする（民再12条1項1号第1括弧書・38条1項括弧書）。再生債務者財産の範囲については，破産財団と異なり，時的限界および客観的限界は存在しない。

すなわち，破産手続では，いわゆる固定主義の下，破産財団の範囲は破産手続開始時を基準時として固定される（破34条1項）のに対して，再生手続では，再生手続開始時の財産はもとより，手続開始後に再生債務者に帰属することになった財産も，すべて再生債務者財産に含まれる。これを膨張主義という。また再生債務者財産には，破産手続における自由財産に該当する概念はない。もちろん，再生手続の前後を通じて再生債権に基づく強制執行が認められる場合には，個人である再生債務者の最低限の生活を保障する必要があるが，それは，強制執行一般に認められる差押禁止財産に関する民事執行法の規律（民執131条・132条・152条・153条）に委ねられており，民事再生法上独自の規定は置かれていない。

なお，民事再生法は，再生手続開始決定の対外的効力につき普及

主義を採用しているため（民再38条1項括弧書），再生手続開始決定に基づく再生債務者等の管理処分権は，外国にある財産にも及ぶ（詳細については，第25章参照）。

2 財産評定

> 意義・目的

再生債務者は，再生手続開始後，遅滞なく，再生債務者に属する一切の財産につき，再生手続開始の時点での価額の評定（財産評定）を行わなければならない。管財人が選任される場合も同様である（民再124条1項）。破産手続における財産評定は，配当財団の規模や予想配当率についての資料を得るために行われる。

再生手続における財産評定も，弁済原資の規模や，再生計画案による弁済率が破産手続による配当率よりも有利かどうか（清算価値保障原則）を判断する上での重要な資料を得るために行われるが，あわせて，再生債権者が決議（多数決）において再生計画案に同意するかどうかを判断する上での重要な資料としての意義も有する。また，裁判所にとって財産評定は，債権者集会等で可決された再生計画を認可するかどうかの判断（民再174条2項各号）をする上での重要な資料となるほか，株式会社である再生債務者が債務超過であることは，裁判所が，事業譲渡の場合の代替許可（民再43条1項）や，再生債務者の株式の取得等（減資）または募集株式の引受人の募集（増資）に関する条項を定める再生計画案の提出に関する許可（民再154条3項4項・166条1項2項・166条の2第2項3項）をする上での要件にもなっている。その意味で，再生手続では，財産評定の

もつ意味が，破産手続におけるよりも大きいといえる。

評価基準と評定の基準時

財産評定における評価額は，原則として，再生手続開始時における清算処分価額を基準とする（民再124条1項・民再規56条1項本文）。これは，再生計画案による弁済率が，破産的清算の場合の配当率を下回るようでは，再生債権者はそのような再生計画案に賛成しないであろうし，そもそも再生債権者一般の利益に反することにもなるためである。

ここにいう処分価額が具体的に何を意味するかについては争いがある。民事執行法に基づく強制競売のような，再生債務者の任意の協力がなくても実現できる強制的な売却に基づく処分価額（買取可能価額〔民執60条3項〕以上）と解する見解もあるが，再生債務者等による処分を前提にするのであるから，そのように解する必要はなく，通常の市場価額に早期の処分をすることによる減価を考慮した，いわゆる早期処分価額を基準とすべきである。もっとも，たとえば，再生手続中で再生債務者の事業の全部または一部の譲渡が予定されている場合には，事業の価値が具体的な譲渡代金という形で現れるので，その場合には，例外的に，継続企業価値（going concern value）基準で財産評定をする必要がある。そこで，財産評定は，必要がある場合には，あわせて，全部または一部の財産について，再生債務者の事業を継続するものとして評定することができるものとされている（民再規56条1項但書）。

財産評定の基準時は，再生手続開始時である（民再124条1項）。前述のように，再生債権者が再生計画案に同意するかどうかや，裁判所が債権者集会等で可決された再生計画を認可するかどうかの判断の重要な資料を提供する目的からは，決議や認可決定に比較的近

い時点を基準時とするほうが望ましいようにも思われる。しかし，重ねて財産評定を行うことによるコスト増や，再生手続開始申立てから約 2 か月で財産評定書を提出し，その後 3 か月程度で再生計画認可まで至るという再生事件の標準的スケジュール（→*Column* ②）を考慮すると，通常の再生事件では，手続開始時点を基準時とする 1 回限りの財産評定でも再生債権者や裁判所に対する情報提供としては十分とされたのである。ちなみに，以上の財産評定を踏まえて作成される財産目録と貸借対照表は，非常財産目録と非常貸借対照表と呼ばれている（→第 5 章 *1*）。

Column ㉑ 継続企業価値の算定方法

継続企業価値の算定は，将来の予想収益を収益還元率で除することによって行う。いわゆる DCF（Discounted Cash Flow）法である。たとえば，当該事業の年間予想収益が 1,000 万円で，投資に対する期待収益率が 5% だとすると，継続企業価値は 2 億円となる。ただ，その算定にはコストがかかることから，中小企業を典型的な利用者として想定している民事再生法では，例外的な算定方法とされている。以上につき，松下淳一『民事再生法入門』（有斐閣・2009 年）55 頁参照。

3 再生債権

1 再生債権の意義

意義・要件

再生債権とは，基本的に，再生債務者に対し再生手続開始前の原因に基づいて生じた財産上の請求権であって，共益債権（民再 119 条等）または一

般優先債権（民再122条1項）に該当しないものをいう（民再84条1項）。もっとも，再生手続開始前の原因に基づくものでないが，再生手続開始後の利息の請求権なども再生債権とされる（同条2項）。

再生債権者は，再生手続に参加し（民再86条1項），その権利が再生計画による権利変更の対象となり（民再154条・155条・178条・179条等），再生計画の遂行（民再186条1項）によって弁済を受ける地位を有する。再生債権は，再生手続外で弁済を受けることができない点（民再85条1項）と，再生計画により権利変更を受ける点（民再178条1項本文・179条1項）で，後述の共益債権・一般優先債権・開始後債権と異なる。

再生債権は，破産手続における破産債権に相当する概念である。したがって，再生債権であるための要件は，①再生債務者に対する人的請求権であること，②（原則として）再生手続開始前の原因に基づいて生じた請求権であること，③財産上の請求権であること，④強制執行可能な請求権であることであり，破産債権の要件と同じである。

<u>再生債権と破産債権との取扱いの違い</u>

もっとも，再生債権が破産債権と比べてその手続上の取扱いが大きく異なる点として，①優先性を有する債権と劣後性を有する債権の取扱いと，②債権の現在化・金銭化の要否の点を挙げることができる。

(1) 優先的債権と劣後的債権の取扱い

破産手続では，一般の先取特権その他一般の優先権のある債権は，優先的破産債権として手続に服するが（破98条），再生手続では，一般優先債権として手続外で随時優先弁済を受けることができる（民再122条）。他方で，劣後性を有する債権は，破産手続では劣後

的破産債権とされるが（破99条），再生手続では，劣後的（再生）債権という考え方を放棄している。そのように債権を区分すると，再生計画案を決議する際に，会社更生手続のように，再生債権者の組み分けが必要となり（→第22章6），手続が煩雑になるからである。そのため，破産手続上劣後的破産債権にあたる債権は，再生手続では，次のように取り扱われている。

第1に，再生手続開始後の利息・遅延損害金等の請求権は，再生債権とされてはいるが（民再84条2項），議決権が否定されるとともに（民再87条2項），再生計画における債権者平等原則の例外として，劣後的な取扱いが認められている（民再155条1項但書）。

第2に，再生手続開始前の罰金・科料等の請求権は，やはり再生債権とされているが（民再97条），議決権は否定され（民再87条2項），計画期間中は弁済できず（民再181条3項），再生計画による減免等も認められない（民再155条4項）。また再生計画認可による免責の対象にもならない（民再178条1項但書）。

第3に，再生手続開始後に原因を有する債権で，共益債権（→4）にも再生債権にも該当しないものについて，民事再生法上，開始後債権（→6）という新しい類型の債権が設けられている。

Column ㉒ 約定劣後再生債権の取扱い

現行破産法は，「約定劣後破産債権」という類型の破産債権を設け，これについて特別の規定を置いている（破99条2項。詳細は，第5章4参照）。これを受け，民事再生法でも，同様の性質を有する債権は，「約定劣後再生債権」とされ（民再35条4項），再生計画による権利変更の際には，一般の再生債権よりも不利に扱う条項を設けなければならなくなり（民再155条2項），再生計画案の決議の際にも，組分けが必要となった（民再172条の3第2項本文）。しかし，再生債務者が債務超過であ

るときは，約定劣後再生債権を有する者は，再生債務者財産に対して実質的な持分権を有していないと解されるので，その者には議決権を認めないことにして（民再87条3項），組分けを不要とし（民再172条の3第2項但書），実際には再生手続が複雑にならないように配慮している。

(2) 債権の現在化・金銭化の要否

破産手続では，期限未到来の債権や非金銭債権などについても破産手続内で金銭による配当を実施する必要上，そのような破産債権を，破産手続開始の効果として，期限未到来債権の現在化（破103条3項），非金銭債権の金銭化（破103条2項1号イ）などの実体的な権利変更が加えられる。これに対し，再生手続では，再生債権者に対する弁済は，再生計画の定めに従って行うから，弁済のために必要な権利変更は，再生計画によって行えば足り，再生手続開始の当然の効果として債権の現在化・金銭化を行う必要はない。もっとも，再生計画案の決議に際しての議決権の額は同じ尺度で決める必要があるので，期限未到来債権，非金銭債権，条件付債権等について，中間利息の控除や裁判所による評価を経た額を議決権額とする旨の規定が設けられている（民再87条1項）。

2 再生債権の手続上の取扱い

手続参加

再生手続開始決定がなされると，再生債権は再生手続によらなければ再生債務者財産から弁済を受けることができない（民再85条1項。もっとも，同条2項・5項参照）ので，再生債権者が弁済を受けるためには，再生手続に参加しなければならない（民再86条1項）。再生手続に参加しようとする再生債権者は，債権届出期間内に裁判所に債権の届出

をしなければならない（民再94条1項）。この届出を欠くと，再生債権者であっても，計画の定めに従い弁済を受けることはできない。また，再生計画案の決議の際に，議決権を行使することもできない。

再生債権者がその権利を行使できる範囲・額については，多数債務者関係に関する破産法104条から107条までの規定が準用されている（民再86条2項。→第5章3②）。

なお，別除権者は同時にその被担保債権については再生債権者でもある。しかし，一方で，別除権者としての権利行使を認め，他方で，被担保債権について再生債権者としての手続参加を認めると，二重の権利行使を認めたことになるから，破産手続と同様に（破108条），不足額責任主義が採用されており（民再88条），別除権の行使によって弁済を受けられない不足額についてのみ再生債権者として権利行使をすることができる（民再182条）。

> 弁済の禁止とその例外

再生手続係属中は，原則として，再生債権に対して，再生計画の定めによらずに再生債務者から任意に弁済をし，あるいは債権者から強制的に債務の履行を求めることは許されない（民再85条1項）。再生債権者間の平等を確保する必要があるからである。

しかし，民事再生法85条は，再生債権者に対する計画外での個別の弁済が，債権者平等の理念を超える価値を有する場合について，例外的に弁済を認めている。それには，3つの場合がある。

(1) 中小企業者に対する弁済

再生債務者を主要な取引先としている中小企業者が，その有する再生債権の弁済を受けなければ，事業の継続に著しい支障をきたすおそれがあるときは，裁判所は，従前の取引状況等を考慮して，再生債権の全額または一部の個別弁済を許可することができる（民再

85条2項・3項)。これは，下請業者や納入業者等の中小企業者の保護ないし連鎖倒産の防止を主たる目的とする。したがって，この弁済の許可は，それぞれの再生債権者の個別事情を考慮して判断される。

(2) 手続の円滑な進行のための少額債権の弁済

少額の再生債権を早期に弁済することにより，再生手続を円滑に進行することができるときは，裁判所は，個別弁済を許可することができる（民再85条5項前段）。債権者数を減らすことによる手続コストの低減を目的とした規定である。たとえば，少額の再生債権を有する取引先が多数いる一方で，多額の再生債権を有する金融債権者が少数である場合には，債権者間の形式的平等を犠牲にしても少額の再生債権を全額弁済し再生債権者の数を減らすことによって，再生計画案の決議に関する通知（民再169条3項）や決議そのものに必要な手続コストが低く抑えられたり，再生計画案の可決要件のうちいわゆる頭数要件（民再172条の3第1項1号）の充足が容易になるなど，再生手続の円滑な進行が期待でき，結果的に多額の再生債権を有する債権者の利益にもなる。どの程度の債権を「少額」債権とするかは，裁判所が，再生債務者の総債権額・事業規模・弁済能力などを総合的に勘案して決定する。この「少額」の範囲内の再生債権者全員に対して，全額の弁済がなされる。

(3) 再生債務者の事業の継続に著しい支障をきたす場合の少額債権の弁済

少額の再生債権を早期に弁済しなければ再生債務者の事業の継続に著しい支障をきたすときは，裁判所は，個別弁済を許可することができる（民再85条5項後段）。この少額弁済は，再生債務者自身の事業継続の確保を目的とするものである。たとえば，原材料の供給

業者が限られており，当該業者に再生債権を支払わないと原材料の提供に応じてくれない場合や，一定の地域内において運送業者が限られており，当該業者との取引が停止すると，主要商品の配送ができなくなる場合などである。したがって，この場合には，当該再生債権者との取引継続の必要性やその者への弁済の必要性等を総合的に考慮して，個々の再生債権ごとに弁済の許可をすることになる。この場合も，どの程度の債権を「少額」債権とするかが問題となるが，再生債務者の負債総額・再生債務者の月々の資金繰り等を勘案して決めるべきであり，再生債務者の負債総額や業務の規模によっては，「少額」は，(2)の場合に比べて高額となることもありうる。

届出

再生債権者が，再生計画案の決議における議決権（民再87条1項）や，債権調査手続における異議権（民再102条1項・103条4項）をはじめ再生手続上認められる様々な権能を行使するためには，何よりも，債権の届出をしなければならない（民再94条）。届出のない再生債権については，再生債務者等による自認がなされない限り（民再101条3項），再生手続に参加することはできず，失権その他の不利益を受けるおそれがある（民再181条）。ただし，再生債権であることによって生じる手続上の法的効果，たとえば，個別的権利行使の禁止（民再85条1項），再生計画による権利変更（民再156条・181条），あるいは免責（民再178条）等の効果は，債権届出の有無に関係なく生じる。

再生手続に参加しようとする再生債権者は，債権届出期間内に，各債権について，その内容および原因，約定劣後再生債権であるときはその旨，議決権の額その他民事再生規則で定める事項を，裁判所に届け出なければならない（民再94条1項，民再規31条1項各号。

債権届出期間については，第12章**5**参照)。別除権者の場合は，以上の事項のほかに，別除権の目的である財産および予定不足額も届け出なければならない（民再94条2項）。

再生債権の届出を受けた裁判所の裁判所書記官は，届出があった再生債権および再生債務者等が自認する再生債権（民再101条3項。自認債権については次項）について，一般調査期間の開始後，遅滞なく，再生債権者表を作成しなければならない（民再99条1項，民再規36条1項。記載事項につき，同条2項参照）。

Column㉓ 債権届出の追完 ーーーーーーーーーーーーーー

　破産手続では，破産債権の届出は，原則的には債権届出期間内になすべきものとしながらも（破111条），清算型の破産手続において，債権届出期間内に届け出なければならないとするのは厳格すぎることから，破産債権者がその責めに帰することができない事由によって一般債権調査期間の経過または一般調査期日の終了までに債権の届出ができなかった場合には，その事由が消滅した後1か月以内に限り，その追完を認めている（破112条1項）。

　これに対し，再生手続では，再生債権の届出は，原則的に債権届出期間内になすべきものとされる（民再94条1項）が，責めに帰することができない事由が消滅した後1か月以内に届出を追完することが認められるのは，この債権届出期間内に届出ができなかった場合に限られており（民再95条1項。同条2項も参照），届出の遅延に対して破産手続よりも厳しい態度で臨んでいる。これは，再生計画案の作成にあたり，再生債権の総額の把握が必要であり，債権の届出の遅延は，再生計画の立案の遅れに直結するからである。なお，債権届出の追完は，再生計画案を決議に付する旨の決定（民再169条1項）がなされた後はすることはできない（民再95条4項）。これは，再生計画案が確定した後に，その基礎

となる再生債権に変動を生じさせるのは不合理だからである。

調査・確定

(1) 債権調査の方法

裁判所による再生債権の調査は、再生債務者等が作成した認否書と再生債権者および再生債務者（管財人が選任されている場合に限る）の書面による異議に基づいて行われる（民再100条）。破産手続では、債権調査期間における書面による異議方式と、債権調査期日における口頭による異議方式が併用されているが（破116条1項・2項）、再生手続では、手続の簡素化のために債権調査期間における書面による異議方式のみが採用されている。

再生債務者等による債権調査は、届出債権に対する認否と自認の2つの方法がある。

① 再生債務者等による認否

まず、再生債務者等は、債権届出期間内に届出のあった再生債権について、その内容および議決権についての認否を記載した認否書を作成しなければならない（民再101条1項）。なお、債権届出期間経過後に届け出られた再生債権（民再95条1項）または他の再生債権者の利益を害すべき届出事項の変更があった再生債権（同条5項）についても、調査に間に合えば、その内容および議決権についての認否を認否書に記載することができる（民再101条2項）。そして、再生債務者等は、一般調査期間前の裁判所が定める期限までに、認否書正本および副本（民再規38条3項）を裁判所に提出しなければならない（民再101条5項）。再生債務者が裁判所の定めた期限までに認否書を提出しなかったときは、裁判所は、監督委員もしくは管財人の申立てによりまたは職権で、再生手続廃止の決定をすることができる（民再193条1項柱書・同項3号）。

第14章 再生債務者財産と再生債権等

② 再生債務者等による自認

　債権届出期間内に届出がなされなかった再生債権は，再生債権者表に記載されず，再生計画の定めの対象とならないため，失権するのが原則である（民再178条本文参照）。しかし，すべての再生債権者に完全な届出を期待するのは困難である一方で，再生債務者等がその存在を知っている債権についてまで失権させるのは，バランスを失する。そこで，民事再生法は，再生債務者等に対し，届出がなされていない再生債権で再生債務者等がその存在を知っているものについても，認否書に記載する（自認する）ことを求めている（民再101条3項。記載事項につき，民再規38条2項参照）。このように，再生債務者が自認して，再生債権者表に記載された再生債権は「自認債権」と呼ばれている。他の届出があった債権と同様に，一般調査期間における調査手続やその後の再生債権の確定手続の対象となり，再生計画に従って弁済を受けることができることにしている。ただし，届出はしていないので，再生手続参加の機能はなく，議決権もない。

　なお，再生債務者等が，その存在を知っている再生債権について届出がなされていないことを知りながら自認する旨を認否書に記載しなかった場合には，再生債務者に対する一種のペナルティとして，その再生債権は，再生計画認可決定が確定した場合であっても免責されない（民再181条1項3号）。もっとも，再生債権者としても，本来は自ら債権の届出をすべきであったにもかかわらず，その届出を怠ったという点で，その者にも責めに帰すべき事由があると考えられるので，当該再生債権については，再生計画で定められた弁済期間が満了するまでは，再生債権者として弁済を受けられないことになっている（民再181条2項）。

(2) 債権調査期間と再生債権者等による異議

届出がなされた再生債権について再生債権者が異議を述べるべき期間を債権調査期間といい，それには一般調査期間と特別調査期間がある。一般調査期間は，債権届出期間内に届出がなされた債権を中心に行われるものであり，特別調査期間は，届出期間経過後に届け出られた再生債権について行われるものである。

債権届出をした再生債権者は，一般調査期間内に，裁判所に対し，他の届出再生債権の内容や議決権について，また自認債権の内容について書面で異議を述べることができる（民再102条1項）。管財人が選任されている場合の再生債務者も，再生債権の内容について異議を述べることができる（同条2項）。しかし，管財人が選任されている場合の再生債務者には，再生手続の機関としての地位は認められず，単なる利害関係人にすぎないため，その異議（民再102条2項・103条4項）には，再生債権の確定を妨げる効力はなく（民再104条1項参照），再生計画不認可決定が確定したときに，再生債権者表の記載が確定判決と同一の効力（執行力）を生じることを妨げる効力を有するにすぎない（民再185条1項但書）。

(3) 異議等のない再生債権の確定

再生債権の調査において再生債務者等が認め，かつ，債権調査期間内に他の届出再生債権者から異議がなかった再生債権については，その内容または議決権額はそのまま確定する（民再104条1項）。ただし，自認債権（民再101条3項）の場合には，再生債権の内容のみが確定する（民再104条1項括弧書）。

このような債権調査の結果は，裁判所書記官によって作成される再生債権者表に記載され（民再104条2項），その記載は，再生債権者全員に対して確定判決と同一の効力を有する（同条3項）。以後の

再生計画案の立案や再生計画の遂行の場面でも、確定された再生債権の内容がその基礎となる。再生手続の機関としての再生債務者等に対しても、確定の効力は及ぶので、以後、再生債務者等は再生債権の存在や内容を否認できなくなる。

異議等のある債権の査定決定と訴訟　異議等のある再生債権の確定に関する規律は、破産債権に関する規律と類似している点が多い。その概要は以下の通りである。

まず、再生債権の調査において、再生債権（無名義再生債権）の内容について、再生債務者等が認めず、または届出再生債権者が異議を述べた場合には、異議等のある再生債権の再生債権者は、債権の内容の確定のために、当該再生債務者等および当該異議を述べた届出再生債権者（異議者等と呼ばれる）の全員を相手方として、裁判所に再生債権の査定の申立てをすることができる（民再105条1項本文）。ただし、再生手続開始当時、異議等がある再生債権を訴訟物とする訴訟が係属している場合、および、異議等のある再生債権について執行力のある債務名義または終局判決がある場合（有名義再生債権）には、査定の申立てはできない（民再105条1項但書）。それぞれ別の手続を踏むことになる（→第17章 *3*）。

再生債権査定決定に不服のある者は、その送達を受けた日から1か月の不変期間内に、再生債権査定決定に対する異議の訴えを提起することができる（民再106条1項）。この訴えに関する規律も、破産手続における破産債権査定決定に対する異議の訴え（破126条）に関する規律とほとんど同じである。

再生債権の確定に関する訴訟についてなされた判決は、再生債権者全員に対してその効力が生ずる（民再111条1項）。また、再生債

権査定決定に対して異議の訴えが提起されなかったとき，または異議の訴えが却下されたときは，当該査定決定は，再生債権者全員に対して確定判決と同一の効力を有する（民再 111 条 2 項）。

> **Column㉔ 簡易再生・同意再生の存在意義**
>
> 再生手続では，再生債権の存否・内容について実体的確定がなされるのが原則である。しかし，再生債権の確定は，実体権の存否に関わるため，憲法上，判決手続による審理を保障する必要がある（32 条・82 条）。他方で，そのために再生手続の簡易・迅速性が損なわれるおそれがある。そこで，民事再生法は，通常の再生手続とは別に，再生債権の実体的確定を伴わない，簡易再生・同意再生という簡便なコースも用意している。
>
> 簡易再生は，法定多数の再生債権者の同意がある場合に，一連の手続のうち再生債権の調査・確定手続を省略して（民再 211 条 1 項），直ちに再生計画案について決議を行い（民再 212 条 2 項），他方で，再生計画は権利変更の一般的基準しか定めず，計画に記載のない再生債権についての失権効もない（民再 216 条による 157 条・178 条の排除）という手続である。これに対し，同意再生は，再生債権者全員の同意がある場合に，債権調査・確定手続に加えて再生計画案の決議をも省略して（民再 217 条 1 項・219 条 1 項），直ちに計画を認可するという手続である。
>
> 実務では，通常の再生手続の進行自体が迅速なため，簡易再生を行うメリットはないとの指摘もあるが，他方で，私的整理が先行しているものの，一部の少数債権者のために今一歩のところで再建計画が成立しない場合に，簡易再生は有効に活用できるという指摘もある。以上につき，松下淳一『民事再生法入門』（有斐閣・2009 年）80 頁参照。

4 共益債権

| 意 義 | 再生債務者に対して再生手続開始前の原因に基づいて生じた財産上の請求権は，

再生債権として扱われるのに対し，再生債権者の共同の利益のために支出した手続費用等にかかる債権は，「共益債権」として扱われる。共益債権は，再生手続によらずに随時，再生債権に優先して弁済される権利であり（民再121条1項・2項），優先性の根拠が再生債権者全体の利益（共益性）にあるという点で，破産手続における財団債権に対応する概念である。

| 範 囲 | 共益債権とされる請求権には，①再生債権者の共同の利益のためにする裁判上の

費用の請求権（民再119条1号），②各種手続機関の費用・報酬等の請求権（同条4号），③再生債務者財産に関し再生債務者等が再生手続開始後にした資金の借入れその他の行為によって生じた請求権（同条5号），④事務管理または不当利得により再生手続開始後に再生債務者に対して生じた請求権（同条6号），⑤双方未履行双務契約について再生債務者等が履行の選択をした場合の相手方の請求権（民再49条4項）など，破産手続上，財団債権となる請求権が含まれている。しかし，以下の債権ないし請求権の取扱いは，破産手続とは異なる。

(1) 労働債権・租税債権

破産手続では，財団債権以外に随時優先弁済される権利のカテゴリーがないことから，手続開始前の労働債権（破149条）・租税債権

（破 148 条 1 項 3 号）の一部が政策的に財団債権とされているが，再生手続では，労働債権や租税債権をはじめ実体法上優先権のある債権は，後述の「一般優先債権」（民再 122 条）として取り扱われる。

(2) 事業の維持・再生に資する請求権

再生手続は，再生債務者の事業の維持・再生を目的とする手続であることから，①再生手続開始後の再生債務者の業務，生活ならびに財産の管理・処分に関する費用の請求権（民再 119 条 2 号），②再生計画の遂行に関する費用の請求権（再生手続終了後に生じたものを除く）（同条 3 号）は，共益債権となる。さらに，③再生手続開始申立後，再生手続開始前に，再生債務者が，資金の借入れや原材料の購入その他事業の継続に欠くことのできない行為をする場合にその行為から生ずる相手方の請求権も，裁判所の許可またはこれに代わる監督委員の承認があれば，共益債権となる（民再 120 条 1 項・2 項）。手続開始前に生じた請求権であっても，再生債務者の事業の維持・再生に資する点で，再生債権者全体の利益になっていると判断されるからである。

Column㉕　非事業者の生活費用の請求権

再生手続は，法人であるか個人であるかを問わず利用できる手続であるため，非事業者である再生債務者の「生活……に関する費用の請求権」も共益債権とされている（民再 119 条 2 号）。なお，再生債務者が交通事故を起こした場合の被害者の損害賠償請求権が，ここにいう「生活……に関する費用の請求権」に該当するかどうかについては，争いがある。

再生手続における共益債権の取扱い

共益債権は，再生債務者等が，再生手続によらずに随時，再生債権者に優先して弁済する（民再121条1項・2項）。同じく手続外での弁済が認められる一般優先債権（民再122条2項）との間に，再生手続上，優先劣後の関係はない。

破産手続では，破産財団が財団債権全額を弁済するのに不足する場合が生じうることを考慮して，財団債権者間の平等と破産手続の円滑な進行を確保するために，財団債権に基づく強制執行等を禁止しているが（破42条1項・2項），再生手続では，共益債権に基づく強制執行等は禁止されていない。破産財団のみが財団債権の弁済原資となる破産手続とは異なり，再生手続では，再生手続開始後の取得財産も再生債務者財産に属し，共益債権の弁済原資となるので，強制執行を禁止する理由がないからである。かえって，再生手続では，共益債権（特に労働債権と租税債権）を全額弁済できないような場合には，事業の存続可能性がないとして，再生手続が廃止されることになろう（民再191条1号参照）。もっとも，共益債権に基づく特定財産に対する強制執行または仮差押えが，再生の著しい支障となり，かつ，他に換価の容易な執行対象財産があるときは，裁判所は，例外的に，その強制執行等の中止・取消しを命ずることができる（民再121条3項）。

なお，再生手続が廃止されて事件が破産手続に移行した場合（民再250条）には，共益債権は破産手続において財団債権となる（民再252条6項前段）。

5 一般優先債権

意義　一般の先取特権その他一般の優先権のある債権は，実体法上の優先権である。したがって，破産手続や会社更生手続では，これらの請求権は，優先的破産債権（破98条），優先的更生債権（会更168条1項2号）として扱われ，手続内で優先的な地位を与えられている。しかし，民事再生手続において同様の取扱いをすると，再生計画案の議決の際に，組み分けが必要となり手続が複雑となるので，民事再生法では，これらの債権は，それが共益債権である場合を除いて，「一般優先債権」とし，再生手続外での権利行使を認めている（民再122条1項・2項）。その結果，一般優先債権者は，再生手続によることなく随時弁済を受けることができる。具体的に一般優先債権となる請求権には，労働債権（民306条2号・308条），租税債権（税徴8条・9条，地税14条・14条の2参照），国税徴収の例により徴収できる請求権（健保182条，国健保80条4項など），企業担保権によって担保される社債（企業担保2条1項参照）などがある。

労働債権　労働債権をはじめとする一般先取特権がある債権に基づく強制執行等あるいは一般先取特権の実行も，原則として可能である。ただし，共益債権に基づく強制執行の場合と同様に，裁判所が，例外的に，その強制執行等の中止・取消しを命じることができる（民再122条4項・121条3項）。再生手続が廃止されて破産手続に移行した場合には，一般優先債権は優先的破産債権（破98条1項）になるが，労働債権の一部

について，その保護の必要から財団債権化の規定が設けられている（民再252条5項）。

> **租税債権**

民事再生法は，破産法や会社更生法と異なり，租税債権（および国税徴収の例により徴収できる請求権）の扱いについて特段の規定を置いていない。したがって，租税債権は，原則として一般優先債権となり（民再122条1項），再生手続によらないで随時弁済を受ける（同条2項）。ただし，再生手続開始後の再生債務者の業務，生活ならびに財産の管理・処分に関する費用（民再119条2号）とみなされる法人税・所得税・消費税・固定資産税等は，共益債権となり，同じく再生手続によらないで随時弁済される（民再121条1項）。

一般優先債権または共益債権たる租税債権に基づく滞納処分は，破産法43条1項に対応する規定がないことから，再生手続開始によって何ら妨げられない（民再39条1項参照）。また，租税債権に基づく滞納処分については，中止の可能性を認めた会社更生法50条2項に対応する規定もないから，中止を命ずることもできない。

6 開始後債権

再生手続開始後の原因に基づいて生じた財産上の請求権で，再生債権，共益債権，一般優先債権のいずれにもあたらない請求権は，「開始後債権」とされる（民再123条1項）。たとえば，再生債務者がその業務や生活に関係なく行った不法行為を原因とする債権や，管財人が選任されている事件において，再生債務者たる法人の理事等が法人の組織に関係する行為を行ったことによって生じた請求権

で，その支出がやむをえない費用に該当しないため，共益債権とならないもの（民再119条7号参照）などが，それにあたる。破産法では，破産財団の範囲について固定主義を採用しており（破34条1項），破産手続開始後に破産者に帰属するに至った新得財産は，破産者の自由財産として破産財団から除外される。他方，破産手続開始後の原因に基づいて生じた債権は，財団債権（破148条），破産債権（破97条8号～12号）または劣後的破産債権（破99条1項）とされるが，例外的にこれらのいずれにも該当しない債権は，破産者の自由財産に対して権利行使をすることができるものとされている。しかし，再生手続では，再生債務者財産の範囲について膨張主義を採用し，固定主義をとっていないから，同様の取扱いをすると不都合が生じる。そこで，民事再生法は，開始後債権については，再生計画に定める弁済期間が満了するまでの間は，弁済を受けることができず，これに基づく強制執行等もすることができない（民再123条2項・3項）とすることで，実質的に劣後的取扱いをしている。

　もっとも，近時の再生事件では，再生計画外の事業譲渡により再生債務者の有する事業の維持・再生が図られるケースが多いが，この場合には，再生計画上の弁済は譲渡代金による一括弁済によって早期になされてしまうため，権利変更を経ていない開始後債権全額の弁済請求もすぐに可能となり，開始後債権の劣後性が失われている。そのため，開始後債権の取扱いについて立法的再検討が必要であると述べる見解もある。

第15章 再生債務者財産の増減

再生債務者財産は、再生債務者が事業や経済生活の再生を図る上での基礎となる財産であるが、再生手続開始後、第三者による権利行使や再生手続機関による権利行使によって、その範囲が変動する可能性がある。本章では、再生債務者財産が、どのような理由から増減するのかについて説明する。

1 総　説

　再生債務者財産は、再生債務者が有する一切の財産（日本国内にあると外国にあるとを問わない）をもって構成される（民再12条1項1号第1括弧書・38条1項括弧書）。破産手続における破産財団は、破産手続開始時に破産者が有する財産で構成されるが（固定主義。破34条1項参照）、これに対し、再生手続では、再生手続開始時の財産はもとより、再生手続開始後に再生債務者に帰属することになった財産も、再生債務者財産に含まれる（膨張主義）。その意味で、再生債務者財産は変動することが当然に予定されているが、再生債務者財産は、さらに、第三者による権利行使や再生手続機関による権利行使によっても、その範囲が変動する。第三者による権利行使としては、

取戻権の行使（民再 52 条），別除権の行使（民再 53 条），相殺権の行使（民再 92 条）等がある。また，再生手続機関による権利行使としては，否認権の行使（民再 135 条 1 項），法人役員に対する責任追及（民再 142 条以下），担保権消滅許可申立て（民再 148 条）等がある。

別除権の行使（民再 53 条）と担保権消滅許可申立て（民再 148 条）については，第 16 章で扱うこととし，本章では，それ以外の再生債務者財産の増減をもたらす制度について説明する。

2 取戻権

取戻権とは，第三者が，特定の財産が再生債務者財産に属さないことを主張する権利をいう。取戻権には，破産の場合と同様に，民事再生法以外の実体法に基づく場合と，民事再生法に基づく場合とがあり，前者を一般の取戻権（民再 52 条 1 項），後者を特別の取戻権（民再 52 条 2 項，破 63 条・64 条）という。一般の取戻権と特別の取戻権とは，第三者が特定の財産を取り戻す権利であるという点では共通性を有するが，その根拠や要件・行使の態様・効果などが異なるので，注意を要する。

一般の取戻権　　一般の取戻権は，第三者が，特定の財産が再生債務者財産に属さないことを根拠にして，その財産を再生債務者財産から取り戻す権利，換言すると，その財産について再生債務者等の支配の排除を求める権利である（民再 52 条 1 項）。一般の取戻権は，第三者が再生手続開始前から再生債務者に対して，ある財産につきそれを支配する実体法上の権利（支配権）を有していることから当然に認められる権利であり，民事

再生法が新たに認めた権利ではない（民再52条1項参照）。一般の取戻権の基礎となる権利，取戻権の行使方法等については，破産手続について述べたところがそのままあてはまる（→第6章 *2*）。

特別の取戻権　一般の取戻権とは異なり，特別の取戻権は，実体法上の支配権とは別に，民事再生法が特別の考慮から創設したものである。具体的には，売主の取戻権（民再52条2項，破63条1項），問屋の取戻権（民再52条2項，破63条3項），代償的取戻権（民再52条2項，破64条）がある。それらの内容については，基本的に破産手続の場合と同様であるが（→第6章 *2*），問屋の取戻権に関しては，破産手続の場合との相違点がある。すなわち，破産手続では，問屋と委託者との間の委任契約は，委任者が破産手続開始決定を受けると当然に終了するが（民653条2号），再生手続では，委任者が再生手続開始決定を受けても当然には終了しないので，双方未履行双務契約に関する規定（民再49条）が準用されているという点である（民再52条2項が破63条2項を準用する際の読替え規定による破53条1項・2項の準用）。

3 相　殺　権

基本的な考え方　民事再生法は，破産法と同様に，相殺の担保的機能を尊重して，再生債務者に対して債務を負担している再生債権者に相殺権の行使という形で，再生手続によらない権利行使を認めている（民再92条1項）。しかし，他方で，相殺の簡易かつ効果的な決済機能は，時に再生債務者に不利益を与え，ひいては他の再生債権者の不利益の下に相殺権者を不

当に利する危険性もあるから，再生手続においても，破産手続と同様に，相殺禁止の規定を設けている（民再93条・93条の2）。もっとも，民事再生法は，事業の再生を目指すという手続目的から，行使対象や行使期間について，破産法とは異なる規律を採用している。以下では，破産手続との違いに留意しつつ，再生手続における相殺権の規律について説明する。

> 相殺に関する規定の適用範囲

民事再生法が規律する相殺（民再92条～93条の2）は，再生債権を自働債権とし，再生債務者の有する債権を受働債権とする相殺である。したがって，これ以外の再生債務者・債権者間の債権・債務の対立に基づく相殺は，民事再生法の規律の対象外であり，個別に相殺の可否を判断することになる。同様の議論は，破産手続においても存在するが，①再生手続には破産手続と異なり自由財産に相当する概念がないことや，②一般の先取特権その他一般の優先権のある債権が一般優先債権として手続外で権利行使が認められること（民再122条1項・2項）から，その取扱いに違いがある。以下では，共益債権および一般優先債権を自働債権とする相殺の可否についてごく簡単に説明する。

(1) 共益債権を自働債権とする相殺

共益債権者が，共益債権を自働債権とし，再生債務者財産に属する債権を受働債権としてする相殺は，共益債権に基づく強制執行が当然に禁止されるわけではないこと（民再121条3項参照）を考慮すると，民事再生法上の相殺権一般の規律（民再92条以下）には服さず，共益債権への優先弁済（民再121条1項・2項）の一環としてこれを認めることができる。また，このような共益債権の優先性を考えると，再生債務者側からの相殺を否定する理由はなかろう。

(2) 一般優先債権を自働債権とする相殺

一般優先債権も，民事再生法上，手続外での随時優先弁済が認められているから（民再122条2項），一般優先債権を自働債権とし，再生債務者財産に属する債権を受働債権とする相殺も，共益債権の場合と同様に，民事再生法上の相殺権一般の規律（民再92条以下）には服さず，これを認めることができる。

> 相殺権の要件

再生手続上，再生債権者による相殺権の行使が認められるためには（相殺権の行使期間については後述する），①再生手続開始時に再生債権者が再生債務者に対して債務を負担すること（民再92条1項前段），②債権および債務の双方が債権届出期間（民再94条1項，民再規18条1項1号）の満了前に相殺適状となっていること（民再92条1項前段），③民法その他の実体法の定める相殺禁止規定（民509条・510条，会社208条3項・281条3項など）のほか民事再生法の定める相殺禁止規定（93条・93条の2）に触れないことが必要である。①と③の要件は，基本的に破産法上の規律と同じなので，説明は省略し，②についてのみ説明する。

> 相殺が許される場合

債権届出期間満了前に相殺適状が生じたかどうかは，民法の一般原則に従って判断される。つまり，債権債務の対立のほか，①再生債権と反対債権が同種の債権であり，かつ，②双方の債権が債権届出期間満了前に弁済期が到来している場合に，相殺適状が認められる（民505条）。

(1) 自働債権

相殺が認められるためには，何よりもまず，自働債権たる再生債権と受働債権たる反対債権が同種の債権であることが必要である（民505条1項本文）。破産手続では，破産債権が非金銭債権の場合に

は破産手続開始の効果として金銭化されるので（破103条2項1号イ），元々非金銭債権であった債権を自働債権とし，破産財団に属する金銭債権を受働債権とする相殺が認められている（破67条2項前段）。これに対して，再生手続では，再生債権者に対する弁済は，再生計画の定めに従って行うから，弁済のために必要な権利変更は再生計画によって行えばよく，再生手続開始の当然の効果として非金銭債権の金銭化を行う必要はない。したがって，再生手続で再生債権者が金銭債権たる受働債権と相殺するためには，自働債権（再生債権）も金銭債権でなければならない。

次に，自働債権たる再生債権について，債権届出期間満了前に弁済期が到来しなければならない（民505条1項本文）。破産手続では，破産手続開始の効果として破産債権の現在化が行われるから（破103条3項），弁済期未到来の債権を自働債権とし，破産財団に属する金銭債権を受働債権とする相殺が認められている（破67条2項後段）。しかし，再生手続では，再生手続開始決定により再生債権が現在化されるわけではないから，再生債権者からの相殺が認められるためには，自働債権（再生債権）について債権届出期間満了前に，本来の弁済期が到来するか，期限の利益喪失条項に基づいて弁済期が到来したものと取り扱われることが必要である。

他方，自働債権が解除条件付再生債権である場合も，再生債権者からの相殺は可能である。破産手続では，破産債権者は解除条件付債権を自働債権として相殺をすることができるが（破67条2項後段），最後配当の除斥期間（破198条1項・2項）満了までに解除条件が成就し，自働債権（破産債権）が消滅する（民127条2項）可能性があるので，破産債権者が，相殺権を行使する際には，受働債権の相殺額について担保の提供または寄託を要求される（破69条）。そして，

第15章 再生債務者財産の増減

最後配当の除斥期間内に解除条件が成就したときは担保や寄託額が破産財団に組み込まれ，他方，成就しなかったときは，担保や寄託は効力を失い，相殺権者に返還される（破201条3項）。これに対し，再生手続では，相殺権行使後に解除条件が成就したときは，再生債務者側から再生債権者に対し受働債権の履行を求めれば足りる。他方，自働債権が停止条件付再生債権の場合には，債権届出期間満了までに停止条件が成就しないと相殺適状にならないから，再生債権者側から相殺をすることはできない。そのため，再生手続では，破産手続とは異なり後日の相殺のための寄託請求の規定（破70条参照）は置かれていない。

(2) 受働債権

受働債権は，自働債権と同種の債権（金銭債権）である必要があるが，加えて，債権届出期間満了前に弁済期が到来することが必要である（民505条1項本文）。ただし，債権届出期間満了前に弁済期が到来しなくても，再生債権者が期限の利益を放棄すれば，相殺適状を作り出すことは可能である（民再92条1項後段）。

次に，受働債権が停止条件付または解除条件付の場合の取扱いであるが，破産手続では，破産債権者は，停止条件についてはその不成就，解除条件についてはその成就の利益を放棄して相殺をすることが認められている（破67条2項後段）。これに対して，再生手続では，民事再生法92条1項後段が，受働債権が条件付の場合の相殺可能性について触れていないため，この場合に相殺が可能かどうかが問題となる。しかし，民法の一般原則によれば，期限の利益の放棄と同様に，条件成就・不成就の利益を放棄することは可能であるから，受働債権が条件付の場合も再生債権者から相殺をすることは何ら妨げられないと解すべきである。

なお，賃貸人について再生手続が開始され，賃借人が再生債権（たとえば，建設協力金返還請求権等）を有している場合に，再生債権を自働債権とし，賃料債権を受働債権とする相殺が可能かどうか，いかなる範囲で可能かという問題については，後に第17章**2**①の賃貸人の再生の箇所で扱うことにする。

> 相殺権の行使と
> その効果

(1) 相殺権の行使

再生債権を自働債権とし，再生債務者財産に帰属する債権を受働債権とする相殺は，債権届出期間（民再94条1項，民再規18条1項1号）内に限り，再生計画の定めによることなく，することができる（民再92条1項前段）。破産手続では，相殺権行使の時期について特に制限はなく，原則として，相殺権の行使は破産手続の終了（破220条）まで可能である。再生手続で相殺権の行使時期に関して制限があるのは，再建型倒産手続である再生手続において再生計画案を適切に作成するためには，債権額を早期に確定する必要があるからである。したがって，債権届出期間満了後になされた相殺権の行使は無効である。

相殺権の行使は，再生債務者財産の管理処分権を有する者に対してしなければ効力を生じない。具体的には，再生手続開始前は再生債務者，再生手続開始後は再生債務者等に対して相殺の意思表示を行うことになる。

(2) 相殺権行使の効果

相殺権が行使されると，債権・債務消滅の効果は，相殺適状の発生時に遡る（民506条2項）。民事再生法所定の相殺禁止規定（民再93条・93条の2）に抵触する相殺が，再生手続開始前になされていた場合には，再生手続開始の効果として，その相殺は遡って効力を失うことになる。

4 否認権

1 民事再生法上の否認権の意義

民事再生法上の否認権(民再127条以下)の基本的な性質は,破産法(および会社更生法)上の否認権と同じである(→第6章4)。また,民事再生法上の否認権に関する規律は,以下で説明する監督委員による否認権行使に関連する規律を除き,否認権の要件・行使方法・効果の面で,破産法における規律と同じである。すなわち,破産法上の否認権は,破産財団帰属財産について管理処分権を有する破産管財人によって行使されるが(破173条1項),民事再生法上の否認権も,管理命令が発令され管財人が選任されているときは,管財人によって行使される(民再135条1項)。しかし,再生手続で管財人が選任されていないときは,再生債務者財産について管理処分権を有する再生債務者による否認権行使は認められておらず,裁判所によって個別に否認権限を付与される監督委員が否認権を行使するものとされている(民再135条1項)。そのため,民事再生法には,破産手続(および会社更生手続)にはない再生手続独自の規律が設けられている。

2 監督委員の否認権行使権限

否認権行使権者としての監督委員の地位　再生手続で管財人が選任されていないときは,再生債務者が財産管理処分権を有しているので,監督委員にではなく,再生債務者自身に否認権を行使させるという規律もありえた。しかし,

民事再生法の立法過程では，当該行為をした債務者本人が再生手続開始後にその行為を否認して効力を覆すことに対する抵抗感や，再生債務者を否認権行使権者にすると，公平で適切な行使を期待できないのではないかといった懸念が表明され，民事再生法では，再生債務者を否認権の行使権者とする規律は採用されなかった。

もっとも，監督委員は，前述のように，裁判所が指定した行為を再生債務者が行う際に，同意を与えることを通じて再生債務者を監督することを主たる職務とする，再生債務者の監督機関であり（民再54条1項），監督委員自身は，管財人と同様な意味での一般的な財産管理処分権を有しているわけではない（→第13章 *2* ③）。監督委員には，裁判所の決定により，特定の行為について，当該行為に関する否認権限とその行使に必要な範囲内での財産管理処分権が付与されるにすぎない（民再56条1項・2項）。この点に注意する必要がある。

裁判所による監督委員
への否認権限の付与

監督委員への否認権限の付与決定は，再生債権者，再生債務者本人，監督委員などの申立てによりまたは職権で個別になされる（民再56条1項）。既に監督委員が選任されているときは，監督委員への否認権限付与の申立てで足りるが，監督委員が選任されていなければ裁判所に対して監督命令の申立てをする（民再54条1項）とともに，あわせて監督委員への否認権限付与（決定）の申立てをすることになる（民再56条1項）。

否認権限の付与は，管財人の場合と同様の一般的包括的な否認権限を監督委員に付与するものではなく，裁判所は，否認対象行為を特定し，その特定された行為について（のみ）否認する権限を個別に付与する。しかも，この否認権限の付与は，あくまでも特定され

た行為について否認権を行使できる権限（資格）を監督委員に付与するものでしかなく，監督委員に否認権行使を命じる（否認権行使を義務づける）ものではない。したがって，否認権限を付与された監督委員としては，裁判所から特定された行為について，民事再生法59条に基づいて調査をし，否認権を行使すべきであると判断した場合には，否認権を行使できるが，否認対象行為に当たらない，あるいは否認権を行使すべきではないと判断した場合には，否認権を行使する必要はない。

監督委員の財産管理処分権

裁判所から，特定の行為について監督委員に否認権限が付与されると，監督委員は，否認権限の行使に関し必要な範囲内で，再生債務者のために，金銭の収支その他の財産の管理および処分をすることができる（民再56条2項）。

ここにいう「再生債務者のために」とは，監督委員が再生債務者と法定代理関係に立つことを意味するものではなく，監督委員が自己の名で財産の管理処分権を行使し，その効果が再生債務者に帰属することを意味する。

監督委員に，否認権限の行使に関し必要な範囲内で，財産の管理処分権が付与されるのは，監督委員に，否認権行使の結果として，自己の名で目的財産の返還請求（または価額償還請求）をしたり，否認の請求や否認訴訟を提起する権限，あるいは目的財産を相手方から受領する権限がないと，否認権を実効的に行使できないからである。したがって，たとえば，監督委員が再生債務者による不動産の廉価売却を否認して所有権移転登記抹消登記手続請求訴訟を提起する場合には，目的不動産の所有権に基づく妨害排除請求権のうち否認を理由とするものについて訴訟追行権限が付与される。また，監

督委員が再生債務者による偏頗弁済を否認して弁済金の返還請求訴訟を提起する場合には，直接監督委員への給付を求めることができるのである。

　民事再生法は，このように否認権限の行使に必要な範囲内で監督委員に財産の管理処分権を与えているが，それにより再生債務者の財産管理処分権が奪われるわけではなく，むしろ両者の財産管理処分権は重複する。監督委員の財産の管理処分権は，目的財産の返還を請求し，受領して（必要に応じて換価等して），これを再生債務者に引き渡すまでの暫定的な権限である。したがって，監督委員の否認権限の行使に必要な範囲内では監督委員と再生債務者の財産管理処分権が重複し，また，それを超える部分では再生債務者のみが財産管理処分権を有することになる。そのため，後にみるように，実体法的にも訴訟法的にも複雑な問題が生じる。

監督委員による否認権行使の方法

　否認権限を付与された監督委員が否認権を行使する方法は，訴えまたは否認の請求である（民再135条1項）。監督委員は，否認権行使の結果，自らが原告となって否認訴訟，たとえば，再生債務者財産から逸出した財産の返還請求や価額償還請求を求める給付訴訟を法定訴訟担当として提起することができ，また，当該財産が再生債務者財産に属することの確認訴訟等を提起することもできる。なお，監督委員が否認の請求という簡易な決定手続で否認権を行使しようとする場合には，否認の原因となる事実を疎明する必要がある（民再136条）。

　しかし，監督委員は，抗弁により否認権を行使することはできない（民再135条1項・3項参照）。監督委員は，管財人（民再67条1項）とは異なり，再生債務者財産についての一般的な管理処分権を有し

ていないので，再生債務者財産に関する訴訟について被告適格を有するという事態が想定できないからである。ただし，3で述べる場合には，否認権限を有する監督委員が再生債務者を当事者とする訴訟に参加する余地がある（民再138条1項）。

なお，再生手続開始前に再生債権者が提起していた債権者代位訴訟もしくは詐害行為取消訴訟，または破産法の規定による否認の訴訟もしくは否認の請求を認容する決定に対する異議訴訟が再生手続開始当時係属しているときの取扱いについては，第17章 *3* 参照。

3 再生債務者を当事者とする訴訟と監督委員による
   否認権行使

監督委員による
訴訟参加

前述のように，監督委員に否認権限が付与されたからといって，それにより再生債務者の財産管理処分権が奪われるわけではなく，むしろ再生債務者と監督委員の財産管理処分権は重複する。

そこで，たとえば，【事例1】再生債務者が，再生手続開始前に売却した動産について，売買契約は通謀虚偽表示で無効である（民94条1項）として否認権以外の主張をして，買主を被告として動産の返還請求訴訟（先行訴訟）を提起しているケースを想定してみよう。この場合，否認権限を有する監督委員が，当該売買契約は詐害行為（廉価売却）にあたる（民再127条1項）として否認権を行使し，同一動産の返還請求訴訟（後行訴訟）を買主を相手に提起しようとすると，監督委員による動産返還請求訴訟（後行訴訟）は，重複（二重）起訴の禁止の規定（民訴142条）に抵触するおそれがある。すなわち，否認訴訟の性質に関する通説の理解によると，否認訴訟

は，否認権行使の結果生じる権利（請求権等）自体を訴訟物とする給付または確認訴訟であり，否認権の主張は，訴訟物を基礎づける攻撃防御方法として，判決理由中で判断される事項にとどまると解されている。これを前提にすると，否認権行使に基づく動産返還請求訴訟の訴訟物は，物権的請求権としての動産返還請求権であり，再生債務者が買主を被告として提起した動産返還請求訴訟の訴訟物と同一と考えられる。もちろん，両訴訟で原告は異なるが，前述のように，監督委員は否認訴訟における法定訴訟担当者であり，監督委員の受けた判決の効力は再生債務者に及ぶと解されるので（民訴115条1項2号），2つの事件は実質的に同一とみなければならない。したがって，このような場合について，もし特段の手当てをしなければ，監督委員が提起しようとする否認訴訟（後行訴訟）は，重複（二重）起訴の禁止に抵触し不適法となると考えられる。また，再生債務者が動産返還請求訴訟（先行訴訟）において請求棄却判決を受け，それが確定すると，監督委員が後に否認訴訟（後行訴訟）を提起しようとしても，既判力によって遮断され，監督委員は否認権行使の手段を失うおそれがある。

そこで，このような不都合を回避するため，民事再生法は，再生債務者と相手方との間に否認の目的である権利義務に関する訴訟が先行している場合には，否認権限を有する監督委員が，既に係属している先行訴訟において，その被告に対して否認権行使に基づく請求（先の例でいえば，目的動産の返還請求）を立てて当事者として参加することを認める（民再138条1項）とともに，参加後の審理・判決の合一確定を実現するために，必要的共同訴訟の規律（民訴40条1項～3項）を準用している（民再138条4項）。したがって，たとえば，再生債務者が請求を放棄しても，監督委員が請求の放棄をしない限

り，放棄の効力は生じないことになる。

再生債務者による訴訟参加

【事例1】のケースとは逆に，【事例2】否認権限を有する監督委員が，先に，再生手続開始前に再生債務者が締結した売買契約は詐害行為（廉価売却）にあたるとして，売却された動産の返還請求訴訟（否認訴訟）を買主を相手に提起した場合はどうだろうか。監督委員から再生債務者に対し，参加の機会を保障するため，その旨の通知がなされるが（民再規67条1項），再生債務者が，この場合に，売買契約は通謀虚偽表示にあたり無効であるとして，否認権以外の主張をして買主を相手に同一動産の返還請求訴訟を提起しようとしても，【事例1】の場合と同様に，重複（二重）起訴の禁止（民訴142条）や既判力の抵触の問題が生ずると考えられる。

そこで，【事例2】の場合にも，再生債務者は，既に係属している否認訴訟に，否認訴訟の被告に対して請求（先の例でいえば，通謀虚偽表示に基づく目的動産の返還請求）を立てて当事者として参加することができるとしている（民再138条2項）。また，参加後の審理・判決の合一確定を実現するために，必要的共同訴訟の規律（民訴40条1項～3項）が準用されている（民再138条4項）。以上の取扱いは，先行する訴訟が，否認の請求を認容する決定に対する異議訴訟（民再137条1項）および監督委員が受継した詐害行為取消訴訟等（民再140条1項）である場合も，同様である（民再138条2項括弧書）。

再生債務者に対する訴えの併合提起

【事例3】否認権限を有する監督委員が売買契約の相手方（買主）を被告として売却動産の返還請求訴訟（否認訴訟）を提起し，同訴訟が係属している場合を想定する。この場合に，買主が，再生債務者（売主）からの動産返還請求を封じて自己の地位の

安定を図るために，売買契約の有効（通謀虚偽表示でなかったこと）を主張して，再生債務者を被告として動産返還債務不存在確認訴訟を提起しようとすると，同一の動産返還請求権について，給付訴訟と消極的確認訴訟とが係属することになり，やはり重複（二重）起訴の禁止（民訴142条）に抵触するおそれがある。

そこで，監督委員を原告とする否認訴訟の被告（買主）は，再生債務者に対して，否認訴訟の訴訟物たる動産返還請求権の不存在確認の訴えを否認訴訟と併合して提起することができるとしている（民再138条3項）。そして，この場合についても，参加後の審理・判決の合一確定を実現するために，必要的共同訴訟の規律（民訴40条1項～3項）が準用されている（民再138条4項）。訴訟に引き込まれる再生債務者の手続保障よりも，否認訴訟の被告（買主）にとっての紛争解決の一回性の要請を優先させ，被告のイニシアティブで，三者間の2つの訴訟を併合する可能性（否認訴訟の被告による再生債務者の訴訟引込み〔いわゆる主観的追加的併合〕の可能性）を認めたものである。

5　法人役員に対する責任追及

役員の責任の査定制度

法人が倒産した場合には，過去何年間かにわたる粉飾決算など，法人の役員による違法行為の存在が明るみに出ることが少なくない。その場合には，法人の債務の弁済や再建の原資となる法人財産の充実のためにも，その責任は速やかに追及される必要がある。しかし，役員がこのような損害賠償請求権の存否や額を争うとき，法人としては，通常の

民事訴訟を提起して役員の責任を追及していくこともできるが，訴訟で請求認容判決を得るにはかなりの時間と費用を要する。

そこで，民事再生法は，法人の役員（取締役，理事，執行役，監事，監査役，清算人またはこれらに準じる者〔会社法上の会計参与や会計監査人など〕）が法人に対して善管注意義務・忠実義務違反その他の法令定款違反行為により損害賠償責任を負っている場合に，簡易・迅速な方法でそれらの者に対する損害賠償責任の追及ができるようにするために，損害賠償請求権の査定制度を設け，裁判所が簡易・迅速に法人の役員に対する損害賠償請求権の存在・額を確定し，役員に対して損害賠償を命じうることにしている（民再143条）。また，査定に基づく損害賠償の実効性を確保するため，必要があれば，役員の個人財産に対して，裁判所が保全処分を発令できる旨の定めも置いている（民再142条）。

しかも，民事再生法は，再生債務者等が申立てをしない場合には，再生債務者に代わって，再生債権者も保全処分の申立てや損害賠償請求権の査定の申立てができることにして（民再142条3項・143条2項），役員に対する責任追及の実を挙げることができるよう配慮している。民事再生手続が信頼を得ている理由の1つとして，その手続が公正であるという点を挙げることができるが，この手続の公正性に大きく貢献しているのが，再生債務者の役員に対する損害賠償請求権の査定制度である。

役員責任査定決定に対する異議の訴え

民事再生法は，査定決定によって損害賠償を命じられた役員や，査定の申立てを一部認容（棄却）された申立人に対して，口頭弁論に基づく判決手続を保障するために，異議の訴えという慎重な審理の場も用意している（民再145条）。簡易・迅速な処理とい

う要請から、第一次的には決定手続によることにしたのが査定制度であるが、実体権である損害賠償請求権の存否については、最終的には口頭弁論に基づく判決手続を保障すべきとするのが、憲法の要請（憲32条・82条）であるからである。他方、査定の裁判および査定の申立てを全面的に棄却（民再144条1項）する裁判に対しては、異議の訴えは提起できず、この場合には、改めて通常の民事訴訟を提起するしかない。

　査定の裁判に不服のある者は、決定の送達を受けた日から1か月以内に、査定の裁判に対する異議の訴えを再生裁判所に提起することができる（民再145条）。不服を申し立てる者の利益を考慮して、損害賠償請求権の査定の裁判および査定の申立てを棄却する裁判は、理由を付した決定で行われる（民再144条1項）。

> 利用状況

この法人の役員に対する損害賠償請求権の査定制度は、それなりに利用されているようである。大手百貨店そごうの再生事件では、同社の経営を引き継いだ新しい経営者によって、旧経営陣に対して損害賠償請求権の査定の申立てがなされ、再生裁判所がかなり高額の査定決定を行っている（東京地決平成12・12・8金判1111号40頁）。これに対して、旧経営陣側は直ちに異議訴訟（民再145条）を提起したが、異議審の結論は、原決定を認可するものと取り消すものとに分かれている（東京地判平成16・9・28判時1886号111頁〔取消し〕、東京地判平成16・10・12判時1886号132頁〔取消し〕、東京地判平成17・6・14判時1921号136頁／分析と展開12〔認可〕参照）。

第16章 再生手続における担保権の処遇

> 破産手続では，破産者の特定財産上の担保権は，別除権として扱われ，破産手続開始後も，手続的制約を受けることなく，担保権実行をすることができる。再生手続でも，再生債務者の特定財産上の担保権は，別除権として扱われているが，再生債務者の主要な財産に対して担保権実行がなされると，再生の妨げになることもあるため，再建型手続において，担保権をどのように取り扱うかは，難しい問題である。

1 再建型倒産手続における担保権の取扱い

再建型倒産手続と担保権との緊張関係

債権者が債務者の特定財産について担保権を取得する目的は，債務者が無資力になったときに，担保権者がその把握する交換価値から優先的に債権の回収を図るためである。したがって，債務者が倒産状態に陥った場合に，担保権者に担保権実行を許し，担保目的物の換価代金から，被担保債権の優先的回収を認めることは，円滑な金融を確保する上でも重要なことである。しかし，他方で，債務者の主要な財産に対して担保権実行がなされると，債務者は事業の基盤を失うことになり，再建の見込みがなくなることも予想される。その意味で，倒産手続，とりわけ再建型倒産手続におい

て担保権をどのように取扱うかは、極めて難しい問題である。

> 会社更生手続における取扱い

会社更生法は、この点に関し、担保権者の利益よりも、債務者会社の事業の維持・更生の要請を重視している。そのため、更生手続では、更生手続開始決定があると、更生会社財産に対する担保権の実行は当然に禁止される（会更50条1項）。一方で、担保権の被担保債権は担保目的物の時価でカバーされる範囲で「更生担保権」として扱われ（会更2条10項）、原則として、更生計画によらなければ権利行使をすることができない（会更47条1項・168条1項1号・3項・199条2項2号）。

> 民事再生手続における取扱い

これに対し、民事再生法は、再生債務者の特定財産上の担保権について、破産法と同じく別除権構成を採用し、再生手続開始後も、個別の担保権実行を原則として認めている（民再53条1項・2項）。更生手続と同様に再建型倒産手続でありながら、開始決定による当然の実行禁止と被担保債権についての弁済計画を通じた優先弁済という仕組みが採用されなかった理由は、何よりも、手続簡素化の要請にある。

具体的には、まず第1に、担保権を手続内に取り込みその中で優先的取扱いをするためには、担保目的物の価額を評価する手続（会更153条・154条参照）を再生手続内に用意する必要がある。しかし、そうすると、不動産の価額の評価のために時間やコストがかかることが予想される。第2に、再生計画案に優先順位の異なる複数の種類の権利についてその変更の定めを置くとなると、計画案の決議の際に、権利の種類ごとに組み分けをした上で決議を行う必要が出てくる（会更196条1項参照）。しかし、そうすると、手続費用もかさ

み,決議の成立手続も複雑になる。これらが再生手続で「再生担保権」構成ではなく,別除権構成が採用された主たる理由である。

そのため,民事再生法では,再生債務者の特定財産について担保権(特別の先取特権,質権,抵当権または商事留置権)を有する者は,目的財産につき,別除権者として,再生手続によらずに別除権を行使することを認めている(民再53条1項・2項)。一方で,再生債務者の事業の維持・再生を図るため,担保権実行手続に対する中止命令(民再31条)と,担保権消滅許可制度(民再148条以下)によって,担保権を制約できるものとしている。

2 再生手続における別除権者の地位

| 別除権の要件 |

(1) 典型担保

民事再生法上,別除権とされているのは,再生手続開始時点において再生債務者財産について存する特別の先取特権,質権,抵当権または商事留置権である(民再53条1項)。再生手続開始時に担保権が存在すれば,担保権付で目的財産が任意売却された場合にも,担保権者はなお別除権者である(同条3項)。

典型担保の取扱いについて,破産手続との比較において注意するべきであるのは,留置権である。破産法は,留置権の取扱いにつき,商事留置権と民事留置権に分けた上で,前者は特別の先取特権とみなし(破66条1項),後者はその効力を失うと定めている(同条3項)。これに対し,民事再生法では,商事留置権を別除権とする旨の規定はあるが(民再53条1項),民事留置権については特段の規定を置いていない。したがって,民事留置権は,破産手続とは異な

り，再生手続開始決定により当然に失効するわけではなく（破66条3項参照），再生手続開始後も存続することになる（東京地判平成17・6・10判タ1212号127頁／分析と展開22）。また，民事留置権は，民事再生法53条1項所定の担保権には該当しないので，担保権消滅許可制度によって消滅させることもできない（民再148条1項参照）。民事留置権による競売は，再生手続開始申立てから開始決定までは中止命令の対象となり（民再26条1項2号），開始決定後は競売手続開始の申立てをすることができない（民再39条1項）。したがって，目的物の留置を続けることで事実上個別弁済を期すことになろう。

他方，商事留置権は，破産法のように，特別の先取特権とみなして別除権とするのではなく，商事留置権そのものを直接別除権としている（民再53条1項）。したがって，留置権の効力がそのまま認められることは問題がなく，留置的効力は存続するし，形式的競売（民執195条）も可能である。しばしば問題とされているのは，銀行が貸付債権を被担保債権とする商事留置権の目的物である約束手形を手形交換所に回して，その取立金を銀行取引約定に基づいて被担保債権に充当することが認められるか否かである。これまで高裁レベルで裁判所の判断は分かれていたが（名古屋高金沢支判平成22・12・15判タ1354号242頁〔肯定〕，東京高判平成21・9・9金判1325号28頁／分析と展開23〔否定〕），近時，最判平成23・12・15民集65巻9号3511頁（百選53）は，約束手形が取立金に変わってもそれは商事留置権の目的となるから，別除権の行使として取立金を留置することができるため，再生計画の弁済原資や再生債務者の事業原資に充てることを予定しえないので，銀行取引約定に基づいて取立金を充当することができるとした。

なお，再生債務者は，前述のように，第三者対抗要件との関係で

は「第三者」と考えられるから，抵当権のように対抗要件が必要な担保権については，原則として，再生手続開始時に対抗要件が具備されている必要がある（例外として，民再45条1項但書）。

Column㉖ 手形の商事留置権者による取立金の弁済充当

破産手続における同種の問題に関する最判平成10・7・14民集52巻5号1261頁（百選52）は，手形に対する商事留置権者は，破産手続開始後も手形を留置する権能を有するので，破産管財人からの手形返還請求を拒絶し手形を適法に占有できることと，銀行が特別の先取特権に基づく優先弁済権を有することを指摘した上で，手形の商事留置権者たる銀行は，本件手形を手形交換によって取り立て，顧客に対する債権の弁済に充当できるとしている。破産手続では，商事留置権は特別の先取特権とみなされる（破66条1項）結果，別除権となる（破65条2項。ただし，破66条2項参照）のに対し，再生手続では，商事留置権は直接別除権とされる（民再53条1項）。そのため，商事留置権は，破産手続では特別の先取特権とみなされることにより優先弁済権が付与されるのに対し，再生手続では，優先弁済権はなく，目的物を留置することにより事実上債務者の弁済を促す効力を有するにとどまると解されてきた。これに対し，前掲最判平成23・12・15は，再生手続においても手形の商事留置権者たる銀行は，手形取立金を顧客に対する債権の弁済に充当できるとした。

しかし，この取扱いは，民事再生法が，条文上，別除権たる商事留置権に優先弁済権を付与していないにもかかわらず，再生手続開始前になされた私人間の合意（取立委任契約）に基づき商事留置権者に事実上の優先弁済を認めたものにほかならない。したがって，解釈論の範囲を逸脱しており，銀行による弁済充当を肯定するには，商事留置権に優先弁済権を認める旨の何らかの立法的手当てが必要である。現行法の規律を前提に，銀行が手形の取立金から優先弁済を受けうるためには，むしろ取立金返還債務との相殺の可能性を探るほうが適切であったのではなか

ろうか。詳細については，中島弘雅「判批」金法 1953 号（2012 年）15 頁参照。

---

(2) 非典型担保

譲渡担保等の非典型担保も別除権と解されている。もっとも，再生手続開始時点で非典型担保の私的実行が終了しており，目的財産がもはや「再生債務者の財産」（民再 53 条 1 項）でなくなっている場合には，別除権とはならず，取戻権が問題となるのみである（このことにつき，東京地判平成 15・12・22 判タ 1141 号 279 頁／分析と展開 38 参照）。

非典型担保が別除権となるということの意味は，再生手続開始後も担保権実行ができること（民再 53 条 2 項），不足額責任主義（次項）が適用されること，再生計画による権利変更を受けないこと（民再 177 条 2 項）等にある。しかし，他方で，非典型担保が担保権実行の中止命令（民再 31 条）や担保権消滅許可制度（民再 148 条以下）の対象となるか否かについては，後述のように議論がある。

非典型担保についても，担保権を実行するためには，対抗要件の具備が必要である（所有権留保に関し，最判平成 22・6・4 民集 64 巻 4 号 1107 頁／百選 58 参照）。

> 別除権者の再生
> 債権行使

(1) 不足額責任主義

別除権者の被担保債権が再生債権としての性質を有する場合でも，別除権の行使により完全な満足を受けうる限り，別除権者は再生債権として再生手続によりその債権を行使する必要はない。しかし，満足を受けることができない部分に関しては，再生債権として行使することを認める必要がある。また，別除権の行使によって満足を受けられる部

分について，別除権の行使に加えて，再生債権としての行使を認めるのは再生債権者との関係で不平等である。そこで民事再生法は，別除権者が別除権の行使によって弁済を受けることができない債権額（不足額）についてのみ，再生債権者としてその権利を行使することを認めている（民再88条本文）。これを不足額責任主義という。この規律は破産法108条1項本文と同じである。したがって，不足額を再生債権として行使しようとする別除権者は，被担保債権そのものについての届出（民再94条1項）に加えて，あらかじめ別除権予定不足額（別除権の行使によって弁済を受けることができないと見込まれる債権額）を届け出なければならない（同条2項）。

Column㉗ 別除権予定不足額の届出欠如と別除権行使

　東京高決平成14・3・15金法1679号34頁（分析と展開20）は，動産売買先取特権を有する債権者が，一般の再生債権者として債権を届け出て，民事再生法94条2項所定の別除権予定不足額の届出をしていない場合であっても，別除権行使ができるかどうかという点につき，先取特権行使の対象となる財産があることを知りながら，あえて一般再生債権としての届出をし，先取特権を放棄したものと認めるべき特段の事情がない限り，別除権としての権利行使が制限されることはないと判示した。動産売買先取特権者が，再生債務者財産中に先取特権の対象となる財産があるか否かを短期間のうちに調査した上で，的確な届出をするのは困難であることに配慮したものであるが，他方で，このような先取特権は公示手段を伴っていないため，民事再生法94条2項の届出がなくても自由に別除権行使ができるとすると，再生手続の進行に影響の出ることも予想されるところである。

(2) 不足額の確定

不足額責任主義の下では，別除権者たる担保権者は，別除権行使

によって弁済を受けることができない債権の部分が確定した場合に限り，その部分について再生計画の定めに従い再生債権を行使することができる（民再182条本文）。では，具体的に不足額はどのような場合に確定するか。

① 担保権実行による確定

まず第1は，担保権実行や担保権消滅許可制度により，被担保債権全額の弁済を受けることができないことが確定した場合である。再生計画案を作成する段階で不足額が確定している場合には，その不足額分の再生債権について再生計画案で権利変更の定めが置かれることになる（民再157条1項）。これに対し，再生計画を作成する段階で担保権実行が未了である等の理由で不足額が確定していない場合に，再生計画案に権利変更の定めが置けないとすると，再生計画認可決定の確定により不足額分の再生債権が失権するおそれがある（民再178条）。そこで，この場合には，再生計画案作成時点以降に不足額が確定した場合の「再生債権者としての権利の行使に関する適確な措置」（民再160条1項）を定めておく必要があるとされている。

他方で，再生債権を被担保債権とする根抵当権の元本が確定している場合には，根抵当権の被担保債権のうち極度額を超える部分については，不足額が確定していなくても，他の再生債権と同様の権利変更を経た債権への仮払いと，不足額部分がその後確定した場合の精算（被担保債権が減少しているときは一部返還，増加しているときは追加払い）について再生計画で定めをすることができる（民再160条2項）。なお，根抵当権の元本は，破産手続では，手続開始決定により根抵当権は当然に確定するが（民398条の20第1項4号），再生手続では，手続開始決定によって当然に確定するわけではないから（民再148条6項参照），根抵当権者と再生債務者との合意等によ

って元本を確定させる必要があることに注意しなければならない（→第18章 **5**）。

② 被担保債権額減少の合意等による確定

不足額が確定する第2の場合は、「当該担保権によって担保される債権の全部又は一部が再生手続開始後に担保されないこととなった場合」（民再88条但書）である。具体的には、担保権者が担保権を全部または一部放棄した場合や、担保権者が被担保債権たる再生債権の一部を被担保債権から外す旨の合意を再生債務者との間でした場合などである。後者の例としては、たとえば、被担保債権が1,000万円で、目的物の評価額が700万円の場合に、300万円について被担保債権額から外す旨の合意がなされる場合がそれであり、その際には、あわせて、被担保債権額700万円分について弁済の方法に関する合意が一体としてなされるのが一般的である。このような合意のことを別除権協定という。

Column28 別除権協定

被担保債権たる再生債権の一部を被担保債権から外す旨の不足額確定の合意をはじめ、別除権の目的財産の受戻しの合意（民再41条1項9号）、別除権の基礎となる担保権の内容の変更の合意、被担保債権の弁済方法の合意、合意された弁済方法による弁済を継続している間は担保権実行をしないことと弁済完了時における担保権の消滅の合意など、別除権者と再生債務者等の間で結ばれる別除権の行使を消滅させたり制約したりする合意のことを、倒産実務では、「別除権協定」と呼んでいる。たとえば、事業継続に不可欠な財産に担保権が設定されている場合に、担保権消滅許可制度を利用して担保権を消滅させるためには、担保目的財産の価額に相当する金銭を一括納付する必要があるので、これができない場合には、再生債務者は担保権者と、目的財産の評価額や被担保債権の弁済方法について交渉をして、担保権者から合意された弁済を継続

する限り担保権を実行しない旨の確約を得ない限り，事業の継続はできない。その意味で，実行可能な別除権協定を締結できるか否かが，再生手続の成否を握るといわれている。松下淳一『民事再生法入門』（有斐閣・2009 年）97 頁参照。

3 担保権実行手続に対する中止命令

> 制度趣旨

再生手続では，再生債務者の特定財産上の担保権は，別除権として手続の制約を受けずに権利行使をすることができる（民再 53 条 2 項）。しかし，無制限に担保権の実行を認めると，再生債務者の事業または経済生活の再生にとって必要ないし有用な財産が失われ，再生債務者の事業の再生が困難となり，ひいては再生債権者の一般の利益に反する場合も生じうる。そのため，たとえば，事業継続にとって不可欠な財産に担保権が設定されている場合には，担保目的財産の価額に相当する金銭を一括納付できないと，担保権消滅許可制度を利用できないから，再生債務者は，担保権者と，目的財産の評価額や被担保債権の弁済方法（あるいは担保目的物の処分時期や方法）等について交渉をする必要がある。そのような場合に，再生債務者等が別除権者と交渉するための時間的猶予を与えることを主たる目的として導入されたのが，担保権実行としての競売手続に対する中止命令の制度である（民再 31 条）。

> 中止命令の発令要件

担保権者は，まさに債務者の倒産といった事態に備えて担保権を取得するもので

あり，そのために担保権には，実体法上，優先権と換価権が備わっているのであるから，中止命令を発令して，担保権実行を制約するためには，次の要件を具備する必要がある。

　第1に，担保権の実行手続に対する中止命令を発令できるのは，再生手続開始申立て後であるということである。中止命令は，再生手続開始申立て後であれば，再生手続開始前であっても発令されうるが，再生手続開始前に発令された場合には，民事再生法上の保全処分（→第12章4）と位置づけることができる。

　第2に，担保権実行手続の中止が，再生債権者の一般の利益に適合することである。たとえば，担保権実行手続を中止することにより，再生債務者が目的財産を維持しつつ事業を継続し，そこから生じた収益によって一般債権者への弁済が増加するといった場合が，それにあたる。

　第3に，競売申立人に不当な損害を及ぼすおそれがないと認められることである。確かに，担保権実行手続の中止は，担保権そのものに対する制限ではなく，単に換価権の行使時期を遅らせるものにすぎない。しかし，換価の時期が遅れることにより，担保目的物の滅失や減価のおそれもある。そこで，担保権実行手続の中止により担保権者に生じる損害が，その受忍すべき限度を超える場合には，中止命令の発令を認めないことにしたものである。いかなる場合にこの要件の充足が認められるかは，個別に判断するほかないが，担保目的物の性質，中止期間における担保目的物の減価の程度，中止期間の長さ，競売申立人の担保の保有状況などを考慮することになろう。また，一見，担保権者に不当な損害を及ぼすおそれがあるような場合でも，担保目的物の減価分について代担保を提供するなどの「適切な保護」（adequate protection）が与えられることを条件と

して，担保権実行としての競売手続の中止を命ずることができると解する余地があろう。

第4に，当該担保権の被担保権利が，共益債権または一般優先債権ではなく，再生債権でなければならないということである（民再31条1項但書）。共益債権または一般優先債権は，再生手続外で随時弁済すべき権利であるから（民再121条1項・122条2項），中止命令の対象とするのは不適切と判断されたためである。

中止命令の発令手続と効果

中止命令は，利害関係人の申立てによりまたは職権で発令される（民再31条1項）。典型的な利害関係人は，再生債務者自身である。裁判所は，中止命令を発令する際には，競売申立人の意見を聴く必要がある（民再31条2項）。前記第3の要件について競売申立人に主張の機会を与えるためである。

中止命令は，相当の期間を定めて発令される（民再31条1項）。3か月程度が一般的である。中止命令は，再生債務者等が担保権者と，目的財産の評価額や被担保債権の弁済方法等について交渉をするための時間的猶予を与えるためのものであるからである。

中止命令の対象とされているのは，民事再生法の文言上は，一見，競売の方法による担保権実行に限定されているようにみえる。そのため，抵当権の物上代位に基づく賃料債権等の差押えも中止命令の対象となるかどうかが問題となる。しかし，大阪高決平成16・12・10金判1220号35頁（分析と展開26）は，一般論としては，抵当権の物上代位に基づく賃料債権の差押えが中止命令の対象となりうることを認めている。

中止命令に対しては，競売申立人に限り，即時抗告ができる（民再31条4項）。抗告理由は，前記発令要件の不存在である。

Column㉙　中止命令違反行為の効力

最決平成19・9・27金判1277号19頁は，中止命令に違反してなされた，集合債権譲渡担保の対抗要件具備行為である債権譲渡通知（民467条）を有効とした原判決（前掲大阪高決平成16・12・10）に対する上告および上告受理申立てにつき，上告棄却・不受理決定をし，原決定を是認している。

非典型担保への類推適用の可否

譲渡担保や所有権留保等の非典型担保の実行も中止命令の対象となるか否かが，近時問題となっている。民事再生法31条1項が「競売申立人」という文言を用いていることから，対象となる手続としては，民事執行法の定める担保権実行手続としての競売を想定しているようにもみえる。そのため，非典型担保への民事再生法31条の類推適用を否定する見解も実務界を中心に存在する。しかし，多数説は，担保権実行の制約による再生債務者の事業の再生機会の付与という中止命令の趣旨は，非典型担保の場合にも妥当するとして肯定説をとる。特に非典型担保では，簡易な私的実行が認められ，早期に実行手続が終了してしまうので，中止命令によって別除権協定締結の交渉や担保権消滅許可の機会を確保する必要があるためである。現に，集合債権譲渡担保の実行について，大阪高決平成21・6・3金判1321号30頁（百選60）は，中止命令の規定の類推適用を認め，担保権実行行為である①債務者への取立委任を解除する旨の意思表示，および②第三債務者への譲渡担保権実行の通知を対象として，これらの行為がなされる前に中止命令（実質は禁止命令）を発令している。

また，後にも触れるように，判例・通説は，フルペイアウト方式

のファイナンス・リース契約の法的性質につき，その実態を重視して賃貸借契約とは異なる担保付金融取引（金銭消費貸借契約）であると解しているが（最判昭和57・3・30民集36巻3号484頁／百選75，最判平成5・11・25金法1395号49頁など），このような理解を前提にすると，ファイナンス・リース契約上の倒産解除特約に基づくリース契約の解除は，担保権実行の意味を有することになる（→第17章1）。そこで，再生手続開始後，必要があれば，再生債務者は，中止命令を得てリース業者の担保権実行（＝リース契約の解除）を停止できるとする見解（最判平成20・12・16民集62巻10号2561頁／百選76における田原睦夫裁判官の補足意見〔→*Column* ㉜〕ほか）が有力に主張されている。

4 担保権消滅許可制度

制度趣旨　再生手続では，再生債務者の特定財産上の担保権は，手続による制約を受けることなくその権利を行使することができる（民再53条1項・2項）。そのため，再生債務者が，事業再生のために不可欠の財産に設定された担保権の実行を回避しようとするときは，担保権者と，別除権の目的財産の受戻し（民再41条1項9号）等について交渉をする必要がある。しかし，被担保債権の減免等を内容とする別除権協定（→*Column* ㉘）が締結できないときは，担保権の不可分性の原則（民296条ほか）に基づき，被担保債権全額について弁済することが求められる。にもかかわらず，民事再生法は，担保権の目的「財産が再生債務者の事業の継続に欠くことのできないものであるとき」は，再生債務者等

は，裁判所に対し，当該財産の価額に相当する金銭を裁判所に納付して当該財産の上に存するすべての担保権を消滅させることについて許可の申立てをできることにした（民再148条1項）。これが，再生手続における担保権消滅許可制度である。たとえば，時価5,000万円の甲土地上に，Aの1番抵当権（被担保債権額2,000万円），Bの2番抵当権（同4,000万円），Cの3番抵当権（同2,000万円）がそれぞれ設定されているケースを例にとると，仮にAが抵当権を実行して甲土地が5,000万円で売却された場合，Aに2,000万円を，Bに3,000万円を配当し，Cには何ら配当をしなくても，担保権はすべて消滅するはずである（民執59条1項）。だとすると，担保権者にはこれらの金額さえ配当されれば，担保権者としての最低限の利益は保護されていると解することができる。担保権消滅許可制度は，このような考え方に基づいて導入されたものである。もっとも，この制度を利用するためには，目的財産の価額に相当する金銭を一括して裁判所に納付する必要があるので，実際にこの制度が利用できるのは，目的財産を新規融資の担保とする借換えの場合や，当該財産を含む事業譲渡がなされる場合など，再生債務者側がまとまった金銭を用意できる場合に限られることになろう。

担保権消滅許可の要件

(1) 担保権の目的財産が事業継続に不可欠であること

担保権消滅許可の第1の要件は，担保権の目的財産が，再生債務者の事業の継続に不可欠であることである（民再148条1項）。担保権者には，本来，別除権者として，換価権の行使時期を選択する利益が認められ，また，再生債務者等の側から目的物を受け戻すには，担保権の不可分性の原則により，被担保債権全額の弁済が必要である。にもかかわらず，この制度は，担保権消滅許可申立ての時点で

の目的物の価額相当額を提供することによって、担保権を強制的に消滅させてしまうものであるため、これが認められる範囲は、再生債務者の事業の再生を図るという再生手続の目的を達成するのに必要不可欠な範囲（担保権者の利益を凌駕する利益が存在する場合）に限定するのが相当であるという考え方に基づいて設けられた要件である。

ここにいう事業の継続に不可欠な財産とは、担保権実行がなされると再生債務者の事業の継続が不可能となるような代替性のない事業用の財産（再生債務者たる製造業者の工場用建物と敷地、小売業者の所有する店舗用の建物と敷地など）がその典型例である。他方で、再生債務者の「事業」の継続が要件とされていることから、再生手続の中で事業譲渡が行われる場合であっても、譲渡先において「事業」が継続され、対象財産が当該事業の継続に不可欠であるときは、事業継続不可欠要件を満たすと解されている。

Column㉚ 事業の継続に不可欠な財産

これら以外の場合に、いかなる財産が事業継続不可欠財産に該当するかをめぐっては、立法当初から議論がある。担保権を消滅させて遊休不動産を処分し、その代金を事業継続資金として活用しようとする場合については、目的不動産自体が事業継続にとって不可欠とはいえないから、不可欠要件を満たさないと解される。この点に関し、東京高決平成21・7・7判時2054号3頁（百選61）は、事業のために継続して使用するわけではない財産の場合でも、再生債務者の事業の形態（ビジネスモデル）に着目することにより、事業継続不可欠要件を満たしていると判断したものである。この事案の再生債務者の事業は、戸建住宅の分譲事業であり、戸建住宅の敷地に担保権を設定して、売却時にその担保権を消滅させて、買主に引き渡すというスキームによる事業を、担保権者の了解の下で行っていたというものであるが、この事業は担保権を消滅させることができなければ成り立たないため、事業継続不可欠要件を満た

すと判断されたものである。中島弘雅「判批」法学研究85巻2号（2012年）138頁以下参照。

---

(2) 目的財産の価額よりも被担保債権の総額の方が大きいこと

第2の要件は、要するに、目的財産の価額より被担保債権額の方が大きいということである。そうでなければ、被担保債権全額を弁済して受戻し（民再41条1項9号）をすることができるからである。この要件は、条文上は明らかではないが、申立書の記載事項として、目的物の価額と被担保債権額の総額の記載が求められていること（民再148条2項2号・4号）からうかがい知ることができる。

> 担保権消滅許可の手続

担保権消滅許可の申立ては、担保権消滅許可申立書でしなければならないが（民再148条2項、民再規70条）、申立書の記載事項は、次の通りである。すなわち、担保権の目的財産（民再148条2項1号）、その財産の価額（同項2号）、消滅すべき担保権（同項3号）、消滅すべき担保権の被担保債権額（同項4号）、消滅すべき担保権者の氏名等（民再規70条1項1号）、目的財産が上記の事業継続不可欠要件を備えていること（同条1項2号）、再生債務者またはその代理人等の電話番号等（同条2項）である。目的財産が事業継続不可欠要件を欠く場合には、担保権者の利益を害するので、申立ては棄却される。

再生債務者等から担保権消滅許可の申立てがなされると、裁判所は、許否の決定を行う。許可決定があった場合には、その裁判書は許可申立書とともに、消滅すべき担保権者に送達される（民再148条3項前段）。公告をもって送達に代えること（送達代用公告。民再10条3項本文）はできない（民再148条3項後段）。担保権者に対抗手段をとる機会を保障するためである。

担保権消滅許可決定に対しては，即時抗告が認められる（民再148条4項）。即時抗告について裁判があった場合も，その裁判書が担保権者に送達される。この場合も送達代用公告は認められない（民再148条5項）。担保権消滅許可の決定が確定し，かつ，裁判書の送達から原則として1か月以内に担保権者が（後述の担保権者の対抗手段としての）価額決定請求をしなかった場合において，再生債務者等が，裁判所の定める期限（民再規81条1項）までに申立書に記載した申出額（担保目的物の価額相当額）に相当する金銭を納付すると，申立書記載のすべての担保権が消滅する（民再152条1項・2項）。この場合，裁判所書記官は，消滅した担保権にかかる登記または登録の抹消登記を目的物所在地の登記所に嘱託しなければならない（民再152条3項）。裁判所に納付された金銭は，個別執行における配当（民執84条1項・2項）と同様の手続に基づき，担保権者に対して配当または弁済金交付が行われる。また，担保権者に弁済金を交付して，なお剰余金があるときは，再生債務者等に剰余金を交付する（民再153条）。

非典型担保が担保権消滅許可の対象となるか否かについては争いがあるが，一律にこれを否定する理由はない。前述のように，判例・通説は，フルペイアウト方式のファイナンス・リース契約におけるリース業者の権利を，リース料債権を被担保債権とする担保権と解しているが，このことからすると，ファイナンス・リース契約も，基本的に担保権消滅許可の対象となりうると解される。

| 価額決定請求手続 | 担保権者は，担保権消滅許可決定が，事業継続不可欠要件等の要件を欠いていると判断する場合には，即時抗告を申し立てることができるが（民再148条4項），再生債務者等が提示した目的物の申出額（同条2項2

号）が低すぎると判断する場合には，担保権者は，対抗手段として，裁判所に価額決定の請求をすることができる（民再149条1項）。価額決定請求があると，再生裁判所は，請求期間の経過や手続費用の予納がないこと等を理由に価額決定請求を却下する場合を除き，不動産鑑定士等を評価人に選任し，目的財産の評価を命じなければならない（民再150条1項）。そして，再生裁判所は，その評価に基づいて目的財産の価額を決定する（民再150条2項）。目的財産の評価は，価額決定時における処分価額とされている（民再規79条1項）。担保権者の最低限の利益を守るためである。

ここにいう処分価額の意義については，担保権者がその独自の権能に基づいて実現できる競売価額と解する見解もあるが，再生債務者等による目的財産の観念的処分と考えるべきであるから，通常の市場価額に早期の処分をすることによる減価を考慮した，いわゆる早期処分価額と解すべきである。

担保権者が複数いる場合には，すべての担保権を消滅させる関係上，目的財産の価額はすべての担保権者との関係で画一的に確定する必要がある。そこで，担保権者全員について価額決定の請求期間（民再149条1項・2項）が経過しなければ，再生裁判所は価額決定をすることができない（民再150条3項前段）。また，1つの財産について複数の価額決定請求事件が係属するときは，合一確定のために事件を併合しなければならない（民再150条3項後段）。価額決定は，すべての担保権者に対して効力を有する（民再150条4項）。価額を定める決定に対しては，再生債務者等も担保権者も即時抗告ができる（民再150条5項）。目的財産の価額が確定したときは，再生債務者等は，その額の金銭を，裁判所の定める期限（民再規81条1項参照）までに裁判所に納付しなければならない（民再152条1項）。

第17章 再生手続における法律関係の処理

実体的法律関係や手続的法律関係の一方当事者が再生手続開始決定を受けると、それらの法律関係は、大きな影響を受けざるをえない。本章では、再生手続開始決定後、それらの法律関係がどのように処理されるかを、破産手続との違いに留意しつつ説明する。

1 双務契約の処理一般

　民事再生法49条は、双方未履行の双務契約の一方当事者が再生手続開始決定を受けたときに、当該契約がどのように処理されるかという点につき、契約類型を問わない一般的な原則（通則）を定めている。破産法53条（および会更61条）にもほとんど同趣旨の規定があるが（→第8章 *2*）、後述のように、取扱いの異なる点もある。

通則――解除または履行の選択

　民事再生法49条によると、再生手続開始時に契約当事者双方に義務の全部または一部が残っているときに、再生債務者等に、契約を解除するか、再生債務者側の義務を履行して相手方にも義務の履行を請求するかの選択権が与えられている（民再49条1

項)。そして，再生債務者等が履行を選択したときは，その請求権は再生債務者財産になるとともに，相手方が有する請求権は共益債権となる（民再49条4項）。他方，契約解除が選択されると，相手方の損害賠償請求権は再生債権となり，相手方が契約内容を一部履行済みの場合には，目的物が再生債務者財産中に現存しているときはその返還を請求でき，現存していなければその価額につき共益債権者として権利を行使することができる（民再49条5項）。以上の取扱いは，履行または解除の選択権の行使主体が，破産管財人ではなく，再生債務者等であるという点を除くと，基本的に破産法53条1項・148条1項7号・54条と同様の規律である。

　もっとも，破産手続と異なる点として，①契約の相手方から契約解除か履行請求かという選択をするよう催告されて相当の期間内に確答がなされなかった場合の効果についての規律がある。すなわち，清算型の破産手続では，解除とみなされる（破53条2項後段）のに対して，再建型の再生手続では，解除権の放棄が擬制されている（民再49条2項）。また，②破産手続では，一般に労働協約にも破産法53条の規定が適用されると解されているが，民事再生法49条3項は，労働協約には，同条1項・2項は適用しない旨を明文で規定している（その趣旨については，後述 **2③**）。

選択権の行使主体

破産法53条では，契約を解除するか，履行するかの選択権は，倒産した債務者自身ではなく，それとは別人格の破産管財人に与えられているのに対して，再生手続では，「再生債務者等」に与えられている。すなわち，管財人が選任される事件では，破産手続と同様に管財人に選択権が認められているが，管財人が選任されない事件では再生債務者に選択権が認められている（民再2条2号）。しかし，再生手続に

おいて管財人が選任されるケースは少ないので,多くの場合には,再生債務者自身が解除か履行かの選択権を行使することになる。

　民事再生法が,再生債務者に選択権を与えたのは,①再生手続が再生債務者の自助努力による再建を基調とする手続であり,債務者自らが手続追行にあたるのが原則であることや,②手続機関としての再生債務者は,個人的利害にとらわれず,総債権者の利益のために行動すべき義務を負っていること(民再38条2項)が考慮された結果であると考えられる。換言すると,再生債務者には,いわゆる「再生債務者の第三者性」(→第13章 *2*)の発現の一形態としてこのような選択権が与えられており,再生債務者は,総債権者の利益に資するか否かという,管財人と同様の判断に基づいてこの選択権を行使しなければならない。

倒産解除特約

　動産の所有権留保付売買契約やファイナンス・リース契約等において,契約の一方当事者に倒産手続開始申立てや支払停止等の事実が発生したとき,契約の相手方が当該契約を無催告解除できる旨の条項(倒産解除特約)が置かれている場合に,相手方は,再生手続開始後に,このような条項に基づき契約を解除できるか,という問題がある。この種の合意がなされるのは,いうまでもなく,契約の相手方としては,倒産状態に陥った者と契約を継続することに不安を感じるためである。しかし,倒産解除特約は,各倒産法の規律の潜脱をもたらしかねないため,その効力をめぐって議論がある。特に再建型倒産手続では,倒産解除特約の効力をどのように解するかは,再建の成否を大きく左右する。

(1)　最判昭和57・3・30民集36巻3号484頁

　判例上,リーディングケースとされている最判昭和57・3・30民

集36巻3号484頁（百選75）は，事業の継続に不可欠な動産（機械）を目的とする所有権留保付売買契約の買主に更生手続開始申立ての原因となるべき事実が生じたことを契約解除事由とする特約が付されている事案において，本件特約は，「債権者，株主その他の利害関係人の利害を調整しつつ窮境にある株式会社の事業の維持更生を図ろうとする会社更生手続の趣旨，目的（〔旧〕会社更生法1条参照）を害するものであるから，その効力を肯認しえない」ことを理由に，当該特約に基づく売買契約の解除は効力を有しないと判示した。しかし，この判決が特約を無効とした理由および同判決の射程の理解に関しては，見解が分かれている。

現行破産法の制定過程でも，倒産解除特約の効力について規定を設けて法律関係を明確にすることが検討されたが，最判昭和57年の射程に関する理解が一定していないことや，再建型倒産手続に限って効力の制限を設けるとしても，対象となる契約の範囲等，要件を明確にすることが困難であるとして，立法化は見送られた。

Column㉛ 最判昭和57年3月30日の射程

前記最判昭和57年の射程を広く解し，倒産解除特約の効力を，すべての倒産手続との関係において否定する見解がある。この見解は，その理由として，本来，債務者の責任財産として債権者全体の満足に供せられるべき財産が，倒産解除特約によって公示もないまま取戻権の対象となって責任財産から離脱することを認めるのは，債権者平等の確保という倒産手続の目的に反する点や，倒産解除特約の効力を認めてしまうと，相手方は，常に解除権を主張でき，倒産法が未履行双務契約に関して解除または履行の選択権を管財人等に与えたことの意味が失われてしまう点を挙げている。この説によれば，倒産解除特約は再建型倒産手続のみならず，清算型倒産手続でも効力が否定されることになる。

また，最判昭和57年の判旨を，倒産解除特約の効力を債務者の事業

の維持・再建という再建型倒産手続の目的に抵触する限りで否定したものと解する見解（たとえば，東京高判平成19・3・14判タ1246号337頁）もある。つまり，判旨は，倒産解除特約に基づき契約が解除され，事業の継続に不可欠な財産が取り戻されると，債務者の事業の維持更生を図ることが困難になるため，当該特約の効力を否定したのであり，したがって，「事業の継続のために不可欠な」財産を対象とするものである限り，更生手続だけでなく再生手続においても，倒産解除特約は無効であると解する見解である。この説によると，破産手続では倒産解除特約は有効と解される。

さらに，前記判旨は，更生手続では手続開始によって担保権の実行も制約されるため，非典型担保たる所有権留保付売買における担保権実行としての意味を有する売主の契約解除を否定したものにすぎず，したがって，担保権者が別除権者として取り扱われる再生手続には，前記判決の射程は及ばないと解する見解もある。しかし，これに対しては，再生手続で担保権者に担保権実行の自由を認めると，担保権実行中止命令や担保権消滅許可請求の利用が事実上できなくなるなど，再生債務者の事業の再生が困難になるとして，再生手続においても倒産解除特約は無効と解すべきであるとの批判がある。

---

(2) 最判平成20・12・16民集62巻10号2561頁

そうした中で，最判平成20・12・16民集62巻10号2561頁（百選76）は，フルペイアウト方式のファイナンス・リース契約において，ユーザーにつき民事再生手続開始申立てがあったときは，リース業者は催告をしないで契約を解除できる旨の特約を，民事再生手続の趣旨，目的に反し無効であると判示した。

民事再生手続では，会社更生手続と異なり，担保権は別除権として再生手続によらずに権利行使ができ，また，ファイナンス・リー

ス契約上の倒産解除特約は，担保権実行の方法に関する合意とみることができるから，本件倒産解除特約も有効と解すべきもののようにも思える。しかし，本判決は，ファイナンス・リース契約の解除に担保権実行の意味があるとしても，手続開始申立てと同時に契約解除（＝担保権実行）を認めると，担保権者の一存で，別除権をめぐる利益調整の機会（具体的には，ユーザーがリース業者との間で，今後のリース料の支払等につき弁済協定の締結に向けて交渉をする機会）が奪われ，再生債務者とその債権者との間の民事上の権利関係を適切に調整し，もって当該債務者の事業の維持再生を図るという民事再生法の目的を達成できなくなるとの理由で，本件倒産解除特約を無効であるとしたのである。

Column ㉜ 最判平成 20 年 12 月 16 日の補足意見

最判平成 20 年は，前記のようにファイナンス・リース契約における本件倒産解除特約が無効であるとしたが，リース契約中の期限の利益喪失条項の効力は否定されていないから，ユーザーが再生手続開始申立てをしたときは，通常，ユーザーはリース料金の期限の利益を喪失し，リース業者はリース料金の債務不履行を理由に，担保権実行としてリース契約を解除することができることになる。そうすると，再び，再生債務者とリース業者との間で，残リース料金の支払に関する弁済協定の締結に向けて交渉をするための時間が確保されないこととなり，前記判決が述べるような民事再生法の趣旨，目的を達成することはできなくなろう。この点について，本判決には田原睦夫裁判官の補足意見が付されており，大略以下のように述べている。

ユーザーたる再生債務者が弁済禁止の保全処分を受けた場合，リース料金についての弁済も禁じられ，その反射的効果として，リース業者は再生手続開始申立て後のリース料金の不払を理由とするリース契約の解除は禁止される（前掲最判昭和 57・3・30 参照）。他方，再生手続が開始

されると、開始決定の効果として、再生債権の弁済は原則として禁止される（民再85条1項）が、弁済禁止の保全処分は開始決定と同時に失効するので、再生債務者は、リース料金について債務不履行状態に陥ることとなる。したがって、リース業者は、別除権者としてその実行手続としてのリース契約の解除手続等をとることができるが、再生債務者は、再生手続の遂行上必要があれば、これに対し、担保権の実行手続の中止命令（民再31条1項）を得て、リース業者の担保権の実行に対抗することができる、と。

---

2 各種契約の処理に関する特則

1 賃貸借契約

　破産法も民事再生法も、双方未履行双務契約の処理に関する一般原則とは別に、賃貸借契約の一方当事者が破産ないし再生手続開始決定を受けた場合につき特則を定めているが、破産手続と再生手続とでは、同じ規律の部分と異なる規律の部分があるので注意が必要である。

　破産手続と同じ内容の規律としては、①賃借人が再生手続開始決定を受けた場合に、民事再生法49条（破53条に相当する）の一般的規律に従って、賃借人たる再生債務者等が賃貸借契約の解除か履行かの選択をなすことができる点や、②賃貸人が再生手続開始決定を受けた場合でも、契約の相手方たる賃借人が対抗要件を具備しているときは、賃貸人たる再生債務者の解除か履行かの選択権が排除されている点（民再51条による破56条の準用）、③賃料債権の譲渡・賃

料の前払に関する規律を挙げることができる。他方，破産手続と再生手続とで，その取扱いが異なる点としては，①賃料債権を受働債権とする相殺と，②敷金返還請求権者（賃借人）の保護に関する規律を挙げることができる。

―――――――――――
賃料債権を受働債権
とする相殺の制限
―――――――――――

賃貸人が破産手続や再生手続開始決定を受けた場合において，たとえば賃借人が賃貸人に対して建設協力金（賃貸ビルの建設資金に充てるため，あらかじめビル借受け希望者から建築主に一定期間後の返還を約して交付される金銭のこと）等にかかる債権を有しているとき，賃借人側が，前記建設協力金等にかかる債権を自働債権とし，賃料債権を受働債権として相殺することができるか。

現行破産法においては，賃借人（破産債権者）が破産手続開始決定後に発生する賃料債権を受働債権として相殺をする場合に関しては，受働債権とすることができる賃料債権の範囲に関して何らの制限も設けられていない（→第8章3①）。したがって，破産債権者たる賃借人は，建設協力金返還請求権を自働債権とし，将来の賃料債権（ただし期限の利益を放棄する必要がある）を受働債権として相殺をすることができる。

これに対して，再建型倒産手続である再生手続では，手続開始後に賃料が現実に再生債務者等に支払われることが，再生債務者たる賃貸人の事業の維持・再生にとって極めて重要である。そこで，再生手続開始後に発生する賃料債権を受働債権とする相殺が可能な範囲を制限し，賃借人（再生債権者）は再生手続開始後に弁済期が到来する賃料債務の6か月相当額に限って相殺をすることができることとされている（民再92条2項）。したがって，建設協力金等にかかる債権額が賃料債権の6か月相当額を超えるときは，再生債権者

たる賃借人は，6か月相当額までは相殺により建設協力金等を回収できるが，6か月相当額を超える部分については再生債権として再生計画の定めに従って割合弁済を受けるほかはない。

賃料債権を弁済する場合の保護

破産手続においては，敷金返還請求権を有する賃借人（破産債権者）が破産者に対する賃料債務を弁済する場合においては，停止条件付債権を有する者が負担する債務を弁済する場合と同様に（→第6章 *3*），条件成就時（敷金返還請求権の発生時）における相殺権の行使を保護するために，弁済額を寄託することを請求することができる（破70条後段）。

これに対して，再生手続では，敷金返還請求権を有する賃借人（再生債権者）が再生債務者に対する賃料債務を弁済した場合においては，再生債務者がその金銭を事業継続のための運転資金として利用できる方が望ましいため，弁済額を寄託するという取扱いにしないで，弁済を受領した再生債務者等がそのまま利用できることにした。もっとも，破産手続におけるのと同様の保護を賃借人に与えるという観点から，賃料債務の弁済が再生債務者の事業継続の基礎となる資金繰りに貢献した点に着目し，賃借人（再生債権者）が有する敷金返還請求権については，弁済された賃料相当額の範囲で，かつ，6か月相当の額を上限として，共益債権とされている（民再92条3項）。たとえば，6か月分の賃料を敷金として差し入れた賃借人が，賃貸人について再生手続開始決定がなされた後に賃料を4か月分支払ったとすると，敷金返還請求権は，その4か月分相当額が共益債権となる。したがって，再生手続係属中に賃貸借の契約の終了と目的物件の明渡しとがあったときは，共益債権たる敷金返還請求権は，その4か月分が全額弁済される（民再121条1項・2項）。また，

再生手続終了後に目的物件の明渡しがなされたときは，敷金は，再生計画による権利変更を受けずに，4か月分全額が弁済されることになる。

② 請負契約

請負契約は，当事者の一方（請負人）がある仕事を完成させ，他方（注文者）がその仕事の結果に対して報酬を支払うことを約する双務契約である（民632条）。請負人が仕事を完成する前で，かつ，報酬全額が支払われる前に，請負人または注文者のいずれか一方について再生手続が開始されると，双方未履行双務契約として処理される。

> 注文者の再生

注文者が破産手続開始決定を受けた場合については，民法642条がその処理のための特別規定を設けている。しかし，民事再生手続が開始された場合については，そのような規定は存在しないので，この場合には，民事再生法49条の定める一般原則が妥当する。したがって，再生債務者等は請負契約につき解除か履行かの選択権を行使できる。解除が選択された場合には，請負人の仕事の結果が再生債務者に帰属するときは，請負人は報酬や費用について損害賠償請求権を再生債権として行使することになる。他方，履行が選択された場合には，請負人は仕事を完成させる義務を負うが，問題は，請負人の報酬・費用償還請求権をどう扱うかである。本来，再生債権であるはずの再生手続開始前の請負人の仕事に対する報酬請求権等をも共益債権とする点には疑問もないではないが，請負人の仕事は再生手続開始前のものも手続開始後のものと不可分と解されるから，全体として共益債権となると解すべきであろう（民再49条4項）。

請負人の再生　請負人が破産手続開始決定を受けた場合に，双方未履行双務契約の処理に関する破産法53条が適用されるか否かという点については，判例・学説上争いがある（→第8章3②）。しかし，請負人が再生手続開始決定を受けた場合については，双方未履行双務契約の処理に関する民事再生法49条が適用されることについて争いはない。そして，再生債務者等によって請負契約が解除された場合には，出来高分の仕事が注文者に帰属し，再生債務者等がそれに相当する報酬請求権を行使することになる。逆に，注文者の前渡金が出来高を超える場合には，注文者は差額分返還請求権を共益債権として行使することになる（民再49条5項，破54条2項類推）。

③　雇用契約

労働者の再生　雇用契約は双務契約であるが，労働者について再生手続が開始されたとしても，双方未履行双務契約の処理に関する民事再生法49条が適用される余地はない。雇用契約は，そもそも労働者がその自由な意思に基づいて締結または継続するかどうかを決定すべきものであり，労働者について再生手続が開始されたか否かとは無関係のものだからである。雇用契約が継続する場合の賃金や退職金にかかる労働債権は，すべて再生債務者財産に属する。ただし，再生計画上の取扱いについては，給与所得者等再生において特別の定めが置かれている（民再241条2項7号）。

使用者の再生　使用者が破産手続開始決定を受けた場合については，民法631条が特別の定めを置いている（→第8章3③）。しかし，使用者が再生手続開始決定を

受けた場合については，民法631条に対応する規定がない。したがって，この場合には，民事再生法49条が適用され，雇用契約について再生債務者等が解除か履行かの選択権を有することになるが（民再49条1項），再生債務者からの雇用契約の解除は解雇を意味することになるから，労働法上の解雇法理の適用があることは，いうまでもない（労基19条～21条）。雇用契約は，その性質上，継続的給付を目的とする双務契約に属するが，民事再生法50条1項・2項の適用はない（民再50条3項）。適用を認めると，給与の未払を理由に就業を拒むことが常に違法であるかのように解釈されるおそれがあるためである。

ところで，破産手続では，使用者たる破産者の破産管財人が，使用者と労働組合との間で締結された労働協約を一方的に破棄（解約）できるか否かが問題となるが（→第8章 *3* ③），再生手続では，再生債務者等による労働協約の一方的破棄は禁止されている（民再49条3項）。したがって，労働協約について改定の必要があれば，一般原則に従い，労働組合と交渉することが求められる。労働協約に期間の定めがなければ，労働組合法15条3項・4項に従い，予告期間をおいて解約告知をすればよい。期間の定めがあるときは，重大な事情の変更が認められる場合に限り，労働協約を解約することができると解される。

④ 保険契約

保険契約は，保険者（保険会社）が，偶然の一定の事故によって生ずる損害を塡補すること（損害保険契約の場合），または人の生存または死亡に関し一定の保険給付を行うこと（生命保険契約の場合）を約し，他方，相手方（保険契約者）がそのための保険料を支払う

ことを約する契約である（保険2条1号・6号・8号）。一般に，損害保険契約では損害の塡補と保険料の支払が，生命保険契約では人の生死に関する保険金の支払と保険料の支払が，それぞれ対価関係に立つと解されることから，保険契約は双務契約であるとするのが通説である。

保険者の再生

わが国の保険会社の破綻処理は，その多くが会社更生法の特例法（いわゆる更生特例法）によって行われ，同法では双方未履行双務契約の規律の適用は排除されている。しかし，民事再生手続に関しては，このような規律が定められていない。これは，民事再生手続の利用を選択することも理論上は可能であるが，実際に選択される可能性が少ないからであるといわれる。というのは，保険会社の債権者の大部分を占めるのは保険契約者であるが，保険契約者は，その保険金請求権等につき保険会社の総財産の上に一般先取特権を有しており（保険業117条の2），一般先取特権者として再生手続外で随時弁済を受けることができるため（民再122条1項・2項），再生手続が成り立たない可能性が極めて高いからである。仮に保険会社について再生手続が利用されたとしても，民事再生法49条は適用されないと解すべきである。

保険契約者の再生

保険契約者について再生手続が開始された場合の取扱いは，破産手続におけると同様である（→第8章3④）。すなわち，再生債務者等が，民事再生法49条に従って契約の解除か履行かの選択権を行使することになる。

5 委任契約

契約当事者の一方について再生手続が開始されたことは，民法上，委任契約の終了原因とはされていないので，委任契約の一方当事者について再生手続が開始されても，委任契約は当然には終了しない（そのため，民事再生法51条は，破産法57条を準用していない）。したがって，株式会社が再生手続開始決定を受けても，取締役等は，その地位を失うわけではない。もちろん，再生債務者たる会社自身は，民事再生法38条2項に基づき，再生債権者に対する公平誠実義務を負うが，その場合に，再生債務者の機関たる取締役等も，同様に，公平誠実義務を負うか否かについては争いがある。

6 その他の契約

前述のように，再生手続開始当時存続中の双務契約については，基本的に，双方未履行双務契約の処理に関する民事再生法49条の規定によって処理されるが，一般原則に対する特則の中にも，破産手続におけると同様の規律が妥当するものがある。たとえば，継続的給付を目的とする双務契約（民再50条），**2**①で触れた対抗要件のある賃貸借契約等の解除制限，市場の相場がある商品の取引に関する契約および交互計算に関する規律がそれである（民再51条による破56条・58条・59条の準用）。民事再生法48条は，共有者の1人が再生手続開始決定を受けた場合に，共有物分割請求ができる旨を定めているが，その規律内容は，破産法52条と同じである。

3 係属中の手続関係の処理

1 再生手続開始が係属中の訴訟手続に与える影響

　再生手続開始が，係属中の訴訟手続にどのような影響を与えるかという点については，当事者適格を基礎づける再生債務者財産に関する管理処分権が，再生手続開始後も再生債務者に帰属するか否か，換言すると，管理命令が発令されているか否かによって，大きく異なる。

　そこで，以下では，管理命令が発令されている場合とそうでない場合に分けて，再生手続開始が訴訟手続に与える影響について説明する。ただし，再生債務者財産の管理処分権が誰に帰属するかとは無関係な訴訟（たとえば，個人債務者の身分関係訴訟，法人債務者の組織法上の訴訟など）は，再生手続開始によって何ら影響を受けない。

> 管理命令が発令されていない場合

(1) 再生債権に関しない訴訟

　再生債務者は，管理命令が発令された場合を除き，再生債務者財産について管理処分権を維持したままである（民再38条1項）。したがって，再生手続開始時に裁判所に係属する再生債務者財産に関する訴訟手続のうち，再生債権に関しないものは中断しない（民再40条1項）。再生債権を除く再生債務者財産に関する訴訟手続が中断しないのは，当該訴訟に関する当事者適格が変動しないからである。たとえば，再生債務者が原告または被告となって，ある財産の所有権の帰属をめぐって第三者と争っている場合がその代表例である。

(2) 再生債権に関する訴訟

これに対し，再生債権に関する訴訟手続（給付訴訟や債務不存在確認訴訟）は，再生手続開始によって中断する（民再40条1項）。再生手続開始決定がなされても，再生債務者がその財産の管理処分権を失わないのであれば，訴訟手続を中断させる必要はないようにもみえる。しかし，再生債権は，再生手続によらなければその権利を行使することができないから（民再85条1項），再生債権者としては，債権届出期間内に再生債権を裁判所に届け出て（民再94条など），債権の調査・確定手続を経る必要がある（民再99条以下）。そこで，既に継続している再生債権に関する訴訟手続は，再生手続開始決定によりいったん中断するものとされている。

次に，中断後の処理であるが，再生債権の調査過程で，再生債務者が否認し，または，他の届出再生債権者から異議が出なかった場合には，再生債権の存在および内容はそのまま確定する（民再104条1項）。しかし，再生債務者が否認したり，他の届出再生債権者が異議を述べた場合には，異議を述べられた再生債権者は，異議者等の全員を相手方として，再生債権に関する中断中の訴訟手続の受継の申立てをしなければならない（民再107条1項）。この場合に，中断中の訴訟とは別に再生債権査定の手続を開始させることは，訴訟経済上無駄であるだけでなく，当該再生債権者が有していた訴訟上の地位を反映できないからである。他方，再生債権者が執行力ある債務名義を有する場合（たとえば，債権者が第一審で債務者に対して仮執行宣言付給付判決を得たのに対して債務者が控訴した場合）には，異議者等の側から中断した訴訟手続を受継しなければならない（民再109条2項）。

なお，再生手続中に簡易再生（民再211条1項）および同意再生

（民再217条1項）の決定が確定したときは，その後の手続では手続内での再生債権の調査・確定を予定していないので，再生手続開始によっていったん中断していた訴訟手続は，再生債務者自身が受継しなければならない（民再213条5項・219条2項）。

> 管理命令が発令された場合

(1) 管理命令発令による訴訟手続の中断
管理命令（民再64条1項）が発令されると，再生債務者財産に関する管理処分権は，管財人に移転するため（民再66条），再生債務者財産に関する訴訟の当事者適格も，債務者から管財人に移転する（民再67条1項）。そのため，再生債務者財産に関する訴訟で再生債務者が当事者であるものはすべて中断する（民再67条2項前段）。

中断する訴訟手続は，再生債務者が当事者であるものに限られるから，再生債権の調査の際に，再生債務者が認め，他の再生債権者が異議を述べたことを契機として提起された再生債権の確定に関する訴訟（民再106条・107条・109条）のように，再生債務者が当事者となっていない訴訟手続は，その後に管理命令が発令されても中断しない。ただし，法人の役員に対する損害賠償請求権の査定の裁判に対する異議の訴え（民再145条1項）にかかる訴訟手続については，再生債権者が当事者であるものであっても（民再143条2項・145条3項），管理命令の発令により中断する（民再67条2項後段）。というのは，役員の責任に基づく損害賠償請求権の査定の制度においては，管財人が選任されていない場合に限って再生債権者に査定の申立権を認めているため（民再143条2項），再生債権者を当事者とする査定の裁判に対する異議訴訟が係属している場合には，管理命令発令後は管財人が査定の裁判に対する異議訴訟を受継するのが適切だからである。

第17章　再生手続における法律関係の処理

(2) 中断した訴訟手続の受継
① 再生債権に関しない訴訟

中断した訴訟手続のうち再生債権に関しないものについては，管財人がこれを受継することができ，訴訟の相手方も受継の申立てができる（民再67条3項）。管財人は受継するかどうかについて裁量権を有するが，相手方から受継の申立てがあれば，管財人は受継を拒絶できない。

管財人が受継しないうちに再生手続が終了したときは，再生債務者が訴訟手続を当然に（再）受継したものとしてそのまま続行される（民再68条1項）。管理命令が取り消された場合も同様である（民再68条4項）。これに対して，管財人が訴訟手続を受継した後に再生手続が終了したり，管理命令が取り消されたときは，訴訟手続は再び中断する（民再68条2項・4項）。この場合には，再生債務者はこれを受継しなければならず，相手方も受継の申立てができる（民再68条3項・5項前段）。

② 再生債権に関する訴訟

再生債権に関する訴訟についての規律は，基本的には，管理命令が発令されていない場合と同様である。ただし，届出債権に対して異議等が述べられた場合に，当事者として手続を受継する者が，再生債務者ではなく管財人であるという点に差異がある。

これに対し，管理命令発令時に再生債務者を当事者とする再生債権の確定に関する訴訟（民再106条1項・107条1項・109条1項2項等）が係属していた場合には，それらの手続は管理命令発令により中断するので（民再67条2項前段），管財人はそれらの手続を受継しなければならならず，また相手方も受継の申立てができる（民再67条4項）。

| 債権者代位訴訟・詐害行為取消訴訟等の中断・受継 |

(1) 中断の趣旨

再生手続開始決定時に，再生債権者の提起した債権者代位訴訟（民423条）もしくは詐害行為取消訴訟（民424条），または破産管財人の提起した否認訴訟（破173条）もしくは破産管財人の否認請求の認容決定に対する異議訴訟（破175条）が係属するときは，それらの訴訟手続は再生手続開始によって中断する（民再40条の2）。

① 債権者代位訴訟の場合

債権者代位訴訟は，債権者が第三債務者に対して有する債権を代位行使する訴訟であり，債務者は訴訟当事者にはなっていない。にもかかわらず，債権者代位訴訟が再生手続開始によって中断するのは，債務者について再生手続が開始された以上，債務者の責任財産の保全という目的は，特定の再生債権者が提起する代位訴訟によるよりも，それをいったん中断させた上で，再生債務者等に委ねた方が適切であるとの政策判断に基づく。

Column㉝ 株主代表訴訟の取扱い

代位訴訟の性質をあわせもつ株主代表訴訟（会社847条）が再生手続開始によって中断するかという問題がある。管財人が選任されていない場合には，再生手続開始によって，係属中の代表訴訟は何ら影響を受けないと解される。

これに対し，管理命令が発令され，管財人が選任される場合には，役員に対する責任追及は管財人の重要な職務の1つであり，管財人がこれを適切に行わないことは管財人の善管注意義務違反となりうる。しかし，既に株主によって代表訴訟が提起されている場合でも，管財人が選任されると，役員に対する責任追及の権限はすべて管財人に専属することになるのかが問題となる。通説は，①再生債務者財産の管理処分権や事業

の運営権は管財人に移るから（民再66条），株主代表訴訟は，会社の財産関係に関する訴えとして管財人が当事者適格を有すること（民再67条1項）や，②取締役に対する責任追及を行うか否か，またその手段いかんの選択は，もっぱら管財人の判断に委ねられていることなどを理由に，株主代表訴訟は，管財人の選任によって中断するとする。この場合には，管財人による査定の裁判（民再143条）と管財人の選任によって中断した株主代表訴訟との関係が問題となるが，管財人としては，株主代表訴訟を受継してもよいし（民再40条の2第2項前段の準用），受継せずに査定の申立てをしてもよいと解されている。もっとも，これに対して，管財人選任後も，管財人が役員に対して責任追及を行わない場合には，株主による代表訴訟を認めてもよいとする見解も主張されている。詳しくは，園尾隆司＝小林秀之編『条解 民事再生法〔第3版〕』（弘文堂・2013年）769頁以下［中島弘雅］参照。

② 詐害行為取消訴訟等の場合

詐害行為取消訴訟も，債権者が受益者または転得者を相手方とする訴訟であり，再生債務者は当事者ではない。にもかかわらず，詐害行為取消訴訟が再生手続開始決定によって中断するのは，債務者について再生手続が開始された以上，再生債務者の責任財産の保全（回復）という目的は，特定の再生債権者による詐害行為取消訴訟よりも，やはりいったん中断させた上で（民再40条の2第1項），否認権限を有する監督委員または管財人に，民事再生法上の否認訴訟として受継させ（民再140条1項前段），この訴訟を通じて実現するのが適切であるとの政策判断に基づく。

破産管財人の提起した否認訴訟または破産管財人による否認請求の認容決定に対する異議訴訟は，破産財団の回復ないしそれに対する防御を目的とするものである。したがって，再生手続が開始され，

破産手続が中止した以上，破産管財人はそれらの訴訟の当事者適格を失うので，民事再生法上，否認権限を有する監督委員または管財人に，民事再生法上の否認訴訟として受継させるのが適切であるからである。

(2) 中断した訴訟手続の受継

① 債権者代位訴訟の場合

いったん中断した債権者代位訴訟（民423条）については，再生債務者等が受継することができる（民再40条の2第2項前段）。この場合には，相手方も受継の申立てができる（同項後段）。管財人が相手方からの受継の申立てを拒絶できるか否かについては争いがあるが，相手方に受継の申立権がある以上，拒絶できないと解すべきである。

再生債務者等が受継した後に再生手続が終了したときは，管理命令の取消しにより既に中断している場合（民再68条4項・2項）を除き，受継された訴訟手続は再び中断し（民再40条の2第4項），本来の訴訟当事者である再生債権者（代位債権者）が当該訴訟手続を受継しなければならない（同条5項前段）。また，管理命令の取消しにより中断した後に再生手続が終了した場合も同様である（民再40条の2第6項前段）。いずれの場合についても，受継の申立ては，訴訟の相手方もすることができ（民再40条の2第5項後段・6項後段），再生債権者はこれを拒否することはできないと解される。他方，再生手続開始により中断した訴訟手続が，再生債務者等において受継されるまでに再生手続が終了し再生手続による債権の行使の制約がなくなり，あるいは中断した破産手続が復活したときは，本来の訴訟当事者である（再生）債権者が当事者適格を回復するので，当該訴訟手続を受継しなければならない（民再40条の2第7項）。

② 詐害行為取消訴訟等の場合

中断した詐害行為取消訴訟，破産法上の否認訴訟または否認請求の認容決定に対する異議訴訟は，再生手続において否認権限を有する者が受継することができる。すなわち，管理命令が発令されていない場合は否認権限を有する監督委員であり，管理命令が発令されている場合は管財人である（民再140条1項前段）。この場合に，訴訟の相手方も受継の申立てができる（同項後段）。管財人が相手方からの受継の申立てを拒絶できるか否かについても争いがあるが，相手方に受継の申立権がある以上，拒絶できないと解すべきであろう。

否認権限を有する者（監督委員または管財人）が民事再生法上の否認訴訟として受継した後に再生手続が終了した場合は，再びその訴訟は中断し，元の当事者がこの訴訟を受継しなければならず（民再140条3項・4項前段），訴訟の相手方も受継の申立てができる（同条4項後段）。また，否認権限を有する者が，その権限を失った場合（たとえば，監督委員への否認権付与の裁判や管財人を選任する管理命令が取り消された場合）は，当事者適格が失われるので，この場合も再びその訴訟は中断する（民再141条1項）。その後に，否認権限を有する者が現れた場合（たとえば，新たに監督委員に否認権限が付与されたり，管財人が選任された場合）は，それらの者が訴訟を受継しなければならず，相手方も受継の申立てができる（民再141条2項）。

② 再生手続開始が係属中の民事執行手続に与える影響

再生手続開始決定がなされると，再生債権者は，個別的な権利行使を禁止され，再生手続によってしかその権利行使ができない（民再85条1項）。そのため，再生債権に基づき再生債務者財産に対して強制執行等（民再26条1項2号第2括弧書参照）を開始することは

できないし，既に開始されている強制執行等の手続および財産開示の手続は中止する（民再39条1項）。破産手続では，それらの手続は，破産財団との関係で失効する（破42条2項本文・6項）とされているが，再生手続では中止にとどめられている。再生手続が開始されたからといって，必ず再生手続が成功するとは限らないからである。強制執行等の手続が失効するのは，再生計画認可決定が確定したときである（民再184条本文）。また，破産手続では，破産債権に基づく強制執行等だけでなく，財団債権に基づく強制執行等や一般の先取特権の実行等も失効するが（破42条2項本文），再生手続では，再生債権に基づく強制執行等だけが中止の対象である。

　ただし，強制執行等を続けても再生の支障にならないと認められるときは，裁判所は，再生債務者等の申立てによりまたは職権で，中止した強制執行等の手続の続行を命じることができる（民再39条2項前段）。もっとも，続行されても，執行債権者（再生債権者）は，再生手続外での満足は認められないから（民再85条1項），配当を受領することはできず，換価代金は再生計画における弁済原資となる。他方，再生債権者が再生債務者の預金債権や在庫商品を差し押さえた場合において，当該預金や商品が再生債務者の再生のために必要であると認めるときは，裁判所は，再生債務者の申立てによりまたは職権で，担保を立てさせて，または立てさせないで，中止した強制執行等の手続の取消しを命ずることができる（民再39条2項後段）。

第18章 再生計画案の作成・提出

> 再生手続は，再生債務者と再生債権者間の権利関係を適切に調整し，もって再生債務者の事業または経済生活の再生を図ることを目的としているが，このような目的は，原則として，再生計画と呼ばれる再建計画に従って行われる。本章では，その原案たる再生計画案を誰が作成して，裁判所に提出するのか，再生計画案に何を記載するのかを説明する。

1 総　説

　再生計画とは，再生債権者の権利の全部または一部を変更する条項をはじめ，再生債務者の事業または経済生活の再生を図るための基本的事項（民再154条）を定めるものをいう（民再2条3号）。その原案たる再生計画案を作成し，裁判所に提出するのは，一般的には，「再生債務者等」（民再2条2号）である（民再163条1項。もっとも，同条2項も参照）。

　再生債務者等は，再生手続開始後，財産評定を行う（民再124条）とともに，届け出られた再生債権について調査を行い（民再100条），再生債務者の積極財産と消極財産を確定する。その上で，これを基礎として再生債務者の将来の収益の見込みを予想し，それにあわせ

て再生債権の減免，期限の猶予その他の実体的な権利変更を行い，再生債務者が債権者に対して弁済すべき金額・方法を検討する。その一方で，債権者に対する弁済資金の調達方法を検討し，それらを盛り込んだ再生計画案を作成していくことになる。そういった意味で，再生計画案にどのような内容が盛り込まれるかが，再生手続全体の方向を定め，再生手続が成功するか否かの鍵を握ることになる。

2 再生計画案の作成・提出

作成・提出者　民事再生法は，再生計画案の作成・提出者につき，作成・提出義務を負う者と作成・提出権限を与えられる者とを区別して規定している。

まず，再生債務者等は，再生計画案の作成・提出を義務づけられている（民再163条1項）。再生債務者等は，業務の遂行・財産の管理処分権を有する（民再38条1項・66条）とともに，再生手続を追行する義務を負っている（民再38条1項2項・66条・186条1項）からである。

他方，管財人が選任されている場合の再生債務者，または届出再生債権者（再生債権者については管財人の選任の有無を問わない）は，再生計画案の作成・提出権限を有する（民再163条2項）。重要な利害関係人に再生計画案の提出権限を与えて，より望ましい再生計画案の提出を促そうという趣旨によるものである。

なお，株主は，再生計画案の提出権を有しない。再生計画において，株主の権利変更に関する定めは必要的記載事項ではなく（民再154条1項参照），再生計画案について株主が議決を行うことは予定

されていないからである。

提出時期等

再生計画案の提出時期は、原則として、債権届出期間の満了後、裁判所の定める期間内である（民再163条1項）。提出時期は、債権届出期間満了後に、改めて裁判所が定めるのではなく、通常は、再生手続開始決定と同時に定める。提出期間の末日は、特別の事情がある場合を除き、再生債権の一般調査期間（民再34条1項、民再規18条1項2号）の末日から2か月以内の日としなければならない（民再規84条1項）。実際には、再生手続開始決定の日から起算して、2か月半ないし4か月程度とされることが多い。

裁判所は、申立てによりまたは職権で、再生計画案の提出期間を伸長できる（民再163条3項）。再生手続には不確定要素も多いので、やむをえない事情がある場合に対処できるようにしたものである。ただし、期間の伸長は、特別の事情がある場合を除いて、2回を超えてすることはできない（民再規84条3項）。合理的な理由もなく手続が遅延することを防ぐ趣旨である。

それらの期間内に再生計画案が提出されなかったときは、裁判所は、再生手続を職権で廃止しなければならず（民再191条2号）、さらに破産手続開始原因事実があるときは、職権で破産手続開始決定をすることができる（民再250条1項）。

事前提出

再生計画案は、再生手続開始後に提出されるのが普通であるが（民再163条1項）、民事再生法は、再生計画案の事前提出、すなわち、再生手続開始申立て後、債権届出期間満了前であっても、再生債務者等が裁判所に再生計画案を提出することを認めている（民再164条1項）。これにより、再生手続開始申立て前から、再生債務者と債権者との間で事

業の再建計画についてある程度話し合いができているような場合には，再生手続開始申立て後，比較的早い段階で，裁判所に再生計画案を提出して，迅速に再生手続を進めることができる。そして，実際にも，早いものでは再生手続開始申立てから30日以内に，再生計画の認可にまで至る迅速な再生事例も現れている。アメリカ合衆国の倒産実務では，連邦倒産法第11章再建手続（Reorganization）の申立て前の段階で，主要債権者が債務者会社の財務概要・再建計画案等を確認した上で，その後に手続申立てを行い，早期に再建計画認可を得る手続のことを，（広義の）プレパッケージ型（pre-packaged）倒産手続と呼んでいるが，民事再生法164条1項は，日本版のプレパッケージ型再生手続を可能にする規定ということができる。

修正

再生計画案の提出者は，裁判所の許可を得て，再生計画案を修正することができる（民再167条本文）。ただし，再生計画案を決議に付する旨の決定（民再169条1項）がなされると，再生債権者は，その時点での再生計画案を決議の対象として信頼するから，その信頼を保護し手続の円滑を期するために，その後の変更は許されない（民再167条但書）。

事業の再生可能性を判断する際には，労働者の意向を考慮する必要があることから，裁判所は，提出された再生計画案について，労働組合等の意見を聴かなければならず（民再168条），それを反映するために修正がなされることもある。

記載事項

再生計画案の記載事項は，大きく，①再生計画案に必ず記載しなければならない絶対的必要的記載事項，②民事再生法所定の事由が発生する場合には必ず記載しなければならない相対的必要的記載事項，そして③再生計画案の具体的内容に応じて任意に記載できる任意的記載事項の

3つに分けることができる。以下，詳述する。

3 絶対的必要的記載事項

　絶対的必要的記載事項には，①再生債権者の権利を変更する条項（権利変更条項）と，②共益債権（民再119条以下）および一般優先債権（民再122条）の弁済に関する条項，③知れている開始後債権（民再123条）の内容を示す条項がある（民再154条1項）。①の条項の記載が求められるのは，再生手続の主たる目的が，再生債権者の権利を変更することによって，再生債務者の事業またはその経済生活の再生を図るものだからである（民再1条参照）。また，②の条項の記載が求められるのは，再生債務者が，今後，再生計画によることなく優先的に随時弁済しなければならない債務がどれくらいあるかは，一般の再生債権者への弁済額に直接影響があるからである。③の開始後債権は再生手続上劣後的取扱いを受けるが（民再123条），最終的にはその全額が再生債務者の負担となるので，開始後債権があるときはその内容を再生計画案の記載事項としたものである。これらの条項を欠く再生計画案は不適法であり，その不備を補正しない限り，債権者集会における決議または書面による決議に付することはできない（民再169条1項3号参照）。

権利変更条項　　権利変更条項が，再生計画案の記載事項の中核をなすが，それは，さらに，(a)権利変更の一般的基準を定める条項と，(b)各再生債権に対する具体的な権利変更を定める条項とに分かれる。(a)は，債務の減免，期限の猶予その他の権利変更の一般的基準を定めるものであるが（民再

156条)，それは，債権調査の対象とならなかった再生債権（たとえば，再生債務者等が，届出がなされていないことを知りながら自認する旨を認否書に記載しなかった再生債権）が再生計画の定めによる権利変更を受ける場合の基準にもなる（民再181条1項参照）。(b)は，実際に確定した権利にこの一般的基準を適用して，変更された後の権利内容を具体的に定めたものである（民再157条）。たとえば，再生債権の元本の70％を免除し，残った30％を10年間で弁済するといった一般的基準を定めた上で，それを各再生債権に当てはめ，1,000万円の債権であれば，700万円を免除し，残り300万円について，2013年5月1日に30万円，その後9年間は毎年同日に30万円を弁済する旨を具体的な権利変更の内容として定めることになる。

<u>平等原則とその例外</u>　再生計画による権利変更の内容は，原則として，再生債権者間では平等でなければならない（民再155条1項本文）。しかし，ここにいう平等は，実質的平等を意味するから，いくつか例外が認められている（民再155条1項但書）。

第1は，不利益を受ける再生債権者が例外的取扱いに同意している場合である。親会社や経営者の再生債権について，その同意を得て，他の再生債権者に対する弁済率よりも低い弁済率を定める場合が，それにあたる。

第2は，少額債権を有利に扱ったり，手続開始後の利息・損害金債権等，劣後的な扱いがふさわしい債権（民再84条2項参照）を不利益に扱う場合である。少額債権は再生手続中の随時弁済も認められているので（民再85条5項），計画弁済で有利に扱っても問題はないと解されるし，利息債権等は破産手続でも劣後的破産債権とされている（破99条・97条1号等）ので，むしろ劣後化することのほ

第18章　再生計画案の作成・提出

うが衡平に適うと考えられる。

　そして、第3は、債権者間に差を設けても衡平を害さない場合である。たとえば、労働債権に類似する下請業者の債権に対する有利な取扱いや、反対に、親会社や経営者など再生債務者の経営破綻に責任のある内部債権者の債権の弁済率を（同意がなくても）一般の再生債権よりも低くする取扱いなど、個々の再生債権の性質に基づいて合理的な差を設けることも許される。したがって、再生手続開始申立て前の私的整理段階において、主要債権者の同意を得た上で、再生債務者に対して事業再生のための資金援助をした者の債権を、弁済率・弁済期間等の点で他の再生債権より有利に取扱うことも是認されよう。

約定劣後再生債権の取扱い

　いわゆる劣後ローン等の約定劣後再生債権とそれ以外の再生債権とでは、再生計画による権利変更に関して差を設けなければならないとされている（民再155条2項）。なお、この約定劣後再生債権とそれ以外の債権とでは、再生手続上の取扱いが異なるため、本来、再生計画案の決議において組み分けが必要であるが（民再172条の3第2項本文）、実際には組別に決議をしなくてもよいように工夫されている（同項但書。この点については、→*Column* ㉒）。

債務の弁済期限

　再生計画によって債務の弁済期限が猶予されるときには、原則として、再生計画認可決定の確定から10年を超えない範囲で債務の弁済期間を定めなければならない（民再155条3項）。債務の弁済期間があまりにも長期にわたることになると、計画の基礎が不安定になるばかりでなく、再生債権者の権利が有名無実なものになりかねず、不当な結果をもたらすからである。しかし、例外的に10年を超える弁済期間

を定めたほうが，債務者・債権者の双方の利益に適う場合には，10年を超える弁済期間になることも許される。もっとも，最近の再生事件では，むしろスポンサーによる一括弁済などにより早期に弁済を完了できるケースのほうが多いのが実情である。

4 相対的必要的記載事項

民事再生法所定の事由が発生する場合には必ず記載しなければならない相対的必要的記載事項としては，①債権者委員会の費用負担に関する条項，②第三者による債務の負担および担保の提供に関する条項，③未確定の再生債権に対する適確な措置に関する条項，④別除権の弁済不足額に対する適確な措置に関する条項がある（民再154条2項・158条・159条・160条1項）。これらに関する記載がなくても再生計画案としては適法であり，債権者集会における決議または書面による決議に付することはできるが，再生計画案に記載がなければ，所定の効力を生じさせることはできない。

債権者委員会の費用負担に関する条項

民事再生法は，再生債権者をもって手続外で任意に組織された債権者委員会が，再生計画の遂行過程において再生計画の履行確保のための監督（監視）機関として手続に関与することを認めている（民再117条以下・154条2項，民再規52条～54条）。その場合に，再生債務者が債権者委員会の活動のための費用の全部または一部を負担するときは，その負担に関する条項を再生計画案において定めなければならない（民再154条2項）。再生計画中に定めがなければ，この費用を再生債務者に負担させることはできない。

第三者による債務の負担等に関する条項

再生債務者以外の第三者が再生債務者の再生のために保証債務を負担したり、担保を提供したりすることがある。この場合には、再生計画案の中でその者を明示し、かつ、その債務の内容または担保の内容を定めなければならない（民再158条1項・2項）。再生計画の履行可能性を判断する上で重要な情報であるからである。これらの者に関わる債務などの条項が再生債権者表に記載されると（民再180条1項）、その記載には確定判決と同一の効力が認められ（同条2項）、これらの者に対して執行力が及ぶことになる（同条3項）。この場合、再生計画案提出の前提として、それらの者の同意が必要なのはもちろんである（民再165条1項）。もっとも、あらかじめの同意がない場合でも、再生計画が当然に不認可とされるわけではない（東京高決平成15・7・25金判1173号9頁／百選92参照）。

未確定の再生債権に関する条項

届出がなされた再生債権を再生債務者等が認めず、または他の届出再生債権者が異議を述べた場合には、再生債権確定のための手続が行われることになるが、確定手続が終了していない再生債権については、それを再生計画案に明示し、一般的基準に従って権利変更した後の権利内容を定めることはできない。しかし、これに対して何らの手当てもしないままに再生計画認可決定が確定してしまうと、再生計画の定めによって認められた権利以外は失効してしまうため（民再178条）、未確定債権を有する債権者に著しい不利益が生じる。そこで、未確定の再生債権については、再生計画案の中で「適確な措置」、すなわち、後日未確定再生債権の内容が確定した場合には、他の再生債権との間で平等かつ衡平に取り扱われるような措置を定めなければならないことにしている（民再159条）。

> 別除権の弁済不足額に関する条項

別除権者の再生債権行使の箇所でも触れたように（→第16章 2），不足額責任主義を採用する民事再生法の下では，再生計画案作成段階で担保権実行未了等の理由から別除権予定不足額が確定していない場合に，再生計画案に不足額について権利変更の定めが置けないとすると，再生計画認可決定の確定により不足額分の再生債権が失権するおそれがある（民再178条）。そこで，この場合には，再生計画案作成時点以降に不足額が確定した場合の「再生債権者としての権利の行使に関する適確な措置」を定めておかなければならないことにしている（民再160条1項）。

たとえば，他の再生債権と同様の権利変更の一般的基準（民再156条）に従った権利変更，および不足額確定の時点で既に再生計画に従った他の再生債権者への弁済がなされていればその分も次の弁済期に弁済する旨の定めがそれである。

5 任意的記載事項

任意的記載事項とは，再生計画の具体的内容に応じて任意に記載できる事項をいう。再生計画案に記載するかどうかは任意であるが，いったん再生計画に定めがなされると，再生計画の認可決定確定により相応の効力が認められる。代表的なものとしては，いわゆる資本構成の変更を行う場合が挙げられる（株式と資本との関係が切り離された現行会社法の下では，厳密には，既存の株式の会社に対する地位の縮小および新たな株式の発生による「株主の地位の変更」と表現するのが適切かもしれない。しかし，本書では，慣用的な表現として「資本構成の

変更」という用語を用いる)。具体的には、資本金の額の減少等に関する条項、募集株式を引き受ける者の募集に関する条項(民再154条3項・4項)、さらには根抵当権の極度額超過部分の仮払いに関する条項(民再160条2項)などがそれにあたる。

資本構成の変更に関する条項

株式会社たる再生債務者が再建のための支援を得やすくするためには、いわゆる資本構成の変更(株主の地位の変更)を行って既存の株主の会社に対する地位を圧縮し、株主としての責任を取らせるとともに、新たな出資者に対して新株主として経営に参画してもらう必要のある場合もある。しかし、経済的に破綻した株式会社の株主は、会社経営に対する関心を失うのが一般的であり、株主総会の特別決議の成立は困難であると考えられる。そこで、民事再生法では、株式会社が債務超過の場合には、株主総会の特別決議(会社466条・309条2項11号参照)を経ないで、再生計画の定めに基づいて資本構成の変更を行うことが認められている。

まず第1に、再生計画に、再生債務者の株式の取得に関する条項、株式の併合に関する条項、資本金の額の減少に関する条項または再生債務者が発行できる株式の総数についての定款の変更に関する条項を定めることができる(民再154条3項)。これらは、いずれも既存の株主の地位を縮小あるいは消滅させる前提となり、あるいはそれと事実上あわせて行う必要のあるものである。再生計画にこれらの条項を設けるためには、裁判所の許可が必要であり、裁判所は、再生債務者が債務超過の場合に限ってその許可をすることができる(民再166条1項・2項)。

第2に、いわゆる資本構成の変更(株主の地位の変更)のためには、新たな株主が登場する必要がある。そこで、民事再生法は、新たに

株主となるべき者のために，再生計画で，譲渡制限株式である募集株式を引き受ける者の募集に関する条項を定めたときは（民再154条4項），株主総会の特別決議（会社199条2項・309条2項5号）によることなく，取締役の決定（再生債務者が取締役会設置会社の場合は取締役会決議）によって，募集事項（会社199条1項各号）を定めることができることにしている（民再183条の2）。実際にも株式の譲渡制限をしている再生債務者会社が多いので，この特則は有用である。もっとも，再生計画案に，募集株式を引き受ける者の募集に関する条項を定める場合には，再生計画案の提出について裁判所の事前の許可が必要である（民再166条の2第2項）。裁判所は，再生債務者が債務超過であり，かつ，当該募集が事業の継続に不可欠なものである場合に限って，その許可をすることができる（民再166条の2第3項）。

根抵当権の極度額超過部分に関する条項

別除権者が根抵当権者である場合，再生手続では，根抵当権の元本は，破産手続におけるとは異なり（破産手続では，手続開始決定により根抵当権は当然に確定する。民398条の20第1項4号），再生手続開始によって当然に確定するわけではない（民再148条6項参照）。したがって，根抵当権者は，再生債務者との合意等によって元本を確定させる必要があるが（民398条の19参照），元本が確定し，根抵当権の被担保債権額が極度額を超える場合には，その超過部分は，不足額（民再88条本文）となる蓋然性が高いので，権利変更の一般的基準（民再156条）に従って仮払いの定めをすることができる（民再160条2項前段）。ただし，元本確定後に被担保債権が増減し，不足額が変動する可能性があるので，そのための精算に関する措置を定める必要がある（民再160条2項後段）。

第19章 再生計画の成立

再生債務者等が提出した再生計画案が,債権者集会における決議または書面等決議によって可決されると再生計画は成立し,裁判所が再生計画を認可すれば,再生計画は効力を生じる。本章では,再生計画成立に至るまでの手続と再生計画成立の効力について説明する。

1 再生計画案の決議

議決権者　再生計画案の決議において議決権を行使できるのは,自己の債権を届け出た再生債権者である。債権の届出を行わない自認債権の債権者(民再101条3項)には議決権は認められない。再生債務者に対する債権者であっても,一般の先取特権その他一般の優先権がある債権者(民再122条)や,共益債権者(民再119条),開始後債権者(民再123条)は,議決権を有しない。また,別除権を有する再生債権者は,別除権の行使によって弁済を受けることができない債権の部分(不足額)についてのみ議決権を行使できる(民再88条本文)。再生手続開始後の利息・遅延損害金・違約金等ならびに再生手続開始前の罰金・

科料等の債権者（国または地方公共団体）も，再生債権者ではあるが，その劣後的性質から，議決権を有しない（民再87条2項・84条2項・97条1号）。さらに，約定劣後再生債権者については，再生債務者が債務超過状態にあるときは，議決権を否定される（民再87条3項）。なお，再生債権者が外国で弁済を受けた場合には，その債権の部分について議決権を否定される（民再89条3項）。

議決権の額は，債権調査によって額が確定した再生債権（民再104条1項参照）については確定額，未確定の再生債権については裁判所が定めた額である（民再170条2項各号・171条1項各号）。

議決権の行使 議決権の行使は，再生計画案に対する賛否の意思表示である。議決権者は，代理人をもってその議決権を行使できる（民再172条1項）。この場合，代理人は，代理権を証する書面を提出しなければならない（民再規90条の4）。

民事再生法は，議決権者がその有する議決権を不統一行使することを認めている（民再172条2項前段）。それは，たとえば，サービサー会社（「債権管理回収業に関する特別措置法」参照）が複数の債権者から債権回収の委託を受け，自らが再生債権者の地位を取得している場合には，各委託者の意思を議決権に反映させる必要があるからである。代理人が委託を受けた議決権を行使する場合についても，不統一行使が許される（民再172条3項）。しかし，議決権の不統一行使の申出がいきなりなされると，集計作業に手間取り，議事進行が遅滞する等の弊害が生じうるので，不統一行使しようとする者は，再生計画案の付議決定（次項）において定める期限（民再169条2項前段）までに，裁判所に対してその旨を書面で通知しなければならない（民再172条2項後段）。

Column㉞ 社債権者の議決権行使申出制度

最近，社債（特に公募社債）を発行している会社の再生事件や更生事件も散見されるようになったが，株式会社等の社債権者等（社債または民事再生法120条の2第6項各号に定める債権を有する者）は，投資対象として社債を購入しているのが普通である。そのため，社債権者等には社債権者集会に出席しようとのインセンティブが乏しいことが多く，再生手続や更生手続の債権者集会における社債権者等の議決権行使についても，事情は同じである。しかし，かつてマイカルの更生事件で問題となったように，たとえば，社債が更生会社の債務の相当部分を占める場合には，更生債権として届け出られた社債権の大半について議決権が行使されないため，合理的な更生計画案であるにもかかわらず関係人集会で可決されないという事態が生じうる。そこで，民事再生法および会社更生法は，債権者集会や関係人集会における決議の成立を容易にするため，社債権者等の参加する集会につき，いわば定足数の特則ともいうべき定めを置いている。すなわち，再生債務者や更生会社の発行した社債について社債管理者（会社702条）・受託会社（担信2条1項）等がある場合には，社債権者等が自ら債権届出をした場合，または社債管理者等による再生債権届出後，付議決定がなされるまでの間に議決権を行使する意思がある旨の申出をした場合に限り，議決権を行使することができることにした（民再169条の2第1項，会更190条1項）。これは，社債権者等がこのような議決権行使の申出をしない限り，当該社債権者等の議決権は再生計画案や更生計画案の可決要件の母数から控除され，計画案の可否は他の再生債権者や更生債権者の議決権行使の結果に委ねられることを意味する。

付議決定

再生計画案が裁判所に提出されると，裁判所は，次のいずれかに該当する場合を

除き，提出された再生計画案を債権者による決議に付する旨の決定（付議決定）をする（民再169条1項柱書）。

裁判所が付議決定をできない場合は，①一般調査期間が終了していないとき（民再169条1項1号），②財産状況報告集会における再生債務者等による報告または財産状況報告書の提出がないとき（同項2号），③再生計画案に不認可事由（民再174条2項各号。ただし3号を除く）が認められるとき（民再169条1項3号），④裁判所の定めた期間もしくはその伸長した期間内に再生計画案の提出がないとき，またはその期間内に提出されたすべての再生計画案が，決議に付するに足りないものであるとき（同項4号）である。

①の場合には，議決権を行使すべき再生債権者の範囲が確定できないからである。②の場合には，再生債権者に対して，決議の前提となる再生債務者の財産状況に関する情報開示がなされていないからである。③の場合には，付議決定に基づいて再生計画案が可決されても，再生計画は認可されず，無駄だからである。④の場合には，再生手続廃止決定がなされるからである（民再191条2号）。

裁判所は，付議決定をした場合には，議決権の不統一行使をする場合における裁判所に対する通知の期限を公告し，かつ，当該議決権の不統一行使にかかる通知の期限，および，再生計画案の内容またはその要旨を，再生債務者等や届出再生債権者，再生のために債務を負担しまたは担保を提供する者など，債権者集会の期日の呼出しの対象となる者（民再115条1項本文）に通知しなければならない（民再169条3項）。

議決権行使の方法

裁判所は，付議決定において，議決権行使の方法についてもあわせて定める（民再169条2項）。議決権行使の方法としては，①債権者集会の期日に

おいて議決権を行使する方法（民再169条2項1号，民再規90条1項），②書面等投票により裁判所の定める期間内に議決権を行使する方法（民再169条2項2号，民再規90条2項〜4項），③上記の①・②の方法のうち議決権者が選択するものにより議決権を行使する方法（民再169条2項3号）の3種類のいずれかである。①と③は債権者集会を開催する方法であり，②は債権者集会を開催しない方法である。民事再生法が，書面等投票による議決権行使を認めたのは，債権者の数が著しく多数で，債権者集会の開催が困難である場合を考慮したためである。

いずれの方法を採用するかは裁判所の合理的な裁量に委ねられているが，②の方法が採用された場合において，所定の者が債権者集会における決議を求めたとき（民再114条前段）は，裁判所は①または③の方法を選び直さなければならない（民再169条5項）。債権者集会は，債権者が再生手続に参加し，直接裁判所に意見を述べることのできる貴重な機会であるから，決議は債権者集会で行うのが適切であるとの考え方に基づく。

なお，裁判所は，②または③の方法を採用する場合には，その旨を公告し，かつ，議決権者に対して，書面等投票は裁判所の定める期限内に限り行うことができる旨を通知しなければならない（民再169条4項）。

決議

(1) 再生計画案の可決要件

再生計画案の債権者集会または書面による決議の可決要件は，①出席または書面等投票債権者の過半数の同意（いわゆる頭数要件），かつ，②議決権者の議決権総額の2分の1以上の議決権を有する者の同意（いわゆる議決権額要件）とされている（民再172条の3第1項）。①の頭数要件は，出席または書面等投

票をした者の数が基礎となる関係から，欠席または投票をしなかった議決権者は，棄権したのと同じ扱いとなり（したがって過半数の分母に算入しない），他方，②の議決権額要件は，議決権総額が基礎となる関係から，欠席または投票をしなかった議決権者は反対したのと同じ扱いとなる。

(2) 債権者集会が開催される場合の取扱い

債権者集会を開催して再生計画案の議決を行う場合（民再169条2項1号・3号）には，集会において出席債権者に対して提案をし，その場で賛否を問うことが可能である。そこで，書面等投票のみによる場合とは異なり，計画案の提出者は，再生債権者に不利な影響を与えないときに限り，債権者集会において，裁判所の許可を得て，再生計画案を変更することができる（民再172条の4）。また，当初の再生計画案が可決に至らなかった場合でも，①頭数要件と議決権額要件のいずれかが満たされたとき，または②出席議決権者の頭数で過半数，かつ，出席議決権者の議決権総額の2分の1を超える議決権を有する者による期日の続行についての同意があるときには，裁判所は，債権者集会期日の続行をすることができる（民再172条の5第1項）。

法人の継続

民事再生法は，清算中もしくは特別清算中の法人または破産手続開始後の法人である再生債務者に対しても，再生手続開始申立てができることおよび再生手続開始決定がなされることを予定している（民再11条6項8項・26条1項1号・39条1項・59条1項3号・76条の2など）。しかし，そのような法人については，既に解散の効果が生じてしまっているから，事業継続を内容とする再生計画案が可決されても，そのままでは再生計画は遂行可能性がないとして，再生計画不認可決定がな

されるおそれがある（民再174条2項2号参照）。そこで、それらの法人について再生計画案が可決されたときは、定款その他の基本約款の変更に関する規定に従い、法人を継続させることができる（民再173条）。

2 再生計画の認可・不認可

1 認可・不認可決定

> 認可決定および
> 不認可要件

再生計画案が債権者の決議によって可決され、再生計画が成立すると、裁判所は、不認可要件（民再174条2項各号）が存在する場合を除き、直ちに再生計画認可決定をする（民再174条1項）。

再生計画不認可要件は、①再生手続または再生計画の補正不能な法律違反（民再174条2項1号本文）、②再生計画が遂行される見込みがないこと（同項2号）、③再生計画の決議が不正の方法によって成立するに至ったこと（同項3号）、④再生計画の決議が再生債権者の一般の利益に反すること（同項4号）である。

①の再生手続の補正不能な法律違反には、再生手続開始後の裁判所や再生債務者の行為に関する違法（事業譲渡の代替許可の要件〔民再43条1項〕が満たされていないにもかかわらず代替許可がなされた場合につき、再生計画に法律違反があるとしたものとして、東京高決平成16・6・17金判1195号10頁／百選24、東京高決平成16・6・17金判1195号17頁／分析と展開41がある。同決定については、第13章 **3** 参照）のほか、不適法な申立てに基づいて再生手続が開始された違法（たとえば、再生手続開始申立てに際して再生債務者たる会社の取締役会決議がなかっ

た場合)のような再生手続開始前の違法も含まれる。ただし，違反の程度が軽微で手続の公正を害しないときは，不認可とするには及ばない(民再174条2項1号但書)。

> ***Column㉟*** 再生計画における再生債権者間の平等
>
> 　再生計画が法律違反かどうかがよく問題となるのが，債権者平等原則(民再155条1項)違反である。再生手続では，非金銭債権が金銭化されないので，特にゴルフ場の再生事件などにおいて金銭債権と非金銭債権との平等扱いが問題になるケースが多い。たとえば，東京高決平成16・7・23金判1198号11頁(百選90)は，資格保証金制(預託金制)のゴルフ場会社の再生事件において，一般再生債権者(退会するゴルフ会員権者を含む)については弁済率0.2%を最長10年で分割弁済する，ゴルフ会員で会員プレー権の継続を希望する債権者については会員プレー権維持の上，資格保証金債権の60%を10年据置きの後，抽選で償還する旨を内容とする再生計画について，債権者平等原則違反を理由に再生計画認可決定を取り消している。反対に，預託金制ゴルフ場の再生計画が債権者平等原則に反しないとしたものとして，東京高決平成13・9・3金判1131号24頁がある。この問題については，中島弘雅「判批」ジュリスト1276号(2004年)154頁参照。

②の計画遂行の見込みがない場合も，再生計画は認可されない。計画による弁済原資調達の見込みがない場合が典型例である。事業継続に不可欠な不動産につき担保権を有する債権者が再生計画に反対しており，しかも，担保権消滅許可を申し立てるための資金の手当てがない場合も，これにあたる。

③の不正な方法によって再生計画の決議が成立した場合とは，再生計画案の提出者が，再生債権者に対して詐欺や脅迫をしたり，議決権の行使に関し賄賂を収受または供与し，要求または申込みもし

くは約束をするなどの方法によって（民再261条5項・262条2項参照），決議を成立させたり，再生計画案の可決が信義則に反する行為に基づいて行われた場合などを指す（最決平成20・3・13民集62巻3号860頁〔百選91〕は，再生債務者が可決要件のうちのいわゆる頭数要件の充足が，再生債務者の信義則に反する「不正の方法」によって成立したとしたものである）。

④の不認可要件は，一般に「清算価値保障原則」と呼ばれている。具体的には，再生計画によって債権者に分配される利益が，再生債務者財産を解体清算した場合の破産配当を上回ることを意味する。計画による弁済額がこれを下回る場合には，再生計画は不認可とされる。

> 認可・不認可決定に対する即時抗告

再生計画の認可または不認可決定に対して，利害関係人は，即時抗告をすることができる（民再175条1項）。即時抗告の理由となるのは，不認可要件の存在または不存在である。

(1) 再生債権者

即時抗告権者たる利害関係人としては，まず，計画認可決定の確定によってその権利が変更される再生債権者が挙げられる。ただし，約定劣後再生債権者の権利は，再生債務者が債務超過の状態にあるときは，実質的に無価値であるので，即時抗告権はない（民再175条2項）。

(2) 再生債務者等

再生債務者等は，自らが再生計画案を提出したときは，不認可決定に対して即時抗告権が認められ，再生債権者または管財人が再生計画案を提出したときは，認可または不認可決定に対して即時抗告権が認められる。

(3) その他の者

再生債務者の再生のために債務を負担し，または担保を提供した者（民再158条）も，再生計画の効力を受けるので（民再177条1項），認可または不認可決定に対して即時抗告権が認められる。株主も，再生計画案に資本の減少を定める条項があるときは，即時抗告権が認められる（東京高決平成16・6・17金判1195号10頁／百選24）。これに対し，労働組合等（民再24条の2）は，直接法律上の利害関係がないので，即時抗告権は認められない。

② 再生計画の効力

再生計画は，認可決定確定時にその効力を生じる（民再176条）。したがって，認可決定に対する即時抗告（民再175条）の期間が経過してから，または即時抗告の却下もしくは棄却決定が確定してはじめて再生計画は効力を生じることになる。

> 再生債権の免責

再生計画認可決定が確定して再生計画が効力を生じると，再生計画の定めまたは民事再生法の規定によって認められた権利を除き，再生債務者は，すべての再生債権について，その責任を免れる（民再178条本文）。免責の対象となるのは，再生計画に定めのない，すべての再生債権（民再84条）である。共益債権（民再119条）および一般優先債権（民再122条）は，再生計画による権利変更の射程外であるから，免責の余地はない。

再生計画に記載されているか否かにかかわらず，民事再生法の規定により，免責の対象から外されている再生債権として，①再生手続開始前の罰金等に関する請求権（民再97条・178条1項但書）と，②民事再生法181条1項各号が定める債権がある。

①は,届出は義務づけられているが(民再97条),その性質上,計画に定めを置いても減免できない権利であり(民再155条4項),定めがなくても免責されることはない。

②の再生債権には3つある。第1は,再生債権者がその責めに帰することができない事由により債権届出期間内に届出ができなかった再生債権で,その事由が再生計画案の付議決定前に消滅しなかったものである(民再181条1項1号・95条4項)。第2は,再生計画案の付議決定後に生じた再生債権である(民再181条1項2号・95条4項)。双方未履行双務契約の解除に伴って生じる相手方の損害賠償請求権(民再49条5項,破54条1項)が典型例である。第3は,再生債務者が届出がなされていない再生債権があることを知っていながら認否書に自認する旨を記載しなかった再生債権(民再181条1項3号・101条3項)である。

この3種類の債権は,免責の対象とならず,権利変更の一般的基準(民再156条)に従って権利変更されるが(民再181条1項柱書),第3のものだけは,上記2種類の債権と異なり,再生計画で定められた弁済期間が満了するまでは,再生債権者として弁済を受けられない(民再181条2項)。再生債権者としても,自ら債権の届出をすべきであったにもかかわらず,その届出を怠ったという点で,その者にも責めに帰すべき事由があるからである。

<u>再生債権の権利変更</u>　再生計画認可決定が確定すると,届出再生債権者の再生債権および未届出再生債権であっても認否書に記載されたもの(すなわち自認債権。民再101条3項)は,再生計画の定めに従って権利変更される(民再179条1項)。ここにいう「再生計画の定め」とは,具体的には,再生計画における再生債権の権利変更の条項(民再154条1項1号)において,

債務の減免や期限の猶予,債務の株式への振替(デット・エクイティ・スワップ)等の権利変更の一般的基準(民再156条)を個々の再生債権に当てはめて,「変更した後の権利の内容」(民再157条1項本文)のことをいう。

ただし,再生計画の定めにより変更された内容に従って権利行使が認められるのは,その権利が債権調査により確定した再生債権に限られる(民再179条2項)。査定の裁判や異議訴訟(民再105条・106条)が係属中の未確定債権については,確定した段階で,再生計画中の「適確な措置」の定め(民再159条)に従って弁済を受ける。また,別除権者の有する再生債権のうちの不足額部分についても,不足額が確定した場合に限り,再生計画の定めに従って弁済を受けることになる(民再88条・182条本文)。もっとも,根抵当権については極度額超過部分につき仮払い等の制度がある(民再160条2項・182条但書)。

再生債権者表への記載による効力

再生計画認可決定が確定すると,裁判所書記官は再生計画の条項を再生債権者表に記載しなければならない(民再180条1項)。そして,再生債権者表の記載は,再生計画の定めによって認められた再生債権について,再生債務者,再生債権者および再生のために債務を負担し,または担保を提供した者に対して,確定判決と同一の効力を有する(民再180条2項)。したがって,再生計画の条項が再生債権者表に記載されると,再生債権者は,権利変更後の権利の実現を求めて,再生債権者表を債務名義として(民執22条7号),再生債務者および再生のために債務を負担した者に対して強制執行をすることができる(民再180条3項)。なお,再生計画不認可決定が確定した場合も,再生債権者表に記載された確定した再生

債権については，再生債務者に対して確定判決と同一の効力を有するので（民再185条1項），再生債権者は，再生債務者に対して，強制執行をすることができる（同条2項）。

会社法上の効力

前述のように（→第18章5），民事再生手続でも，再生債務者たる株式会社が債務超過の場合には，再生計画に資本構成の変更に関する条項（民再154条3項4項・161条・162条）を定め，資本構成の変更を行うことができる。すなわち，再生計画で再生債務者の株式の取得に関する条項を定めたときは（民再154条3項），再生債務者は，計画で定めた日（民再161条1項2号）に，再生計画の定めによってその株式を取得する（民再183条1項）。同様に，株式の併合に関する条項を定めたときは（民再154条3項），再生計画の定めによって株式を併合できる（民再183条2項前段）。また，資本金額の減少に関する条項を定めたときは（民再154条3項），再生計画の定めによって，資本金額を減少できる（民再183条4項前段）。さらに，再生債務者の発行可能株式総数についての定款変更に関する条項を定めたときは（民再154条3項），定款は，再生計画認可決定確定時に再生計画の定めによって変更される（民再183条6項）。以上のいずれの場合も，株主総会の決議等の手続を必要としない。

中止された手続等の失効

再生手続が開始すると，再生債務者財産を保全するため，係属中の破産手続や，再生債務者財産に対してなされている再生債権に基づく強制執行等の手続（および財産開示手続）は中止する（民再39条1項）。そして，再生計画認可決定の確定とともに，中止された手続等は失効する（民再184条本文）。再生計画認可決定が確定すると，変更された再生債権者の権利の実現は，基本的に再生計

画に従って行われるから,中止された手続等を維持しておく必要はないからである。ただし,民事再生法39条2項により続行される手続等は,失効しない(民再184条但書)。

> 再生計画の効力の及ぶ主観的範囲

(1) 再生計画の効力の及ぶ者

再生計画は,再生債務者,すべての再生債権者(届出債権者に限らない),および再生のために債務を負担しまたは担保を提供する者に対して効力を生ずる(民再177条1項)。

まず,再生手続の目的は再生債権の減免等に基づいて再生債務者の事業または経済生活の再生を図ることにあるのであるから,再生計画の効力が再生債務者およびすべての再生債権者に及ぶのは当然のことである。再生計画は,再生債権者の多数決による決議を経て定まるものであるから(民再170条・171条),決議に反対した者はもちろん,決議に参加しなかった未届出債権者にも効力が及ぶ。さらに,再生計画の効力は,再生債務者の再生のために保証債務を負担したり,担保を提供した者にも及ぶ。したがって,再生計画認可決定の確定により,保証人等に対しても再生債権者表の記載により強制執行することができる(民再180条3項)。

(2) 再生計画の効力の及ばない者

他方,再生計画は,別除権者(民再53条1項)が有する担保権,再生債権者が再生債務者の保証人等に対して有する権利,および再生債務者以外の者が再生債権者のために提供した担保には効力が及ばない(民再177条2項)。民法の付従性の原則によれば,担保権や保証債務は,被担保債権あるいは主たる債務の権利変更に連動するはずである(民448条)。しかし,もともと担保権や保証,物上保証は,債務者の資力の低下に備えた防衛手段であり,その場合に役に

立たなければ意味がない。また，再生手続では，再生債務者の再生という目的のために，多数決によって強制的に再生債権者の権利に変更が加えられるので，その限度を超えてまで債権者の権利に不利な影響を与えるべきではない。このような考慮から，明文で付従性を排除した。

第20章 再生計画の遂行・変更および再生手続の終了

再生計画は誰が遂行するのか、計画の遂行に対する監督はどうなっているのか、再生計画の遂行も含め、再生手続の遂行が困難となった場合に、その後の手続はどのように進められるのか。本章では、これらの点を説明する。

1 再生計画の遂行・変更

1 再生計画の遂行

再生計画認可決定が確定すると、再生計画は速やかに遂行されなければならない。計画遂行の義務を負うのは、再生債務者の業務遂行権および財産管理処分権を有する再生債務者等である（民再186条1項）。

再生計画の遂行は、再生計画に定められたすべての事項に及ぶ。したがって、権利変更を受けた再生債権にかかる債務の弁済等の財産的事項はもちろんのこと、再生債務者が株式会社である場合の株式の併合（民再183条2項）、資本金額の減少（同条4項）、募集株式を引き受ける者の募集（民再183条の2）、発行可能株式総数につい

ての定款の変更（民再183条6項）などの組織的事項も計画の遂行に含まれる。ただし，組織的事項のうち，定款の変更のように，再生計画の定めに基づき当然に効力を生じるものについては（民再183条6項参照），再生債務者等が特別の行為をする必要はなく，変更登記（同条7項）等の付随的行為をする義務があるにすぎない。しかし，株式の併合（民再183条2項），資本金額の減少（同条4項），募集株式を引き受ける者の募集（民再183条の2）などについては，取締役や取締役会で決定がなされ，それに基づいて所定の行為をする必要がある。

*Column*㊱ 管財人が計画遂行主体である場合の組織的事項の遂行

　管理命令が発令され，管財人が再生計画の遂行主体である場合には，管財人は再生債務者の執行機関ではないから，上記の組織的事項をその権限に基づいて遂行することはできない。したがって，管財人としては，再生債務者の執行機関である取締役等に対して，所定の行為をするよう求める必要がある。取締役等が組織的事項に関する管財人の求めに応じないために，再生計画が遂行される見込みがないことが明らかになったときは，管財人は，再生手続廃止申立てをすることができる（民再194条）。

再生計画遂行に対する監督

現在の民事再生実務では，大半の再生事件で監督委員が選任されているが，この場合には，再生債務者により再生計画が遂行され，または認可決定確定後3年が経過するまで，監督委員が再生計画の遂行を監督する（民再188条2項）。監督委員は，再生債務者の業務および財産状況について報告を求め，再生債務者の帳簿，書類その他の物件を検査することができるので（民再59条），この

調査権を行使して，再生債務者から計画遂行の状況について報告を受けたり，資料を提出させるなどして監督する。再生計画が遂行されないときは，監督委員は再生債務者に計画の遂行を促す。再生債権者に対して弁済がないことは再生計画の取消事由に該当し（民再189条1項2号），再生計画の遂行の見込みがないことが明らかになれば，再生手続廃止事由にあたるので（民再194条），その場合には，監督委員は裁判所にその旨を報告して，対処策を協議することになる。その間，監督委員は裁判所の監督に服する（民再57条）。

他方，管財人が選任されている場合は，管財人が基本的に再生計画を遂行し，裁判所が管財人の計画遂行を監督することになる（民再78条・57条）。この裁判所の監督は，再生計画が遂行され，または再生計画の遂行が確実であると認められ，裁判所が再生手続終結決定をするまで継続する（民再188条3項）。

これに対し，再生計画認可決定確定時に監督委員や管財人が選任されていない場合には，直ちに再生手続終結決定がなされる（民再188条1項）。したがって，この場合には，再生債務者自身が以後再生計画に従って事業の再生や債務の分割弁済などを行っていくことになる。ただ，再生手続では，再生計画の履行の監督（監視）のために，裁判所の承認を経た債権者委員会が再生計画の遂行過程に関与することが認められている（民再154条2項）。

以上の計画遂行の監督態勢は，いずれも従来の和議手続に対する債権者側の最大の不満が，和議条件の履行確保の保障がなかったことに向けられていた点を考慮したものである。

2 再生計画の変更

再生計画認可決定が確定すると，再生債務者等は，再生計画を遂

行する義務を負うが（民再186条1項），経済情勢の変動等により再生計画の履行が困難になることも多い。その場合に，常に再生計画の取消し（民再189条1項2号）や再生手続の廃止（民再194条）によって，破産手続に移行させるのは（民再249条・250条），再生債権者をはじめとする利害関係人の利益を害するおそれがある。そこで，再生計画認可決定後にやむをえない事由で，再生計画に定める事項を変更する必要が生じた場合には，再生手続終了前に限り，再生債務者，管財人等の利害関係人の申立てにより，裁判所の決定によって再生計画の変更をすることが認められている（民再187条）。

変更の要件 再生計画を変更するためには，再生計画認可決定後に，「やむを得ない事由で再生計画に定める事項を変更する必要が生じた」ことが必要である（民再187条1項）。たとえば，計画案確定時には予測できなかった経済情勢の変動や取引先の倒産による再生債務者の業績不振等により，当初の再生計画通りに再生債権者への弁済ができなくなった場合や，再生計画で定めた資本構成の変更を中止したり異なる態様のものにする必要が生じた場合などがそれにあたる。

変更の内容 再生計画の変更により，計画中の絶対的必要的記載事項（再生債権の権利変更等）や相対的必要的記載事項（未確定再生債権に関する適確な措置等）を変更できることについては争いはない。しかし，任意的記載事項（資本金額の減少，発行可能株式総数に関する定款変更等）の変更が，ここにいう再生計画の変更に含まれるかについては議論がある。それらについては再生計画の変更手続では変更できず，株主総会による特別決議等の会社法所定の手続によってなすべきであるとの見解もあるが，再生計画認可決定後しばらくは再生債務者をめぐる環境は不

安定であることが多く，再生債務者にとって会社法所定の手続を踏むことが困難な場合もありうるので，任意的記載事項についても，再生計画の変更手続で変更ができると解すべきである。

変更の手続

(1) 変更の申立て

変更の申立てができるのは，再生債務者，管財人，監督委員または届出再生債権者である（民再187条1項）。再生計画の変更は，実質的に再生計画についての再決議に相当するので，再生手続終了前でなければすることができない（同条同項）。したがって，監督委員も管財人も選任されていないときは，再生計画認可決定確定とともに再生手続終結決定がなされるから（民再188条1項），再生債務者が変更申立てができるのは，認可決定から終結決定までの期間に限られる。再生計画の変更は，書面で申し立てる必要があり（民再規2条1項），申立書には，再生計画の変更を求める理由を具体的に記載し，同時に変更計画案を提出しなければならない（民再規94条1項〜3項）。

(2) 変更内容と具体的手続

変更の内容が再生債権者に不利な影響を与えない場合には，裁判所の変更決定のみによって計画変更の効力が生じる（民再187条1項）。これに対し，変更される内容が再生債権者にとって不利な影響を及ぼすと認められる場合には，再生計画案の提出があった場合の手続が準用されている（民再187条2項本文，民再規94条4項）。したがって，原計画成立時と同様に，債権者による決議および裁判所による認可の手続を経る必要がある。弁済率の削減や弁済期間の延長等が不利な影響に当たることは争いがないが，不利な変更かどうか微妙なケースもある。たとえば，繰上一括弁済は一般的には債権者にとって有利といえるが，返済期限までの中間利息を控除する場

合には，必ずしも有利とはいえないとされる。再生債権者の意見を聴取した上で，裁判所が実質的に判断する以外になかろう。ただし，計画の変更によって不利な影響を受けない再生債権者は，変更手続に参加する必要はない。また，従前の計画に同意した者が変更計画案について議決権を行使しないときは，変更計画案に同意したものとみなされる（民再187条2項但書）。

> 変更の効力

再生計画変更の効力は，変更決定の確定により生じる（民再187条3項・176条）。変更された範囲で，将来に向かって効力が生ずる。変更決定に対しては即時抗告ができるが（民再187条3項・175条），変更を認めない決定に対しては不服申立てはできない。

2 再生手続の終了

再生手続の終了原因としては，①再生手続開始申立ての取下げ，②再生手続終結決定による終結（民再188条1項～3項），③再生手続開始決定の取消し（民再37条本文），④再生計画不認可決定（民再174条2項）の確定，⑤再生計画取消決定（民再189条1項）の確定，⑥再生手続廃止決定（民再191条～194条）の確定，⑦更生計画認可決定確定（会更199条1項）による再生手続の失効（会更208条本文）がある。このうち，③から⑥の場合には，牽連破産が開始する可能性がある（民再249条・250条）。以下では，再生手続の終了原因のうち特に②⑤⑥について説明する。

1　再生手続の終結

　裁判所が再生手続の目的が達成されたと認めて，再生手続終結決定により再生手続を終了させることを，再生手続の終結という。いかなる段階で，裁判所が再生手続終結決定をするかは，監督委員や管財人が選任されているかどうかで異なる。

　再生計画認可決定確定時に，監督委員が選任されている場合には，再生計画が遂行されたとき，または再生計画認可決定確定後3年が経過したときに，裁判所は再生手続終結決定をする（民再188条2項）。再生手続終結決定は，再生債務者や監督委員の申立てに基づいて行うこともできるが，裁判所が職権で行うこともできるので，監督委員の報告により職権でなされることが多いと思われる。

　管財人が選任されている場合には，再生計画が遂行されたとき，または再生計画が遂行されることが確実であると認められるに至ったときに，裁判所は再生手続終結決定をする（民再188条3項）。再生手続終結決定の申立ては，管財人だけでなく，再生債務者も行うことができる。裁判所が職権で終結決定をすることもできる。

　監督委員や管財人が選任されていない場合には，裁判所は職権で再生手続終結決定をしなければならない（民再188条1項）。この場合において，再生債務者が再生計画の履行を怠ったときは，再生債権者は，再生債権者表の記載に基づき強制執行をすることができる（民再180条2項・3項）。また，再生計画の取消し（→2②）を申し立てることもできる（民再189条1項2号・3項）。

2　再生計画の取消し

　再生計画の取消しとは，再生計画認可決定確定後に，再生計画に

第20章　再生計画の遂行・変更および再生手続の終了

よる再生債権の減免や期限の猶予といった不利益を再生債権者に与えることを正当化できない事情が発覚した場合に，再生債権者保護のために，再生計画による権利変更の効力を失わせて，再生債権を原状に復させることをいう（民再189条1項）。その目的が債権者の保護にあることから，申立権者は再生債権者に限られている。

取消事由　取消事由は，①再生計画が不正な方法によって成立したこと（民再189条1項1号），②再生債務者等が再生計画の履行を怠ったこと（同項2号），③再生債務者が裁判所の許可や監督委員の同意を得ずに要許可・要同意行為を行ったこと（同項3号）である。

①の取消事由は，たとえば，詐欺，脅迫，贈賄など，正義に反する行為をした結果，再生計画が成立した場合を指す。再生計画不認可事由（民再174条2項3号）の1つでもある。したがって，再生債権者が再生計画認可決定に対する即時抗告でそれらの取消事由を主張したとき，もしくはこれを知りながら主張しなかったとき，再生債権者がそれらの取消事由の存在を知った時から1か月を経過したとき，または再生計画の認可決定が確定した時から2年を経過したときは，計画取消しの申立てはできない（民再189条2項）。

②の取消事由があるときは，再生債権者は，再生債権者表の記載に基づき強制執行をすることができるが（民再180条2項・3項），さらに，総債権額の10分の1以上にあたる計画上の未履行債権を有し，かつ，自己に対する履行がなされていない再生債権者は，計画取消しの申立てができる（民再189条1項2号・3項）。

③の取消事由は，重大な手続違反であり，再生の基礎を危うくするので，取消事由とされたものである。

> 取消しの効果

再生計画が取り消された場合には、再生計画によって変更された再生債権は、原状に復するため（民再189条7項本文）、再生計画認可決定の確定によって生じた再生債権の一部免除、期限の猶予等の効力は失効し、再生債権者は、免除および期限の猶予前の債権を有していることになる。他方、この再生計画の取消しは、再生債権者が再生計画認可決定の確定によって喪失した利益を回復させるものにすぎず、再生債権者が再生計画によって獲得した権利には影響を及ぼさない（民再189条7項但書）。したがって、再生債権者としては、再生計画の履行として受領した弁済金や提供された担保を返還する必要はない。また、再生計画に定められ、再生債権者表に記載された再生債権については、再生計画の取消決定が確定しても、再生債務者に対して確定判決と同一の効力を有するとされているので（民再189条8項・185条1項）、再生債権者としては、再生債権者表の記載に基づき、再生債務者に対して、強制執行をすることができる（民再189条8項・185条2項）。

なお、原状に復するのは再生債権者の権利だけであり、株式会社たる再生債務者が、資本構成の変更のために行った株式の併合（民再183条2項）、資本金額の減少（同条4項）、募集株式を引き受ける者の募集（民再183条の2）、発行可能株式総数についての定款の変更（民再183条6項）等には影響はない。また、否認権行使の結果にも影響はない（民再13条6項は、否認の登記を抹消すべき事由に再生計画の取消しを挙げていない）。

3 再生手続の廃止

再生手続の廃止とは、再生手続開始から手続終結に至るまでの間

に，再生手続の目的を達成することなく，裁判所の決定により再生手続を将来に向かって終了させることをいう。遡及効がない点で，再生手続開始決定の取消し（民再37条）とは異なる。また，原状回復効がない点および再生手続係属中に限られる点で，再生計画の取消し（民再189条1項）とも異なる。

廃止は，その時期と事由によって，①再生計画認可前の廃止（民再191条・192条），②再生債務者の義務違反による廃止（民再193条)，および③再生計画認可後の廃止（民再194条）に分けられる。

> 再生計画認可前の廃止

再生計画認可前の廃止は，さらに，(a)再生計画が成立しなかったことを理由とする廃止（民再191条）と，(b)再生手続開始申立事由のないことが明らかになったことを理由とする廃止（民再192条）に分けられる。

(a)の廃止事例は多いが，その廃止事由は，次の3つである。第1は，決議に付するに足りる再生計画案の作成の見込みのないことが明らかとなったときである（民再191条1号）。第2は，裁判所の定めた期間（民再163条1項・2項）もしくはその伸長した期間（同条3項）内に再生計画案の提出がないとき，またはその期間内に提出されたすべての再生計画案が決議に付するに足りないものであるときである（民再191条2号）。第3は，再生計画案が否決されたとき，または決議のための債権者集会の続行期日が定められた場合（民再172条の5第1項本文・4項）において，定められた期間（同条2項・3項）内に再生計画案が可決されないときである（民再191条3号）。

これらの場合には，再生手続の目的が達成できないことが明らかであるから，裁判所は，職権で，再生手続廃止決定をしなければならない（民再191条柱書）。その意味で，再生手続の廃止とその後の牽連破産（民再250条1項）の可能性が，再生債務者等に対して，可

決の見込みのある再生計画案の作成・提出を促す事実上の圧力となる。

再生債務者の義務違反による廃止

再生手続では、手続開始後も再生債務者が業務遂行権や財産管理処分権を失わないのが原則であり（民再38条1項）、その場合は再生計画の遂行の責任も再生債務者自身が負う（民再186条1項）。また、管財人が選任される場合であっても、手続の目的は再生債務者の事業の再生にある。そのため、再生債務者が重大な手続違反を犯した場合を、懲罰的な廃止事由としたものがこの場合の廃止である。具体的には、再生債務者が、手続開始前の保全処分（民再193条1項1号）、もしくは裁判所の要許可行為・監督委員の要同意行為に違反したとき（同項2号）、または再生債権についての認否書の提出を懈怠したとき（同項3号）である。

再生計画認可後の廃止

再生計画認可決定確定後に、再生計画の遂行が困難な場合であっても、再生計画の変更（民再187条）により対処できる場合もある。しかし、そうした対応も不可能で再生計画が遂行される見込みがないことが明らかになったときは、裁判所は、再生債務者等もしくは監督委員の申立てによりまたは職権で、再生手続廃止決定をしなければならない（民再194条）。再生手続の廃止は、再生手続が係属していることを前提とするため、再生計画遂行の見込みがないことが明らかとなっても、既に再生手続が終結している場合（民再188条1項～3項）や、再生計画の不履行を理由に再生計画が取り消されている場合（民再189条1項2号）には、手続廃止の余地はない。

廃止の効果

再生手続廃止決定が確定すると、再生手続は将来に向かって終了する。しかし、

再生計画認可決定確定後に廃止された場合には，再生計画の遂行および民事再生法の規定によって生じた効力には影響は及ばない（民再195条6項）。したがって，たとえば，別除権者や再生債権者が再生計画の履行として受領した弁済や，再生債権者が再生債権者表の記載に基づき再生債務者や再生のために債務を負担した者に対して行った強制執行（民再180条3項本文・182条本文参照）などは，有効のままである。再生債権者は，再生計画認可決定確定後に再生手続廃止決定がなされた場合には，再生債権者表の記載に基づき，再生債務者や再生のために債務を負担した者に対して，再生計画で変更された後の自らの分割弁済予定額について強制執行を行うこともできる（民再180条3項本文）。

3 破産手続への移行に伴う措置

再生手続による再生債務者の再生がうまくいかなかった場合には，その後始末として債務者の事業・財産の清算を公平かつ公正に行う必要性が高い場合が多い。また仮に再生が不成功に終わっても，公平・公正な倒産手続が次に控えているということ自体が，再建型倒産手続に対する信頼を高めることになる。そこで，そのような場合には，再生事件の管轄裁判所が，破産手続を適時に開始することができることにしている。このような破産手続への移行のことを牽連破産という。そのため，民事再生法は，再生手続が中途で挫折して終了した場合について，牽連破産（破産手続への移行）に関する詳細な規定を置いている。以下では，特に重要な点のみ説明する。

牽連破産　牽連破産がなされる場合には,職権でなされる場合と申立てによりなされる場合とがある。

(1) 職権による牽連破産

破産手続開始前の再生債務者について,再生手続開始申立ての棄却,再生手続廃止,再生計画不認可または再生計画取消しの決定が確定した場合において,当該再生債務者に破産手続開始原因事実があると認めたときは,裁判所は,職権で,破産法に従い,破産手続開始決定をすることができる(民再250条1項)。他方,破産手続開始後の再生債務者について,再生計画認可決定の確定によって破産手続が失効した後に(民再184条本文),再生手続廃止決定(民再193条・194条)や再生計画取消決定(民再189条)が確定した場合には,裁判所は,職権で,破産法に従い,破産手続開始決定をしなければならない(民再250条2項本文)。

ただ,破産手続開始前の再生債務者について,再生手続廃止等の決定がなされた場合であっても,それが確定するまでは職権による破産手続開始決定ができないことから,この間に財産管理処分権を有する再生債務者がその財産を費消したり散逸させる事態を防ぐ必要がある。そこで,裁判所は,職権で,破産法上の保全管理命令等の保全処分を発令することができるとされている(民再251条1項1号)。破産手続開始後の再生債務者について再生計画認可決定確定により破産手続が失効した後に,再生手続廃止決定等により職権で破産手続開始決定をすべき場合も同様である(民再251条1項2号)。

(2) 申立てによる牽連破産

破産手続開始前の再生債務者について,再生手続開始決定の取消し,再生手続廃止もしくは再生計画不認可の決定または再生計画取

消しの決定(ただし,再生手続終了前にされた申立てに基づくものに限る)があった場合には,それらの決定の確定前であっても,破産手続開始申立権者は,再生裁判所に,当該再生債務者について破産手続開始の申立てをすることができる(民再249条1項前段)。再生手続がいったん開始されると,再生手続を終了に至らせる上記の各決定が確定するまでは,破産手続開始申立てはできないのが原則である(民再39条1項)。しかし,上記の各場合には,牽連破産に至る可能性が高いので,破産手続への円滑な移行を実現するため,例外的に,それらの決定確定前でも,破産手続開始申立てをできることにしたものである。破産手続開始後の再生債務者について,再生計画認可決定の確定によって破産手続が失効した後に(民再184条本文),再生手続廃止決定(民再193条・194条)や再生計画取消決定(民再189条)があった場合に,それらの決定確定前でも,再生債務者について破産手続開始申立てができるとされているのも(民再249条1項後段),同様の理由に基づく。

先行手続との一体的処理

再生手続と破産手続とはもともと独立の手続であるため,再生手続から破産手続への移行が行われるとしても,各手続の利害関係人間に不平等が生じないように配慮する必要がある。そこで,民事再生法は,両手続を一体的に処理するための規定を置いている。

(1) 否認・相殺制限の基準時

破産手続における否認および相殺制限の要件として,破産手続開始申立て時が基準時とされている場合がある(破160条1項2号・71条1項4号等)。しかし,移行後の破産手続が職権で開始された場合には,そもそも破産手続開始申立てが存在しないし,また破産手続

開始申立てによって牽連破産が開始された場合であっても、それを基準として否認や相殺制限の成否を決するのは遅きに失するだけでなく、利害関係人間の公平も害する。そこで、牽連破産の場合には、否認や相殺制限の要件として破産手続開始申立てが関係する破産法の規定（「破産法の関係規定」と呼ばれる）の適用に関しては、再生手続開始申立て等を、当該再生手続開始申立て等の前に破産手続開始申立てがないときに限って、破産手続開始申立てとみなすことにしている（民再252条1項）。

(2) 共益債権の財団債権化

先行する再生手続が挫折し、牽連破産があった場合、または破産手続開始後の再生債権者について再生手続開始の申立ての棄却、再生計画認可決定確定前の再生手続廃止・再生計画不認可決定の確定によって破産手続が続行された場合には、再生手続における共益債権は、後続の破産手続において財団債権として取り扱われる（民再252条6項）。特に、再生手続係属中の借入れ（DIPファイナンス）にかかる返還請求権は、この規律がないと、移行後の破産手続において破産債権となるため、この規律の意義は大きい。また、牽連破産における労働債権の優先性確保のための措置として、破産手続開始日より前に再生手続開始決定があるときは、再生手続開始前3か月間の使用人の給料債権を財団債権とするものとされている（民再252条5項）。再生手続係属中に発生する給料債権は共益債権となるから（民再119条2号）、再生手続が3か月以上係属してから破産手続に移行した場合に、牽連破産開始日を3か月の起算日にすると（破149条1項参照）、共益債権性に基づいて財団債権とされる部分（民再252条6項）と重複してしまい、給料債権保護の趣旨が害されるからである。

債権届出の再利用

再生手続から破産手続への移行（牽連破産）があった場合に、先行する再生手続で再生債権として届出のあった債権について、改めて破産債権として届出（破111条1項）をしなければならないとすると、手続的に煩瑣であるのみならず実益も乏しい場合が多い。しかし、他方で、再生債権となるべき債権を画する基準時との間隔は事案ごとに異なることや、再生手続と破産手続とでは手続構造の違いに応じて債権の取扱いに差異があることなどから（たとえば、債権の金銭化・現在化の有無や劣後的債権概念の有無など）、改めて破産債権の届出をさせた方が手続の円滑化に資する場合もありうる。そこで、民事再生法253条は、当初の再生債権の届出を当然に破産手続における破産債権の届出とみなす取扱いを可能としつつも、このような取扱いをするかどうかを破産裁判所の裁量に基づく決定に委ねることにしている。

債権者間の平等の確保

再生債務者が、再生計画の履行に着手した後、履行完了前に、計画で権利変更を受けた再生債権の弁済ができなくなって破産手続開始決定に至った場合に、もし何らの規定もなければ、破産手続開始時点でのそれぞれの債権額が破産債権額となる（破2条5項）。しかし、たとえば、再生計画の内容が、一部の再生債権については早期弁済をし、残りの再生債権については遅れて弁済をするという内容であったときに、一部の債権者だけが早期弁済を受けた段階で破産に至った場合には、破産手続開始時点の債権額をそれぞれの破産債権額にすると、債権者間に不平等が生じる。そこで、このような場合には、次のように取り扱われる。

すなわち、再生計画の履行完了前に再生債務者について破産手続

開始決定があった場合には，再生計画によって変更された再生債権は，原状に復するものとされる（民再190条1項本文）。ただし，再生債権者が再生計画によって既に得た権利には影響は及ばない（同項但書）。したがって，破産手続開始時までに再生計画によって受けた弁済は有効である。また，再生計画によって設定された物的担保や個人保証のような人的担保（民再158条）も有効のままである。

新たに開始した破産手続では，再生債権であった破産債権額は，従前の再生債権額から再生計画によって弁済を受けた額を控除した額となる（民再190条3項）。ただし，その破産手続における配当率の算定においては，従前の再生債権額（同条1項によって原状に復した再生手続開始時点での再生債権額）をもって破産配当に参加できる債権額とみなす一方で，再生計画により弁済を受けていたときは，弁済を受けた額を破産財団に加算して，配当率の標準を定めるとされ，既に弁済を受けた従前の再生債権者については，他の同順位の破産債権者が自己の受けた弁済と同一割合の配当を受けるまでは，配当を受領できないとされている（民再190条4項）。新たに開始した破産手続において従前の再生債権者と新債権者間の公平，さらには従前の再生債権者間での弁済を受けた者と受けていない者との間の公平を図る趣旨である。

なお，再生計画の履行完了前に，再生債務者について新たに再生手続開始決定がなされた場合にも，以上と類似の問題が生じるため，上記と同様の規律が，この場合についても規定されている（民再190条6項〜8項）。

第21章 個人再生手続

> 2000（平成12）年11月に成立し，翌2001（平成13）年4月から利用されている個人再生手続は，個人債務者の多重債務問題が深刻さを増しつつある中で，従来の法的倒産手続間にある間隙を埋め，個人の経済生活の再建のために選択しうるメニューを多様化させるために導入されたものである。

1 個人再生手続の概要

小規模個人再生と給与所得者等再生

　個人債務者に特化した再生手続（個人再生手続）は，個人債務者が，通常の再生手続より簡易・合理化された手続で，破産手続の利用による不利益（たとえば，資格制限，持家を手放さざるをえないことなど）を避けながら，また他方で，民事調停では得られない強制力ある弁済計画を立てることを目的として導入されたものである。個人再生手続には，(a)小規模個人再生（民再221条～238条）と(b)給与所得者等再生（民再239条～245条）の各手続がある。

　小規模個人再生は，零細事業者を含む個人に対する特別の再生手続であり，給与所得者等再生は，その適用対象をさらにサラリーマ

ンなどに絞り込んだ再生手続である。したがって，民事再生法によると，民事再生手続はいわば3層に分けられており，①通常再生，②小規模個人再生，③給与所得者等再生の順で，手続を利用できる債務者の範囲が狭められていることになる（法規定の面からいえば，後ろになるほど特別規定の色彩が強い）。

　個人再生手続は，2001（平成13）年4月より利用されているが，長引く不況の中で，積極的に活用され，申立てが急増している。なお，これらの各再生手続と個人破産の場合の免責手続との関係については，立法過程でも議論がなされたが，法規定上，どの手続を申し立てるかは，債務者の選択に委ねられている。

住宅資金貸付債権に関する特則

「住宅資金貸付債権に関する特則」（民再第10章〔196条～206条〕）は，破産手続では債務者の持家を維持することができないことに鑑み，個人債務者に，住宅を手放すことなく経済生活の再生ができる手段を与えるためのものである。典型的には，個人債務者が居住する住宅の建設のために銀行等から住宅ローンを借り入れ，その担保のために抵当権を当該住宅に設定している場合に，再生計画においてその債務の内容を変更する条項（住宅資金特別条項）を定めることができるという制度である。持家の維持は，債務者が個人である限り，すべての再生手続で妥当する要請であるから，この特則は，小規模個人再生手続と給与所得者等再生手続だけでなく，通常再生手続においても適用される。

2 小規模個人再生

> 申立て等

小規模個人再生手続は、将来において継続的または反復的な収入の見込みがあり、かつ無担保の再生債権総額が5,000万円（2004〔平成16〕年末までは3,000万円であった）を超えない個人債務者（事業者であるかどうかは問わない）だけが利用できる特別の再生手続である（民再221条1項参照）。農林水産業者・個人事業者など、反復継続した収入があれば、誰でも利用できる。この特別の手続を利用しようとする個人債務者は、再生手続開始申立て時（債権者申立てのときは開始決定まで）に小規模個人再生を求める旨の申述をし、再生債権者の氏名等を記載した債権者一覧表を裁判所に提出しなければならない（民再221条2項・3項）。他の手続の中止命令、保全処分など、手続開始決定前の処分に関する規定（民再26条以下）は、通常再生手続と同様に適用がある。

> 開始決定

裁判所は、手続開始決定を行うと、それと同時に債権届出期間を定めるが、通常再生手続における債権の一般調査期間（民再34条参照）の代わりに、「一般異議申述期間」を定めることとされている（民再222条1項）。債権者一覧表に記載された再生債権者は、届出期間の初日にその記載内容と同一内容で債権届出をしたものとみなされる（民再225条）。債権調査手続についても簡素化が図られており、上記の異議申述期間内に異議のなかった債権（無異議債権）と、異議があったがその後の評価手続によって裁判所が再生債権額を定めた債権（評価済債

権）は，議決権行使の際の債権額の基礎となる（民再230条8項）。

このように小規模個人再生手続では，再生債権の実体的確定のための手続がないから（通常の再生手続のような再生債権の内容に関する実体的確定力〔民再104条3項参照〕はない），再生債権に関する訴訟は，通常再生の場合（→第17章 *3* 1）と異なり，再生手続開始決定があっても，中断しないことに注意する必要がある（民再238条による40条の適用除外）。

| 手続機関・実体規定等 |

小規模個人再生では，手続の簡易化のため，管財人（民再64条1項参照）はもちろん，監督委員や調査委員も選任することはできない（民再238条参照）。ただ，裁判所の補助を行う機関は依然として必要とされるため，個人再生委員という機関を新たに設けた。個人再生委員は，裁判所が必要と考える場合にのみ選任され（ただし，再生債権評価の申立てがあったときには，後述の②の職務を行わせるため必ず選任する），その職務は，①再生債務者の財産および収入の調査，②再生債権の評価に関して裁判所を補助すること，および③適正な再生計画案作成のための勧告の3つに限られる（民再223条1項2項）。もっとも，東京地方裁判所では，全個人再生事件で個人再生委員を選任する実務運用が行われている。

いわゆる実体規定との関係では，双方未履行双務契約の履行または解除の選択権（民再49条），別除権（民再53条），相殺禁止（民再93条・93条の2）などの規定はそのまま適用されるが，否認に関する規定（民再127条～141条）は適用を排除されている（民再238条参照）。また，非事業者個人について新たな担保権消滅許可制度は設けられていないから，再生債務者が（個人）事業者であり，担保目的物が事業の継続に不可欠である（民再148条参照）といった限定的

な場合にのみこの制度の利用可能性がある。

> 再生計画

再生計画案は，再生債務者のみが提出できる（民再238条による163条2項の適用除外）。小規模個人再生の再生計画においては，通常の再生手続とは異なり，権利変更の一般的条項（民再156条参照）を定めれば足り，変更後の権利の内容まで定める必要はない（民再238条による157条の適用除外）。再生計画における債務の期限の猶予に関する条項は，原則として，3か月に1回以上（つまり1年に4回以上）を3年（最長5年）内に弁済することを内容とするものでなければならない（民再229条2項）。

小規模個人再生における再生計画案の決議の方法は，必ず書面決議で行うこと（民再230条3項）のほか，消極的な賛成で可決されたものとみなされる点において，通常再生手続と大きく異なる。すなわち，一定期間内に不同意の意思表示をした議決権者が議決権者総数の半数に満たず，かつその議決権額が議決権総額の2分の1を超えないときは，再生計画案の可決があったものとみなされる（民再230条4項～6項）。

再生計画案の認可要件（民再174条2項・231条2項）の中で最も重要なのは，民事再生法231条2項3号・4号所定の最低弁済額の要件である。

基本的には，①基準債権額（無異議債権と評価済債権の合計額から別除権の行使によって弁済を受けることができる見込額等を控除した額）が3,000万円以下の場合には，5分の1以上か100万円のいずれか多い額（ただし，最高300万円）を弁済する計画でなければ，不認可となる（民再231条2項4号）。その結果，基準債権額が100万円未満であれば基準債権全額，100万円以上500万円以下であれば100万

円，500万円超1,500万円以下であればその5分の1の額，最後に1,500万円超の場合は300万円の弁済が必要になる。たとえば，最低弁済額が100万円ということになると，これを原則として3年間で弁済しなければならないので，月々の最低弁済額は2万7,000円程度である（この金額がもつ意味につき，→ **4**)。

これに対し，②基準債権額が3,000万円超5,000万円以下の場合には，10分の1以上を弁済する計画でなければ，不認可となる（民再231条2項3号）。なお，③基準債権額が5,000万円超の場合には，そもそも不認可となる（民再231条2項2号）。

認可後の手続　再生計画の認可決定が確定すると，すべての債権は民事再生法156条の一般的基準によって変更される（民再232条1項2項）。債権届出を不注意で怠ったために手続内で確定されなかった債権は，通常の再生手続のように失権する（民再178条参照）ことはないが，計画による弁済期間が満了する時までの間は弁済等を禁止されるという劣後的扱いを受ける（民再232条3項）。

小規模個人再生は，再生計画認可決定の確定によって当然に終結する（民再233条）。認可後の事項で注目されるのは，いわゆるハードシップ免責（「弁済が著しく困難になった状況での免責」という意味）である。これは，再生債務者が再生計画を4分の3以上遂行した後に，病気等のやむをえない理由で計画の履行が困難になった場合には，裁判所が残債務免責の決定をすることができるという制度である（民再235条）。その一方で，再生債務者が計画の履行を怠った場合などには，計画は取り消されることがある（民再189条1項各号・236条参照）。

再生計画取消決定が確定すると，再生計画によって変更された再

生債権は原状に復する（民再189条7項本文）。もっとも、既に受けた弁済や、再生計画で得た新たな担保等の権利には影響は及ばないとされている（同項但書）。通常再生では、再生計画が取り消されても、再生債権者は執行力を有する再生債権者表を債務名義にして再生債務者に対して強制執行をすることができる（民再189条8項・185条2項）のに対し、小規模個人再生では、前述のように、調査・確定など再生債権の実体的確定のための手続がないから、再生計画が取り消されたからといって、債権者一覧表を債務名義として強制執行をすることはできない。したがって、債権者が債務者に対して強制執行をするためには、別途、債務名義（民執22条）を取得しなければならない。

| 非免責債権 |

現行破産法の制定に伴い、①悪意で加えた不法行為に基づく損害賠償請求権（民再229条3項1号）、②故意または重過失により人の生命または身体を害する不法行為に基づく損害賠償請求権（同項2号）、③夫婦間の協力扶助義務、婚姻費用、子の監護義務および扶養義務に関する債権、ならびにこれらに類する義務であって契約に基づく請求権（同項3号）が、新たに個人再生における非免責債権に加えられた。

3 給与所得者等再生

| 給与所得者等再生の手続の流れ |

手続の基本的構造（特則利用の申述の必要性、機関構成、再生債権の手続内確定、認可による手続の終了など）は、小規模個人再生と共通の点が多い（民再239条1項・244条等参照）。ただ、一定の

弁済額を確保することを条件として，再生債権者による決議自体を省略する点がこの手続の最大の特徴であり，手続の簡略化をさらに推し進めたものといえる。そのような手続の性格を反映して，この手続を利用できる者は，小規模個人再生の場合よりもさらに絞られて，「給与又はこれに類する定期的な収入を得る見込みがある者であって，かつ，その額の変動の幅が小さいと見込まれるもの」に限定される（民再239条1項）。以下では，給与所得者等再生に特有の点を説明する。

給与所得者等再生の特徴

まず第1に，申立ての棄却事由として，この手続を求める申述から7年以内に，本手続における再生計画認可決定，破産免責決定などが確定したことが挙げられている（民再239条5項2号参照）。これは，債務者による倒産手続の安易な利用を禁ずる趣旨で設けられたものである。小規模個人再生にはこのような制限はない。なお，この再度の申立ての制限期間は，かつては10年とされていたが（民再旧239条5項2号），破産法の免責許可の申立ての場合（破252条1項10号）と同様に，2004（平成16）年の現行破産法制定の際に10年から7年に短縮された。

第2に，給与所得者等再生では，再生計画案に対する再生債権者の決議はなされないから，再生計画による弁済がその収入に照らして合理的かつ最大限のものであることが客観的に確認できるものでなければならない。そこで，民事再生法241条2項各号は，再生計画を不認可とすべき事由を詳細に定めている。中でも重要な給与所得者等再生に特化した不認可事由として，計画弁済総額が「可処分所得基準」の要件を満たさないこと（民再241条2項7号）を挙げることができる。「可処分所得基準」の計算方法は複雑であるが，基

本的には，2年分の「可処分所得」（収入合計額から所得税等を控除し，その額からさらに再生債務者およびその扶養を受けるべき者の最低生活費を控除した額）の支払を求めるものである。再生計画の弁済期間は，小規模個人再生と同じく原則3年（最長で5年）であるから（民再244条による229条の準用），結局，給与所得者等再生では，2年分の可処分所得を3年間で支払うというのが原則的な再生計画となる。具体的にいうと，返済金額は，収入総額から所得税・住民税・社会保険料を除いた手取給与等から，さらに個人生活費・世帯生活費などの必要経費を除いた額の2年分の合計金額を，分割して3年間にわたり支払うことになる。

*Column*㊲ 給与所得者等再生事件の利用状況

個人再生は，2001（平成13）年4月から利用されているが，2003（平成15）年から2009（平成21）年までは年間新受件数が2万件を超え，2007（平成19）年には27,672件に達した。しかし，その後は減少傾向が続いており，2011（平成23）年には14,261件にまで落ち込んでいる。また，当初は，小規模個人再生より給与所得者等再生の方が多かったが，徐々に小規模個人再生の割合が増えている。2001（平成13）年には，小規模個人再生が1,732件（27.9％），給与所得者等再生が4,478件（72.1％）であったが，2002（平成14）年には，前者が6,054件（44.9％），後者が7,444件（55.1％）となり，翌2003（平成15）年には，前者が15,001件（63.5％），後者が8,611件（36.5％）と両者の比率が逆転した。その後も，個人再生事件全体における給与所得者等再生事件の比率は下がり続け，2010（平成22）年には，小規模個人再生が17,665件（92.4％），給与所得者等再生が1,448件（7.6％）となっている。最初は，給与所得者が，再生計画案が債権者たる金融業者の不同意で否決されることをおそれて決議の手続のない給与所得者等再生を利用していたが，実際には金融業者が反対の意思を表示するケースが少ないことや，「再生債務者及びそ

の扶養を受けるべき者の最低限度の生活を維持するために必要な1年分の費用の額」(民再241条2項7号)が政令によりかなり低い額で定められており、可処分所得要件により再生計画が認可されるための計画弁済額がかなり高額になってしまうことから、給与所得者も小規模個人再生を利用するようになってきているのが実情である。

4 住宅資金貸付債権に関する特則

概要　個人債務者が持家を失うことなく経済生活の再建を図ることができるようにするために設けられたのが、「住宅資金貸付債権に関する特則」(民再第10章〔196条〜206条〕)である。住宅資金貸付債権についての再生計画の条項、すなわち住宅資金特別条項の対象となる再生債権は、住宅(債務者が所有し自己の居住の用に供する建物。詳細な定義は民再196条1号にある)の建設もしくは購入に必要な資金(住宅の用に供する土地または借地権の取得に必要な資金を含む)、または住宅の改良に必要な資金の貸付けにかかる債権である。この債権について分割払の定めがあることが必要であり、当該再生債権または当該債権にかかる債務の保証人(保証会社)の求償権を担保するための抵当権が住宅に設定されていることが前提となる(民再196条3号参照)。

なお、この手続を利用しても、住宅ローン債権の減免を受けられないことに注意する必要がある。しかし、計画が確定すると、期限の利益は回復するので、その時点から遅延損害金の発生はストップし、従前の約定利息に戻ることになる。

> 住宅資金特別条項の内容

住宅資金特別条項（再生債務者のみが提出できる）の内容に関する規律の概略は，次の通りである。

まず，原則的形態として定められているのが，①期限の利益回復型というべき類型である（民再199条1項）。これを簡単にいうと，住宅資金特別条項を除く再生計画の一般弁済期間（原則3年。最大5年）内に，計画認可確定時までに弁済期が到来する元本，利息等の全額の支払を済ませることによって，期限の利益喪失を治癒するとともに，認可後に弁済期が到来する元本および利息は当初の約定通りに弁済していくという内容の条項である。

第2は，②（本格的）リスケジューリング型である。①の計画を遂行できる見込みがないときに，約定の最終弁済期から10年を超えず，かつ延長後の最終弁済期における債務者の年齢が70歳を超えない範囲で弁済の繰延べを定める計画である（民再199条2項）。この計画は，期限の利益喪失の治癒にとどまらず，弁済期間の延長（したがって，分割弁済額の変更）を含む点が特長である。

第3は，③元本猶予期間併用型といわれている計画類型であり，②の計画を遂行する見込みもないときに認められる（民再199条3項）。この計画では，②と同様の弁済期間の延長に加えて，一般弁済期間（原則3年。最大5年）内は，元本の支払額を少なくする内容の弁済計画を定めることができる。この類型の特長は，一般の再生債権を弁済しなければならない期間は住宅資金貸付債権の弁済額を抑え，その期間終了後に弁済額を増額するという弁済計画を可能にすることにある。

以上の3つの方法が，裁判所の認可によって強制的に住宅ローン債権者を拘束できる場合である。しかし，実際問題として，住宅ロ

ーン債権の特則を利用できる再生債務者は、それほど多くないように思われる。というのは、債務者にとって比較的寛大な③の方法を利用したとしても、住宅ローンについては債務免除は認められず、10年間の支払期間の延長が認められるだけなので、たとえば、月々6万円の住宅ローンを抱えた債務者について、支払期間を10年間延長したとしても、支払期間が延びた分の利息が加算される結果、月々の支払額は5万円程度になるにすぎない。その上、住宅ローン債権の特則を利用する債務者は、月々5万円の住宅ローンの支払に加えて、一般再生債権について最低弁済額（たとえば、最低弁済額が100万円の場合は、月々2万7000円程度）を3年間払い続けていく必要があり（したがって、月々の合計支払額は8万円程度）、その支払は決して容易ではないからである。

そこで、以上の3つの方法ではうまくいかない場合には、④合意型の計画を検討せざるをえない。債権者の合意があれば、上記のような制限のない自由な住宅資金特別条項を定めることが可能である（民再199条4項）ことは、いうまでもない。

Column ㊳　住宅資金特別条項を必要としない再生債務者についての特則

個人債務者の中には、住宅ローン債権者に対しては弁済を継続している場合でも、他の一般債権者（貸金業者、信販会社等）の債権を再生計画で減免するという目的から、再生手続を申し立てる場合も多い。この場合には、住宅債権特別条項を特に定める必要はない。しかし、住宅ローン債権も再生債権になるので、原則として、再生手続の開始により弁済が禁止され、その結果、債務不履行により期限の利益が喪失してしまう。もちろん、期限の利益回復型の特別条項を定めれば、再生計画認可後に期限の利益が復活するが、それでも、再生手続開始後、計画認可前の遅延利息がローンの全債権額に対して発生し、相当の金額になるため、

再生債務者の弁済が著しく困難になるおそれが出てきた。そこで，2002（平成14）年に，裁判所の許可による再生手続中の弁済対象となる債務の中に，この住宅ローン債務を追加するための法改正が行われた（民再197条3項）。再生計画認可の見込みがあることが弁済の要件とされているので，これにより，他の債権者が特に害されるおそれはないと考えられるからである。

その他の特徴

住宅債権特別条項が提出される民事再生手続に特有の点としては，①再生計画案の決議においては，ローン債権者および後述の保証会社は，議決権をもたないこと（民再201条1項），②「再生計画が遂行可能である」と認められる場合にのみ計画が認可されること（民再202条2項2号等参照。なお，通常手続に関する174条2項2号と比較せよ），③保証会社が住宅ローンの保証債務を履行した後に住宅資金特別条項を定めた再生計画の認可決定が確定した場合には，当該保証債務の履行はなかったものとみなされる，いわゆる「巻戻し」の定めが置かれたこと（民再204条1項本文）などが挙げられる。

第22章 会社更生手続

会社更生手続は、株式会社に特化した再建型の倒産手続である。もともとは、窮境にあるが、再建の見込みのある大型の株式会社について、その企業ないし事業の維持・更生を図ることを目的として導入された手続である。しかし、現在では、必ずしも大企業ではない会社が更生手続を利用することもある。同じく再建型の企業倒産手続である民事再生手続との違いに留意しつつ、会社更生手続について概説する。

1 更生手続開始申立て

管轄裁判所

会社更生事件は、更生手続の迅速かつ円滑な手続処理を図るため、会社の「主たる営業所」（現実の営業の中心）の所在地の地方裁判所が原則的に管轄権を有するが（会更5条1項）、専門的な処理体制の整った（倒産専門部を有する）東京地方裁判所と大阪地方裁判所でも更生事件を担当できるように競合管轄が認められている（会更5条2項・6項）。

申立権者・更生手続開始原因

株式会社は、①「破産手続開始の原因となる事実が生ずるおそれがある」ときだけでなく、②「弁済期にある債務を弁済することとすれば、その事業の継続に著しい支障を来すおそれがあ

る」ときにも，更生手続開始申立てをすることができる（会更17条1項）。会社の財産を処分したり高利の借入れをすれば，債務の弁済ができるというときには，①には該当しないが，②の手続開始原因によれば，そのような段階でも更生手続開始の申立てをすることができる。更生手続開始の申立ては，通常は会社自身がするが，①の場合には，資本の10分の1以上にあたる債権を有する債権者や，10分の1以上の株式をもつ株主も申し立てることができる（会更17条2項）。民事再生法に比べて債権者申立てについて厳格な要件が定められている点と，株主にも申立権が認められている点に特徴がある。

裁判所は，更生手続開始の申立があった場合には，申立てを棄却すべきことまたは更生手続開始決定をすべきことが明らかである場合を除き，手続開始申立てについての決定をする前に，労働組合等（労働者の過半数で組織する労働組合または労働者の過半数の代表者）の意見を，原則として聴かなければならない（会更22条1項）。労働組合等が会社の事業の再建に協力する姿勢がないときは，事業の継続は一般的に困難であるし，また，労働組合等が会社の重要な内部情報をもっていることも考えられるからである。

> 更生手続開始の要件

ところで，旧会社更生法38条5号は，「更生の見込みがないとき」を，更生手続の開始要件（申立棄却事由）として掲げていたが，「更生の見込み」の有無という経済的事項に関する予測判断の難しさが更生手続開始決定に時間がかかる原因となっていた（かつては更生手続開始申立てから手続開始まで半年程度かかることも少なくなかった）。そこで，現行会社更生法は，民事再生法（25条3号）にならい，「事業の継続を内容とする更生計画案の作成若しくは可決の見込み又は事業の

継続を内容とする更生計画の認可の見込みがないことが明らかで」ない限り（会更41条1項3号），申立てを棄却しないことにし，開始決定までに時間がかからないよう配慮している。

> **Column㊴　手続費用の予納**
>
> 　会社更生手続開始の申立てにあたっても，他の倒産処理手続におけると同様に，裁判所が相当と認める額を予納しなければならないが，東京地方裁判所では，この予納金額がかなり高額化している（上場企業の場合，3,000万円〜5,000万円）。この予納金の高額化は，私的整理はともかく，他の法的整理手続と比べても，利用者に大きな負担となっている。

2　更生手続開始申立て後手続開始まで

保全管理命令・監督命令・調査命令

　裁判所が，更生手続申立段階から第三者機関を更生手続に関与させた方が適切であると判断した場合には，①保全管理命令（会更30条）や②監督命令（会更35条），さらには③調査命令（会更39条）が必要に応じて発令される。

　①保全管理命令が発令されると，会社財産の管理処分権・事業経営権を掌握する保全管理人が選任され（会更32条），保全管理人は，更生手続を開始すべきか否かを調査し，裁判所に報告する。裁判所は，保全管理人の調査・報告を参考に，更生手続を開始するか否かを判断する。

　②監督命令が発令された場合には，保全管理命令の場合と同様に，弁護士の中から監督委員が選任され，以後，会社が裁判所の指定する

行為をするには監督委員の同意を得なければならない（会更35条）。

③調査命令は、裁判所が開始事由の有無や認可決定の当否を判断する際の専門的な資料や意見等を得るために調査委員に調査を命じる制度である（会更39条）。

Column⑳ 更生事件の分類と保全管理人・監督委員・調査委員の選任状況

最近の会社更生事件を分類すると、大きく、3つの類型に分かれるといわれている。①現経営陣が自分たちではもはや会社の再建は困難と考え、経営から退くことを前提として、会社自らが更生手続開始の申立てをする場合（会社申立型）、②大口債権者が現経営陣の下では事業の再生は困難とみて、更生管財人の下で、企業の再建を図る目的で申立てをする場合（大口債権者申立型）、さらには、③現経営陣が民事再生手続開始を申し立てたのに対抗して、債権者が会社更生手続開始を申し立てる場合（民事再生事件との競合型）の3類型がそれである。そして、それぞれの類型により、保全管理人・監督委員・調査委員の選任の仕方が異なっている。

①第1類型では、裁判所は、申立て受理と同時に、保全管理命令を発令して、旧経営陣を退陣させ、弁護士を保全管理人や保全管理人代理に選任し、保全管理人等は、債務の支払を停止する一方で、更生手続開始原因、財産状況等の調査をすることになる。

②第2類型では、大口債権者（たとえば、整理回収機構）が、会社の財務内容等を把握している場合には、申立てと同時に、保全管理人を選任することが多いようであるが、申立てをした債権者が必ずしも会社の財務内容まで把握していない場合には、調査命令を発令して、調査委員を選任し、調査委員の調査を踏まえ、途中で保全管理命令を発令したり、直ちに更生手続開始決定をするケースがあるようである。

③第3類型では、申立債権者が、会社の財務内容等を把握していない場合が通常であり、裁判所としても、手続開始原因が具備されているかどうか、更生手続と再生手続のいずれが相当であるかがはっきりしてい

ないので,調査委員を選任し,それらの事項に関する調査委員の報告を踏まえて,更生手続を選択するか,再生手続を選択するかを決めているようである。

財産の保全措置

会社更生手続開始申立て後に利用できる他の手続に対する中止命令と財産保全処分は,基本的に再生手続の場合と同様である。ただ,再生手続と異なる点として,次の3点が挙げられる。

第1に,更生手続においても,更生会社に対してなされている他の倒産手続や強制執行等の手続に対する中止命令や包括的禁止命令を発令できるが,その対象に担保権の実行手続が当然に含まれている点である。更生手続では,担保権者といえども更生手続開始後は,更生会社からの個別弁済を禁止され(会更47条1項),担保権の実行も中止・禁止されるが(会更50条1項),このような取扱いが保全処分段階にも前倒しされているのである。

第2に,それらの中止命令や包括的禁止命令の対象に国税滞納処分が条件付で含まれている点である(会更24条2項・25条2項)。もっとも,中止に際しては,あらかじめ徴収権者の意見を聴取しなければならない(会更24条2項但書)。また,中止・禁止の期間は2か月に限定されている(会更24条3項・25条3項2号)。

第3に,旧会社更生法では,手続開始後にだけ認められていた商事留置権の消滅請求が,現行会社更生法では,手続開始前にも認められるようになった(会更29条)。すなわち,商事留置権が成立している更生会社の財産が,事業の継続に不可欠なものである場合には,裁判所の許可を得て,その財産の価額に相当する金銭を留置権者に弁済することにより留置権の消滅請求ができるのである。

3 手続機関

　会社更生手続に登場する手続機関は、以下の点を除き、ほぼ再生手続と同様である。

> **更生管財人**

　会社更生手続は、更生管財人が必ず選任される管理型の再建型倒産手続である（会更42条1項）。更生管財人には、保全管理人に選任された弁護士（法律管財人）と、当該企業の業界に精通した経営能力のある事業家（事業管財人）とが選任されるのが一般的である。更生手続開始後は、それらの管財人が、会社の事業の経営権と財産の管理処分権を掌握し（会更72条）、更生計画の立案・実行の中心となり（会更184条）、関係人集会（後述）等における計画案の可決、裁判所による計画案の認可を経て、計画遂行が確実となるまで、事業の継続・再建の担い手として活動する（会更209条）。また、更生管財人は、更生手続開始前の段階で、更生会社の財産を不当に減少させるような行為（詐害行為）や、特定の債権者への偏頗行為が行われていたことを発見した場合には、破産手続におけると同様に、否認権を行使することができる（会更86条）。

　旧会社更生法では、更生会社の取締役等を管財人に選任することも可能と解されていたが（旧会更94条参照）、実務上、そのような運用はなされていなかった。しかし、その後、更生手続の申立て直前に再建支援企業から取締役等が派遣される事例も多くみられるようになり、このような経営責任のない取締役等については、会社から追放するのではなく、むしろ積極的に活用する運用がなされるよう

になった。そこで、現行会社更生法は、そうした近時の実務運用を受けて、更生会社の取締役等であっても経営責任がなく（会更100条1項参照）、裁判所が適任であると認めた者については、管財人等に選任できる旨を明文化した（会更67条3項・70条1項但書・30条2項但書・33条1項但書）。

Column ㊶　DIP型会社更生手続

従来の会社更生手続では、裁判所が更生管財人を選任し、これに伴い、取締役等は経営権限を失い退陣をするというのが、原則的な運用であった。しかし、そのために、会社の取締役等が会社更生手続を避け、民事再生手続の申立てを選択するという事態が生じるようになっていた。そこで、東京地方裁判所では、会社更生手続を利用しやすくするために、2008（平成20）年12月から、DIP型（自力再建型）会社更生手続を導入した。DIP型会社更生手続では、会社の取締役等が退陣せずに、更生計画の作成などに関与することができる。ただし、DIP型会社更生手続が行われるためには、①当該取締役等に不正行為等の違法な経営責任の問題がないこと、②主要債権者が当該取締役等の経営関与に反対していないこと、③スポンサーとなるべき者がいる場合にはその者の了解があること、④当該取締役等の経営関与によって、会社更生手続の適正な遂行が損なわれるような事情が認められないことが要件とされている。しかし、DIP型会社更生手続に対しては、④の要件があるにもかかわらず、依然として手続の公正さの点で疑問があるとの指摘もある。

監督委員

監督委員は、再生手続では中心的な手続機関であるが、更生手続では、手続開始申立てについて開始決定がなされるまでの暫定的な機関にとどまる（会更35条）。また、裁判所は、監督委員に対して、更生手続開始前の会社の取締役等が管財人または管財人代理の職務を行うのに適し

た者であるかについて調査・報告するよう命ずることができる（会更37条）。

> 関係人集会

関係人集会は，再生手続における債権者集会に相当する手続機関であるが，更生手続では，一般債権者（更生債権者）だけでなく，株主や担保権者も更生手続に参加し意思決定を行うことがあるので（会更115条1項），「関係人集会」という。

> 更生債権者委員会等

会社更生法も，民事再生法上の債権者委員会制度（民再117条）にならい，更生債権者委員会，更生担保権者委員会および株主等委員会の制度を設け，これらの委員会に各種の手続上の権限を与えている。更生手続は，再生手続よりも利害関係人に対する権利の制約が強い手続であることから，更生債権者委員会等には，民事再生法上の債権者委員会よりも強力な権限が付与されている（会更117条〜121条）。

4 更生債権等と債権の調査・確定手続

> 更生債権

更生債権とは，更生会社に対し更生手続開始前の原因に基づいて生じた財産上の請求権，または，会社更生法2条8項各号が定める利息等の請求権であって，更生担保権または共益債権に該当しないものをいうと定義されている（会更2条8項）。この要件を満たす限り，公法上の債権，たとえば租税債権も更生債権であり，会社内部の役員報酬請求権，使用人の労働債権も，特段の定めがない限り，更生債権となる。

更生手続が開始されると，更生債権に対する弁済は，原則として

更生計画に従ってのみ行われ，債権者が個別執行により取り立てることも，管財人が任意に債権者に支払うことも許されない（会更47条）。その代わりに，更生債権者は，自らが有する更生債権をもって更生手続に参加することが認められており（会更135条1項），関係人集会等に出席して情報提供を受けたり（会更85条），更生計画案の決議に際し議決権を行使することができる（会更189条）。更生債権者は，裁判所が定めた届出期間内に，更生裁判所に対して更生債権の内容および原因等を届け出て（会更138条1項），調査・確定手続を経て確定した更生債権の内容に基づき，更生計画（会更184条1項参照）に従って弁済を受ける。ただし，中小企業者や少額債権者の一定の債権については，更生計画認可前でも更生管財人が裁判所の許可を得て，随時弁済することが認められている（会更47条2項・5項）。もっとも，最近の倒産実務では，更生会社の事業継続に不可欠な商取引債権者の更生債権については，債権額の多寡を問わず，随時弁済するという運用が行われている。

　民事再生手続では一般優先債権として手続外で扱われる一般の先取特権その他一般の優先権は，更生手続では，「優先的更生債権」として更生手続の中で取り扱われる（会更168条1項2号）。ただし，一定範囲の従業員の給料債権は，随時に弁済を受けることのできる「共益債権」に格上げされている（会更130条・132条）。

Column㊷　劣後的更生債権の廃止

　旧会社更生法では，更生手続開始後の利息，不履行による損害賠償および違約金，手続参加の費用，手続開始後の原因に基づいて生じた財産上の請求権などは，劣後的更生債権として扱われていた（旧会更121条1項）。しかし，それらを一般の更生債権と別の組分けをすることについては，これを疑問視する声が強かった。そこで，現行会社更生法は，

劣後的更生債権という種類を設けず，更生手続開始後の利息，不履行による損害賠償，違約金，手続参加の費用の請求権については，一般の更生債権とした上で，実質的に劣後的取扱いをするとともに（会更2条8項1号〜3号・136条2項1号〜3号・168条1項但書），他の請求権については，再生手続と同様に，開始後債権として実質的に劣後的に取扱うことにした（会更134条）。なお，現行破産法制定にあわせて，約定劣後更生債権という類型が設けられたが（会更168条1項4号），議決権は認められるものの，一般の更生債権に後れた取扱いがなされるものとされている。

*Column*㊸ 商取引債権の保護

金融機関の有する貸付債権等の金融債権に対して，仕入れ代金等，通常の商取引から発生する債権のことを商取引債権と呼ぶことがある。商取引債権は，本来，更生債権であるから，更生手続開始後は，弁済を禁止され，更生計画に従って弁済を受けるのが原則である（会更47条1項）。しかし，更生会社が更生手続開始後も事業価値を毀損することなく事業を継続していくためには，それまでの取引関係を維持していくことが必要不可欠である。そこで，最近の東京地方裁判所の会社更生実務では，「少額の更生債権等を早期に弁済しなければ更生会社の事業の継続に著しい支障を来すときは」，更生計画認可決定前でも弁済を許可することができる旨を定めた会社更生法47条5項後半の規定（2002〔平成14〕年の会社更生法改正の際に新設）を積極的に活用して，商取引債権について，更生手続開始後も債権額の多寡を問わず100％弁済を認める運用が行われている（たとえば，日本航空，ウィルコム，林原の更生事件など）。しかし，同条項による商取引債権への100％弁済は，弁済を行わなければ更生会社の事業継続に著しい支障をきたす場合にのみ認められるものであり，あくまでも例外的な措置と位置づけることができる。この問題については，東京地裁会社更生実務研究会編『最新実務会社更生』（金融財政事情研究会・2011年）158頁，倒産実務交流会編『争点倒

産実務の諸問題』（青林書院・2012年）305頁［上田裕康＝杉本純子］など参照。

更生担保権

更生手続の最大の特徴は、担保権の取扱いである。更生担保権とは、更生手続開始前の原因に基づく更生会社または第三者に対する財産上の請求権で、更生手続開始当時、更生会社の財産上に存する担保権で担保された範囲のものをいう（会更2条10項）。

破産法や民事再生法上の別除権（破2条9項、民再53条1項）と似た概念であるが、異なる点が多い。すなわち、別除権は、担保権の効力として破産財団や再生債務者所属の個別財産から優先的満足を得る権利をいい、実質的には担保権そのものである。これに対し、更生担保権は、担保権ではなく、被担保債権を意味する。また、別除権は破産手続や再生手続によらずに行使できるが（破65条1項、民再53条2項）、更生担保権は、原則として更生手続によらなければ権利行使ができない（会更135条1項）。したがって、更生担保権者も、裁判所が定めた届出期間内に、更生裁判所に対して更生担保権の内容および原因、担保権の目的財産およびその価額等を届け出る必要があり（会更138条2項）、調査・確定手続を経て確定した更生担保権の内容に基づき、更生計画（会更184条1項参照）に従って弁済を受ける。

もっとも、被担保債権のうち更生担保権となるのは、担保権により実質的に担保された範囲（具体的には担保権の目的の価額に相当する部分）に限られる。したがって、更生担保権の範囲を定めるには、担保の目的物の価額を評価する必要がある。その評価方法は、旧会社更生法では、更生手続開始時におけるいわゆる「継続企業価値」

によるとされていたが（旧会更 124 条の 2），このような評価方法には従来から強い批判があったことから，現行法は，更生手続開始時における「時価」によるとの考え方を採用している（会更 2 条 10 項本文）。

Column㊹ 会社更生手続上の担保権消滅許可制度

更生担保権にかかる担保権についても，旧会社更生法には，同法 161 条の 2 所定の商事留置権消滅請求制度を除き，更生手続開始後に更生計画によることなく更生担保権にかかる担保権を消滅させる制度は存在しなかった。しかし，その結果，更生計画において事業譲渡を行うことが更生会社の事業の維持更生を図る上で必要な場合に，当該事業譲渡の対象財産に担保権が設定されているために，事実上事業譲渡が困難となるといった事態が生じていた。また，管財人が担保権の設定された遊休資産を売却することにより固定資産税等の管理コストの負担を免れようとしたり，当該財産の担保余剰価値部分を更生会社の運転資金として利用しようとする際の障害になっていた。そこで，現行会社更生法は，民事再生法上の担保権消滅許可制度（民再 148 条～153 条）を参考にして，担保目的物の価額に相当する金銭を裁判所に納付することにより，担保権を消滅させることができる制度を導入した（会更 104 条以下）。

更生債権等の調査と
確定手続等

会社更生手続における更生債権等（更生債権または更生担保権）の調査・確定の手続（会更 144 条以下）は，基本的に民事再生手続と同様である。ただし，更生手続では，管財人が必ず選任されるため，再生手続のような債務者自身が債権の存在・内容を認める自認の制度は存在しない。

ところで，旧会社更生法の定める更生担保権確定訴訟において，

実務上,最も時間がかかるのは更生担保権の目的財産の価額をめぐる争いであった。そこで,現行会社更生法は,更生担保権(被担保債権)の存否については,査定決定の手続および査定決定に対する異議訴訟で争わせるとする一方で,担保目的物の価額をめぐる争いについては,簡易・迅速な処理の観点から,従来の更生担保権確定訴訟において処理する方式を,簡易な決定手続で別に処理する方式に改めた。すなわち,更生担保権者が更生担保権の査定の申立てをした場合において担保の目的物の価額について争いがあるときは,査定の申立て後2週間以内に価額決定の申立てをすることができる(会更153条)。

裁判所は,査定の申立てがあると,評価人(不動産鑑定士)を選任して目的財産の評価を命じ,その評価に基づき決定で担保権の目的物の価額を定めなければならない(会更154条1項・2項)。裁判所の価額決定に不服の当事者には即時抗告が認められるが(同条3項),訴訟手続は用意されていない。そのため,更生担保権の査定申立てについての決定は,担保目的物の価額につき争いがなくなった後でなければすることができず,査定決定の手続および査定決定に対する異議訴訟では,もはや担保権の目的財産の価額について争うことはできない(会更155条)。

5 更生計画

更生計画と事業譲渡　更生手続においても,更生計画と呼ばれる再建計画に基づいて事業の再建が行われる。更生管財人は,更生計画案を作成し,裁判所に提出する義務

を負う (会更184条1項)。更生会社，届出更生債権者等（この概念につき，会更2条13項参照）または株主も独自に更生計画案を作成・提出する権限を有する(会更184条2項)。更生計画案の提出時期について，旧会社更生法は，更生債権および更生担保権の届出期間の満了後，裁判所の定める期間内に提出すべきものとするだけで，何ら提出時期の制限（上限）を設けていなかった（旧会更189条1項・190条参照）。しかし，現行会社更生法は，更生計画案の提出が遅延するのを防ぐため，裁判所の定める更生計画案の提出時期を，更生手続開始決定の日から原則として1年以内としている（会更184条3項）。

ただ，更生計画の認可決定の確定まで待っていたのでは，事業の価値の劣化により事業の維持・継続に支障が生じることが予想されることから，現行会社更生法は，民事再生法（民再42条・43条）にならい，更生計画認可前であっても，更生債権者等からの意見聴取等を踏まえた裁判所の許可により，更生計画によることなく，株主総会の特別決議を経ないで，事業の全部または重要な一部の譲渡を許容する制度を設けている（会更46条）。

更生計画案の記載事項

(1) 絶対的必要的記載事項

更生計画案には，絶対的必要的記載事項として，更生債権者，更生担保権者および株主の権利を変更する条項（債務の免除・期限の猶予など）を定めなければならない（会更167条1項・170条）。この場合には，①更生担保権，②優先権のある更生債権，③一般の更生債権，④約定劣後更生債権，⑤残余財産の分配につき優先権を有する株主の権利，⑥上述の⑤以外の株主の権利の順位を考慮して，条件に公正・衡平な差等を設けなければならず（これを絶対優先の原則という。会更168条1項)，同じ性質の権利を有する者の間では平等でなければならない（同条同項）。

もっとも，ここにいう平等は実質的平等を意味するので，不利益を受ける者の同意がある場合や，少額の更生債権もしくは劣後的な扱いがふさわしい債権（たとえば，会更136条2項1号～3号）について別段の定めをしても衡平を害しない場合その他同一の種類の権利者の間に差等を設けても衡平を害しない場合には，更生計画案の中で別段の定めをすることも許される（会更168条1項但書）。したがって，これにより不法行為の被害者や社会的弱者などの債権を特別に保護することもできる。しかし，逆に，親会社の債権や旧役員の債権などの内部債権者の債権を劣後化することができるか否かについては，判例・学説上争いがある（更生会社の親会社の債権を劣後化した更生計画を認可した裁判例として，福岡高決昭和56・12・21判時1046号127頁／百選95がある）。

更生計画における債務の分割弁済の期限につき，旧会社更生法は最長20年としていたが（旧会更213条），20年もの長期にわたる債務の繰延べを認めることは，現代の経済社会の実情にそぐわないとの指摘がなされてきた。また，債務の弁済期間があまりに長期にわたると，計画の基礎が不安定になるばかりでなく，債権者等の権利も有名無実なものになりかねない。そこで，現行会社更生法は，その上限を原則として最長15年に短縮した（会更168条5項）。

更生計画案には，以上の事項のほかに，共益債権の弁済に関する条項，旧債務の弁済資金の調達に関する条項，予想超過収益金の使途に関する条項，さらには担保権消滅のために管財人から裁判所に納付された金銭の額や更生計画認可後の使途なども定めなければならない（会更167条1項）。また，更生会社の取締役等の役員に関する条項として，代表取締役や取締役等の氏名・任期などの事項を定めなければならない（会更173条）。

(2) 相対的必要的記載事項

会社更生法所定の事由が発生する場合には必ず記載しなければならない相対的必要的記載事項としては、第三者による債務の負担および担保の提供に関する条項（会更171条）、未確定更生債権・未確定更生担保権に関する条項（会更172条）などがある。

(3) 任意的記載事項

さらに任意的記載事項として、①株式の消却、併合もしくは分割、株式無償割当て、または募集株式を引き受ける者の募集、②募集新株予約権を引き受ける者の募集、新株予約権の消却または新株予約権無償割当て、③資本金または準備金（資本準備金および利益準備金をいう）の額の減少、④剰余金の配当その他の会社法461条1項各号に掲げる行為、⑤解散または株式会社の継続、⑥募集社債（会社676条参照）を引き受ける者の募集、⑦持分会社への組織変更または合併、会社分割、株式交換もしくは株式移転、⑧定款の変更、⑨事業譲渡等（会社467条1項1号～4号・468条1項参照）、⑩株式会社の設立、⑪その他会社の更生のために必要な事項に関する条項などが記載される（会更167条2項）。

更生手続では、こうした従来の会社の経営体質を一新する更生計画について、会社法所定の手続を踏むことなく立案・遂行されることが予定されており、更生計画の内容は株主の地位にも大きな影響を及ぼすことになる。そこで、更生手続では、株主も、「更生担保権」、「更生債権」の組に劣後する「株主」の組を形成し、手続へ参加する資格が認められている（会更165条1項）。

なお、更生計画案は、一般的には、会社の再建を目指して作成されるが、更生手続の途中で会社の再建が不可能であることが明らかとなった場合には、改めて破産手続に移行することなく、更生手続

の中で会社の清算を内容とする更生計画案が作成されることもある（会更185条参照）。

Column㊺ 絶対優先の原則

　絶対優先の原則（absolute priority rule）とは、アメリカ合衆国の1978年現行連邦倒産法に由来する原則である。権利の厳格な優先順位を前提にして財産の分配を行わなければ、計画は公正・衡平とはいえず、優先的権利者が受領すべき価値を劣後的権利者に分け与えられているときは、その計画は無効であるとするものである。ただし、この原則の解釈については、絶対優先説と相対優先説の対立がある。前者は、上位者が完全な満足を受けない限り後順位者には権利を与えるべきではないとする立場をいう。これに対し、後者は上位者の権利変更の程度が後順位者より少なければ、それで足りるとする立場である。わが国の会社更生法は、後者の立場をとる。いずれにせよ、債権者の権利を減縮しながら、株主の権利をそのままにしておくのは、この原則に反することになる。

Column㊻ 会社更生手続への株主の参加の意味

　破産手続や民事再生手続と異なり、会社更生手続では、株主も利害関係人の一員として手続に登場し、計画案の決議にも更生債権等に劣後する組として参加する。株主の手続参加は、残余財産がある会社の場合には、更生債権者や更生担保権者の手続参加と同じく権利行使（残余財産の分配を受けるための権利行使）の意味をもつ。しかし、実際には更生会社のほとんどが債務超過であるため、会社財産に対する株主の権利は実質的には皆無であることが多く、したがって、株主の手続参加は、この実質に合わせて名目的にも会社財産の損失を株主に負担させる意味合い（すなわち旧株主の会社に対する地位を縮小あるいは消滅させるという意味合い）をもつ。かつては、更生計画で株主の権利を全部切り捨てることが許されるか否かという点について議論があったが、最近では、それが可能であることについて争いはない。最近では、むしろ資本構成の変

更により既存の株主の地位を消滅させるのが一般的となっている。

---

6 更生計画の成立

> 更生計画案の決議

更生計画案が裁判所に提出されると，更生計画案について決議が行われる。更生計画案の決議の方法の基本的な仕組みは，再生手続と同じである。現行会社更生法は，民事再生法（172条）にならい，関係人集会における決議において，書面その他規則で定める相当な方法による議決権行使を認めている（会更193条）。

更生手続では，原則として，異なる種類の権利者の組ごとに決議が行われる（会更196条1項）。旧会社更生法205条の定める更生計画案の可決要件は厳格すぎたため，管財人による更生債権者等の説得に過大な時間と労力を要し，更生計画案の提出が遅れる原因となっていた。そこで，現行会社更生法は，更生計画の早期成立を図るため，更生計画案についての各組ごとの可決要件を，旧法より緩和させている（会更196条5項参照）。

> 更生計画の効力

更生計画案が各組ごとに法定多数決で可決され，裁判所が認可すると（会更199条），更生計画の効力が生じ，各関係人の権利は，更生計画が定める内容に変わり，元の権利はなくなる。したがって，旧株主の地位を消滅させた場合には，元の株主は権利を失う。もっとも，すべての組の受諾が得られない場合でも，直ちに手続を廃止してそれまでの手続を無駄にするのは適当ではないから，裁判所は，更生計画案

を変更し，その組の更生担保権者，更生債権者または株主のために，それらの者の権利を実質的に保護するための条項（権利保護条項）を定めた上で，計画案の認可決定をすることができる（会更200条1項。権利保護条項の内容については，同項各号参照）。これは，アメリカ合衆国の1978年現行連邦倒産法1129条(b)項(1)所定の"cram down"と呼ばれる手続に相当するものである。

7 更生計画の遂行と更生手続の終了

更生計画認可決定があったときは，更生管財人は，速やかに更生計画を遂行し，事業の経営，財産の管理処分の監督を開始しなければならない（会更209条1項）。

旧会社更生法272条は，更生手続の終結決定の時期について，更生計画が遂行されたとき，または計画が遂行されることが確実であると認めるに至ったときとしていた。しかし，そのため，更生計画が順調に履行されている場合であっても，裁判所が「計画が遂行されることが確実である」と認めるのに慎重になり，更生手続が長引く原因の1つになっていた。そこで，現行会社更生法は，更生計画の定めによって認められた金銭債権の総額の3分の2以上の額の弁済がなされれば，原則として更生手続終結決定をしなければならないことにして（会更239条1項2号），手続終結の遅延を防止しようとしている。

更生手続終結決定の確定によって，会社の経営権が代表取締役の手に戻ることになる。かつての更生事件では，手続開始申立てから手続の終了まで，早いものでも5年程度，長いものでは20年かか

る事件も多かった。しかし,旧法下の実務において,既に債務の一括弁済・繰上弁済を活用し,全債務の約3分の2程度まで弁済されたら,更生手続を終結させる手続運用が定着していた。そこで,現行会社更生法は,このような実務上の運用を条文上明らかにした(会更239条1項2号)。その結果,最近では,更生手続開始申立てから4か月から6か月程度で終結に至る更生事件も珍しくない。

ちなみに,更生計画を遂行する見込みがなくなった場合には,更生手続は廃止され,破産手続に移行することになる(会更241条)。

8 再生手続との関係

本章では,現行会社更生手続について,旧法における取扱いおよび民事再生手続との違いに留意しつつ,その概要を紹介した。その結果,現行会社更生法は,民事再生手続との等質化を明確に意識していることが明らかになったと思われる。もちろん,会社更生手続と民事再生手続との間には,担保権や租税債権などの処遇につき歴然とした違いがあり,元来,両手続が想定した手続利用者は異なっていた。しかし,民事再生手続でも管財人が選任されるケースがあること(管理型民事再生の存在)や,反対に,近時におけるDIP型(自力再建型)会社更生手続の導入,会社更生手続を利用する会社の小規模化など,実際の運用の場面での両手続の差はかなり小さくなってきている。そういった意味で,将来,立法論として両手続を統合すべきか否かといった点も含め,両手続をどのように使い分けていくのか,さらに追究していく必要があるように思われる。

第4編

裁判外の倒産処理

第23章 私的整理と私的整理ガイドライン

> 法的整理（倒産処理）手続と並んで、近時、注目されているのが、裁判外の倒産処理手続である。法的整理手続は、多かれ少なかれ債務者に、倒産企業ないし破産者の烙印を押し、その再生を困難にするという要素を抱えている。そこで、国家的課題ともいうべき不良債権処理を円滑に進めるために、裁判外の（合意による）、より緩やかな手法による倒産処理が求められている。裁判外の倒産処理は、講学上、私的整理と倒産ADRとに分かれるが、ここでは、私的整理、私的整理ガイドライン、さらには私的整理に関する立法について説明する。

1 私的整理

私的整理の概略　私的整理とは、裁判外で（合意により）、債権者と債務者が任意に協議をして債務整理（債務者の事業や財産関係の整理）をすることをいうが、わが国では、長く（とりわけ再建型倒産手続たる民事再生法が2000〔平成12〕年4月に施行されるまで）、多くの倒産事件が、私的整理によって処理されてきた。私的整理では、私的自治の原則が支配し、法定の手続が特に定まっているわけではない。もっとも、一応の手続慣習が事実上できあがっており、たとえば、次のように進められる。

会社の事業が行き詰まり経営者が会社の経営を投げ出すと、まず債権者会議が開かれ、大口債権者などを債権者委員に選出し、その

互選によって債権者委員長が選出される。次に，債権者委員長あるいはその委任を受けた弁護士が，会社の経営・財産の状況を調査し，経営者の考えも聞いて，会社の再建が可能かどうかを検討する。再建不可能と判断すれば，残った会社資産を処分し，債権額に応じて分配する。再建できると判断すれば，債務の一部免除・期限の猶予，第二会社の設立（不採算部門の分離），役員の交替，金融機関への経営委任（いわゆる銀行管理），救済融資その他の方策を講じるといった具合である。

もっとも，これは，あくまでも一応の目安にすぎず，私的整理では，利害関係人による話合いとそれを踏まえた債権者委員長や弁護士の創意・工夫により，各事件の個性に合わせた弾力的な処理を行うことができるのが特徴である。実際の私的整理では，清算型の方が多いようであるが，再建型の私的整理も行われていた。

いずれにせよ，私的整理には，簡易迅速性・柔軟性・秘密保持性に加え，当該企業の事業価値の毀損を防ぐことができるという点で，法的整理手続にはない大きなメリットがある。したがって，私的整理は，それが適正に進められる限り，倒産処理の理想型といってよい。

私的整理の法律構成

私的整理の法律構成については，定説があるとはいえないのが実情である。債務者と個別債権者あるいは総債権者との和解契約（民695条）であると説かれることが多いが，それだけで私的整理をめぐる法的諸問題を適切に処理することは困難である。そこで，最近では，倒産処理を委託する債務者を委託者，これを引き受ける債権者委員長などの手続主宰者を受託者，そして，倒産処理によって利益を受ける債権者を受益者とする信託法理を利用して，私的整理を説明する見解も

有力である。換言すると，債務者が債権者委員長などに対して，受益者たる総債権者のために公平な配当をすることを目的として，その財産の管理処分権を与えることによって，私的整理信託が成立すると解する見解である（信託2条1項参照）。これは，現実の私的整理を単に説明する試みであるだけでなく，私的整理の短所を補おうとする実践的解釈論でもある。たとえば，債権者委員長の地位につき，広島高判昭和49・11・28判時777号54頁は，債権者委員長が自己の債権につき債務者の親族から秘密裏に連帯保証を受けていた場合につき，このような連帯保証契約は公序良俗に反し無効であると判示している（同旨，最判昭和46・6・18金法620号55頁）。しかし，和解契約的構成では，その根拠づけに困難を伴う。これに対し，信託法理によると，債権者委員長には忠実義務・善管注意義務が発生するので，債権者委員長が職務追行上の義務違反を行ったと解することができる。

> 私的整理の問題点

私的整理は，これがうまく行われれば理想的な倒産処理が実現できるが，裁判所の監督がなく，保全処分，強制執行の停止，否認権などの，手続の適正を担保するためのシステムが全く備わっていない上に，その手順が法定されていないため，透明性や予測可能性の点で限界があるという欠点もある。特に，私的整理はあくまでも債務者・債権者間の合意に基づく手続であることから，債務者は多数の債権者と整理案（特に再建計画案）をめぐって交渉しなければならないが，債務者と各債権者との交渉は必ずしも透明なものではない。そのため，一部の強硬な債権者との間で裏取引等が行われ，優先的な取扱いがなされることがあり，少なくとも債権者の間にもそうした疑心暗鬼が生じやすい。また，当事者間の力関係がそのまま交渉にも反映され，

「ごね得」といった問題が生じやすいことも否定できない。さらに，最悪の場合には，いわゆる整理屋（事件屋）が甘言と威嚇により債務者会社の財産を占有し，債権者には不当な譲歩を強要するという形で私的整理を取り仕切り，捻出した剰余金を経営者からの謝礼として組織活動の資金に組み入れてしまうといった事態に立ち至ることもあったといわれている（このような不適正な私的整理は，その後に破産手続に移行し，否認権の行使等によって不適正の是正が試みられることもあるが，時既に遅く，総債権者の満足にはほど遠い処理しかできない状態に立ち至るのが普通であった）。

2 私的整理ガイドライン——私的整理のルール化

私的整理ガイドラインの制定

私的整理には多くのメリットがあるものの，手続の透明性や予測可能性の点で様々な限界があり，実際にも，債務者企業の実情に合わない安易な債権カットが行われたり，問題の先送りにとどまったりすることも多かった。そこで，わが国の金融機関の不良債権処理と企業の過剰債務問題を一体的・抜本的に解決するため，より透明・公正な手続で私的整理を行うことができるように，政府の要請に基づき，金融界・産業界の代表者の間での合意として，2001（平成13）年9月19日に策定・公表されたのが，『私的整理に関するガイドライン』（私的整理ガイドライン）である。

　私的整理ガイドラインは，複数の金融機関に対して返済困難な債務を抱えた企業のうち，過剰な債務をある程度軽減することなどにより再建できる可能性のある企業を救済するためのものである。債

務者企業と複数の金融機関が協議した上で，債権放棄やデット・エクイティ・スワップ（債権の株式への振替）などの金融支援を行い，公明正大で透明性のある私的整理を行うための手続準則を定めている。基本的に，資金繰りに窮する以前のより早い段階で私的整理に着手して迅速に事業を再生させることを目指すものであり，したがって，そこでは商取引債権を毀損することなく，通常の営業を継続することが当然の前提とされている。私的整理ガイドラインには法的拘束力はないが，金融機関等である主要債権者（債権額の多い複数の金融機関のこと）および対象債権者（再建計画が成立した場合に権利変更が予定されている債権者のこと。主要債権者もこれに含まれる），債務者企業，ならびにその他の利害関係人によって，自発的に尊重・遵守されることが期待されている（ガイドライン2項(1)）。

私的整理ガイドラインは，その後，事業再生実務が変化したことを受けて，2005（平成17）年11月に，一部改訂された。

私的整理ガイドラインの基本的スキーム
---

(1) 対象となる私的整理

会社更生や民事再生などの法的整理手続に拠ったのでは債務者企業の事業価値が著しく毀損され，債務者の再建に支障を生ずるおそれがあり，私的整理に拠った方が債権者と債務者の双方にとって経済的合理性がある場合に限って，私的整理ガイドラインが適用される（ガイドライン1項(2)，3項(3)(4)）。対象となる企業は，過剰債務を主因として経営困難な状況に陥っていて自力による再建は困難であるが，事業価値があり，重要な事業部門で事業利益を計上しているなど債権者の支援により債務者企業の再建の可能性があることが必要である（ガイドライン3項(1)(2)）。

(2) 金融債権者による支援

私的整理ガイドラインによる私的整理の手続は，多数の金融機関等が主要債権者または対象債権者として関わり，債務の猶予・減免などの協力が求められる手続であり（ガイドライン1項(1)(3)），商取引債権については，原則として約定通りの弁済が継続される。

(3) 公正・衡平と透明性の重視

私的整理ガイドラインによる私的整理手続は，公正・衡平を旨とし，透明性が尊重される（ガイドライン2項(5)）。

> 私的整理ガイドラインによる債務整理

私的整理ガイドラインによる債務整理は，以下のように行われるのが一般的である。

①私的整理ガイドラインによる債務整理を求めようとする企業が，主要債権者（通常はメインバンク）に対し，再建計画案を添付してこのガイドラインによる私的整理を申し出る。

②申出を受けた主要債権者は，(a)債務者企業にガイドライン3項に規定する申立資格があるか否か，(b)再建計画案につき対象債権者の同意を得られる見込みがあるかどうか，(c)再建計画案の実行可能性があるかどうか，について検討する。

③主要債権者が，債務者から提出された資料を精査した上で，提案が妥当であるとの結論に至ったときは，主要債権者と債務者の連名で，対象債権者全員に「一時停止」（個別的な権利行使や債権保全措置をとるのを一時的に差し控えること）の通知を発する。

④主要債権者は債務者と連名で，一時停止の通知を発した日から2週間以内の日を開催日とする第1回債権者会議を招集する（ガイドライン5項(1)）。

⑤第1回債権者会議では，債務者企業による資産・負債と損益の状況，再建計画案の内容について説明を受け，それらに対する質疑

応答や出席した対象債権者間において意見交換を行うほか，資産・負債や損益の状況および再建計画案の正確性・相当性・実行可能性等を調査検討するために，公認会計士，税理士，弁護士，不動産鑑定士，その他の専門家（アドバイザー）を選任するかどうかを検討し，必要な場合には被選任者を決定する。また，一時停止の期間や，第2回債権者会議の開催日時・場所，債権者委員会設置の有無等を決定する（ガイドライン5項(3)）。

⑥第2回債権者会議では，再建計画案の相当性と実行可能性等についての調査検討結果の報告を聞き，債務者に対する質疑応答対象債権者が書面により再建計画案に対する同意・不同意を表明すべき期限を定める（ガイドライン8項(2)(3)）。

⑦対象債権者全員が，再建計画案に同意する旨の書面を提出したときに，再建計画は成立し，債務者は再建計画を実行する義務を負う。対象債権者の権利は，成立した再建計画の定めに従って変更され，対象債権者は，債務の猶予・減免など再建計画の定めに従った処理を行う（ガイドライン8項(4)）。

⑧債務者企業は，対象債権者に対し，再建計画の定めに従って，その成立後に定期に開催される債権者会議等において，再建計画の実施状況を報告しなければならない（ガイドライン9項(2)）。

再建計画案の内容

金融機関が融資先に対して債権放棄を行う基準として，再建計画案には，以下のような内容が盛り込まれる必要があるとされている。

① 3年以内の実質的債務超過の解消（ガイドライン7項(2)）

② 3年以内の経常利益黒字化（ガイドライン7項(3)）

③株主責任の追及。すなわち，債務者企業が対象債権者の債権放棄を受けるときは，支配株主の権利を消滅させることはもちろんの

こと，減増資により既存株主の割合的地位を減少または消滅させることを原則とする（ガイドライン7項(4)）。

④経営者責任の追及。すなわち，債務者企業が対象債権者の債権放棄を受けるときは，債権放棄を受ける企業の経営者は退任することを原則とする（ガイドライン7項(5)）。

⑤平等と衡平。すなわち，権利関係の調整は，債権者間で平等であることを旨とし，債権者間の負担割合は，衡平性の観点から個別に検討する（ガイドライン7項(6)）。

私的整理ガイドラインの意義と問題点

私的整理ガイドラインに基づいて行われる私的整理は，純粋な私的整理とは相当に趣を異にする。すなわち，純粋な私的整理では，債務者と債権者との相対交渉で債務整理が行われるのに対し，私的整理ガイドラインに基づいて行われる私的整理では，いわゆる専門家（アドバイザー）が必須のものとして手続に組み込まれることによって，手続全体の一種の「疑似ADR」化が強まっている。その意味で，私的整理ガイドラインに基づいて行われる私的整理は，純粋な私的整理と倒産ADRとの中間的なものと位置づけることができる。

しかし，私的整理ガイドラインによる私的整理といえども，基本的には当事者間の和解契約（民695条）であるから，関係者全員の合意がないと成立しない。そのため，私的整理を成立させて債務者企業の再建を支援しようとするメインバンクが，再建計画への同意を渋る他の金融機関に対して譲歩し，自行の負担を増やすことで，他行の減免額を減らす方向で何とか再建案をまとめようとする現象が生じた。これを「メイン寄せ」というが，このようなことが続くと，譲歩を強いられるメインバンクとしては負担が増すばかりで，

次第に私的整理ガイドラインによる私的整理は敬遠されるようになっていった。また，メインバンクが他行の要求に応じるだけの体力がない場合には，私的整理ガイドラインによる私的整理は，不発に終わらざるをえないことが多かった。

このようなこともあって，私的整理ガイドラインは，最近では，第24章で扱う倒産ADR，とりわけ事業再生ADR（民間型倒産ADR）にとって代わられ，ほとんど利用されなくなっている。

3 私的整理に関する立法

産業活力再生特別措置法

ところで，私的整理における事業再生の手法として，会社組織の再編や減増資などを行う場合には，原則として，会社法の定める関係諸規定が適用され，また，登録免許税をはじめとする各種の税負担が生じる。しかし，これらの法規制が私的整理の遂行にとって足かせとなることが多い。そこで，主務大臣（経済産業大臣）の認定を受けた事業再生上の取組について，様々な税制上および会社法上の支援措置を講じることにより，事業の再構築や事業再生等を円滑にするための支援法として，1999（平成11）年に制定された「産業活力の再生及び産業活動の革新に関する特別措置法」（産活法）がある。この法律は，いわゆる倒産法そのものではないが，私的整理の場面でも，活用することができる。

産活法に基づく事業再生計画につき主務大臣（経済産業大臣）の認定を受けるためには，提出した事業再建計画が生産性の向上や財務の健全化など，一定の要件を満たす必要があるが（産活5条・7

条・9条・11条・13条など），認定を受けた事業再生計画に対しては，2種類の支援措置がとられる。

第1は，会社組織の再編や減増資を迅速に行うことができるように，会社法上の特例が適用される点である。具体的には，認定を受けた事業者（認定事業者）が認定計画に従って株式発行時にその財産の全部または一部を現物出資する場合における検査役調査の免除（産活19条），認定事業者が組織再編をする場合の要件の緩和（産活20条），認定事業者およびその関係事業者である株式会社が減資と同時に行う株式の併合を株主総会（取締役会設置会社にあっては，取締役会）の判断でできるとしたこと（産活21条）などがある。

第2は，事業再生の遂行に伴うコストを削減するために，税制上の特例が適用される点である。具体的には，認定計画に基づき会社の設立や増資を行う際に課される登録免許税の軽減（租特80条），会社分割に伴う不動産の移転に課される不動産取得税の軽減（租特81条）などがある。また，債権放棄を受ける事業者（債務者）は，通常の私的整理では認められない資産評価額の欠損金算入が認められている（租特66条の13）。

株式会社産業再生機構法

私的整理ガイドラインが直接適用された案件は，必ずしも多くないが（2001〔平成13〕年9月の私的整理ガイドライン公表後，2005〔平成17〕年までの間に30ないし40社程度の企業が利用したと報告されている），私的整理ガイドラインは，わが国の事業再生局面において一定の成果を挙げたと評価することができる。しかし，前述のように，私的整理の話合いの場面で生じるメイン寄せという状況に，私的整理ガイドラインでは，十分に対応することはできなかった。メインバンクにそれに応ずるだけの体力がなければ，私的整理は不

発に終わるからである。

　そこで，非メインバンクの金融債権を産業再生機構に合理的な価格で買い取らせ，メインバンクとの交渉を円滑に進めることにより，私的整理を円滑かつ迅速に成立・遂行させることを目的として，2003（平成15）年に成立したのが，「株式会社産業再生機構法」である。ただし，産業再生機構は，不良債権処理のためのいわば緊急避難的措置として5年の時限の機関であったため，ダイエーやカネボウなどの有力企業を含む41の企業グループ，合計195社の再生を支援し，2007（平成19）年3月に，予定の期限を1年前倒しして解散してしまった。その背景には，わが国における不良債権処理の問題も一応峠を越えたとの政策判断があったと思われる。しかし，産業再生機構の解散と相前後して，事業再生のための恒常的な仕組みとして，私的整理ガイドライン等に基づく私的整理のスキームと裁判所における法的整理手続との中間に，何らかの実効的な事業再生のためのスキームが必要なのではないか，私的整理と法的整理とを連携させるような何らかの法制度が必要ではないかという点が，議論されるようになった。

株式会社企業再生支援機構法

　このような要請を受けて，産業再生機構の実績を承継しつつ，疲弊したわが国の地域経済の再生のための新たなスキームを提供するものとして，2009（平成21）年に成立したのが「株式会社企業再生支援機構法」である。企業再生支援機構は，有用な経営資源を有しながら過大な債務を負っている事業者の事業再生を支援するために，同法に基づき設立された官民出資の会社である。同機構は，後に詳しく見るように（→第24章 **3**），上記の産業再生機構とほぼ類似の機能をもち，金融機関からの債権の買取りや出資，経営

者の派遣等を行うことが予定されている。

ただし，法案が作られた当初は，地方の中堅事業者・中小企業や，第三セクターの再生を支援対象として想定しており，2008（平成20）年2月に，内閣府により，株式会社地域力再生機構法案として国会に提出されたときには，その趣旨が法案に盛り込まれていた。しかし，2009（平成21）年6月に成立した修正法案では，「株式会社企業再生支援機構法」とその名称が変更され，第三セクターが支援対象から外される一方，大企業も支援対象とされることとなった。その結果，第三セクターの倒産処理のための特別の措置が別途講じられることになった。しかし，日本航空（JAL）のような大企業が，企業再生支援機構の支援を受けながら事業再生を果たしたことは，周知の通りであり，それなりの成果はあったものと思われる。

Column㊼ 第三セクターの倒産処理

経営の悪化した第三セクターについては，地方自治体が，抜本的な改革を集中的に行えるよう，政府は，2009（平成21）年度から2013（平成25）年度までの時限措置として，第三セクターの債務整理のための一定の経費を地方議会の議決，総務大臣または都道府県知事の認可等の手続を経て地方債の対象とできることとする特例措置（第三セクター等改革推進債）の創設を盛り込んだ改正地方財政法を成立させた（2009〔平成21〕年3月31日公布，4月1日施行）。したがって，現在，地方自治体が損失補償等をしている赤字第三セクターの債務整理は，この改革推進債を活用して進められているが，第三セクターの債務整理を進めていく上で利用する手続としては，法的整理（破産・特別清算，民事再生・会社更生）だけでなく，第24章の倒産ADRも選択肢の1つとされている。第三セクターの債務整理問題については，中島弘雅「第三セクターの経営破綻と地方自治体の財政再建」沖縄法政研究13号（2010年）69頁以

下が詳しい。

株式会社地域経済活性化支援機構法

「株式会社企業再生支援機構法」の施行は，2013（平成25）年3月末までの予定であったが，2012（平成24）年11月，当時の民主党政権はいったん同法所定の企業再生支援機構による支援企業の決定業務の延長を決めた。しかし，政権交代により成立した安倍自民党政権は，中小企業の支援強化に向け，これを見直し，新たに「地域活性化支援機構」（仮称）を2013（平成25）年4月に設立することを明らかにした。官民出資のファンドである「企業再生支援機構」を衣替えし，地域金融機関と連携して地域経済の実情にあわせた再建を支援するのがその狙いである。内閣府は2013（平成25）年1月，支援機構法の改正法案を国会に提出し，改正法案は同年2月に可決・成立した。これにより，同法は「株式会社地域経済活性化支援機構法」に改称され，また企業再生支援機構は「地域経済活性化支援機構」として業務を行うことになった。地域経済活性化支援機構は，地方銀行や信用金庫，信用組合などが設立した中小企業再生対象の再生ファンドに出資する形で，中小企業の経営再建を後押しする。支援期間は5年である。

第24章 倒産 ADR

> 裁判外の倒産処理には，私的整理と倒産 ADR とがあるが，本章では，近年注目されている倒産 ADR について説明する。私的整理と倒産 ADR とは，中立的な第三者が手続に介在するかどうかで区別され，中立な第三者が介在する場合が倒産 ADR である。

1 倒産 ADR の意義と類型

　裁判外で，中立・公正な第三者の関与によって，債務者の倒産処理，とりわけ事業再生を目的として再建計画や債務調整の合意を図っていく手続のことを，「倒産 ADR (Alternative Dispute Resolution)」と呼んでいる。2004（平成16）年に，「裁判外紛争解決手続の利用の促進に関する法律」，すなわち，ADR 基本法が成立したのを受けて，近時，企業の倒産処理の場面でも，倒産 ADR が注目を浴びている。それは，簡易迅速性・柔軟性・秘密保持性に加え，当該企業の事業価値の毀損を防ぐことができるという点で，法的整理手続にはない大きなメリットがあるためである。

　倒産 ADR には，介在する中立的第三者の設営者ないし運営者の

属性に応じて，①司法型，②行政型，③民間型の3類型があるといわれる。

2 司法型倒産 ADR

特定調停の意義と実施状況

司法型倒産 ADR は，従来から日本に存在する民事調停法の下で，事実上，倒産処理手続としての機能を営んできた，いわゆる「債務弁済協定調停」の機能を充実・強化する目的で，1999（平成11）年12月に成立した特定調停法（「特定債務等の調整の促進のための特定調停に関する法律」）に基づいて行われるものを指す。

特定調停は，「金銭債務を負っている者であって，支払不能に陥るおそれのあるもの若しくは事業の継続に支障を来すことなく弁済期にある債務を弁済することが困難であるもの又は債務超過に陥るおそれのある法人」（特定債務者）の経済的再生に資するため，特定債務者が負っている金銭債務にかかる利害関係の調整を促進することを目的として創設された民事調停の特例となる調停手続である（特定調停1条・2条）。特定調停が行われるのは，特定債務者が調停の申立ての際に，特定調停手続による調停を求めた場合に限られる（特定調停3条1項・2項）。申立書には，財産状況の明細書や関係権利者の一覧表等の添付が義務づけられている（同条3項）。

もともとは特定調停の利用者として消費者が想定されていたが，事業再生のための手続としての機能も期待されるようになった。2004（平成16）年には全国で約38万件もの申立てがなされたが，その後は申立件数が激減傾向にある。特定調停は，2003（平成15）

年から2005（平成17）年頃に，地方自治体がその設立に関与した赤字第三セクターの債務整理の手法としてもよく利用されたが，これには，多分に問題の先送り的側面があることから，最近では，赤字第三セクターの債務整理に特定調停が用いられるのは稀である。

Column㊽ 特定調停による第三セクターの債務整理の問題点

かつて赤字の第三セクターについて特定調停が利用されたのは，法的倒産手続を利用すると，一般の取引債権者も倒産手続に取り込まれ，基本的に取引債権者への支払が停止されるため，第三セクター企業の事業価値や信用の毀損が発生し，事業再生がしにくくなる点に配慮したためである。しかし，特定調停により第三セクターの債務整理を行う場合の問題点として，債権者たる金融機関への弁済期間がいずれも30年ないし40年という極めて長期にわたるため，計画遂行の蓋然性が，再建型の法的整理手続と比べて極めて劣るという点を挙げることができる。中には，30年の計画履行後もなお当該第三セクターの債務超過は解消されず，その段階で改めて関係者が債務の弁済計画について協議をするといった内容の調停条項すら存在し，真の意味での再建計画になっていない場合が少なくなかった。このように，特定調停による債務整理には多分に問題の先送り的な側面があり，特定調停成立後も，二次破綻のリスクや住民訴訟を起こされるリスクを抱えていた。現に，40年間かけて金融機関に借入金の返済をすることを内容とする特定調停がいったん成立したものの，その後計画通りの弁済ができなくなり，最終的に会社更生手続開始申立てに至った第三セクターも存在する。詳細については，宮脇淳編著『第三セクターの経営改善と事業整理』（学陽書房・2010年）147頁以下［中島弘雅］参照。

特定調停の特徴

従来の債務弁済協定調停の問題点として指摘されてきた点を考慮し、特定調停法は、いくつかの改善を行っている。

まず、管轄違いの申立てがあった場合について、民事調停法の要件（民調4条1項但書）を緩和して、適当と認める場合に広く自庁処理を認めることにした（特定調停4条）。また、民事調停法の認める簡易裁判所間の裁量移送（民調4条2項）に加え、地方裁判所への裁量移送も認められた（特定調停5条）。特定調停が倒産処理事件であるという実質から、倒産処理手続について一般的な管轄権を有する地方裁判所での一括処理を可能にしたものである。そして、以上のような規定等により、同一の裁判所に同一特定債務者に関する複数の特定調停事件が係属するときは、これらの手続をできるだけ併合して行わなければならない（特定調停6条）。

特定調停では、その倒産手続としての性格を考慮して、広く個別執行の停止が認められている。すなわち、特定調停法7条は、担保権の実行としての競売を含む民事執行手続の停止の要件として、従来からの「調停の成立を不能にし又は著しく困難にするおそれがあるとき」（民調規6条）に加え、「特定調停の円滑な進行を妨げるおそれがあるとき」にも、停止できることとし、その要件を緩和している。また、無担保による停止も認めている（特定調停7条）。このように、特定調停では、広く個別執行の停止が認められ、当事者間で話合いがなされることが奨励されているということができる。しかし、他方で、執行停止の濫用を防止する必要もあることから、裁判所が執行停止を命じる際には、執行債権が担保権付きの債権か否かといった点や、執行手続の進行状況、調停成立の見込みなど、諸般の事情を斟酌することが求められる。

特定調停が最終的に両当事者の合意を要するものである以上，手続の成否の鍵を握っているのは，調停委員である。そこで，特定調停法は，特定調停を行う調停委員会の調停委員として，「事案の性質に応じて必要な法律，税務，金融，企業の財務，資産の評価等に関する専門的な知識経験を有する者」を指定するものとすると定めている（特定調停8条）。そのような者としては，弁護士，税理士，公認会計士等が考えられる。

　従来の債務弁済協定調停事件処理の大きな障害として，関係権利者，とりわけ相手方債権者からの情報収集の手段が十分でないことが挙げられてきた。そこで，特定調停法は，債権の発生原因・内容，弁済等による債権または債務の内容の変更，担保関係の変更等に関する事実を明らかにする義務を調停の当事者に課している（特定調停10条）。特に，関係権利者は，これらの事項を記載した書面および証拠書類の提出義務を負っており（特定調停規4条1項），弁済による債権の内容の変更については，その算出の根拠および過程を明らかにしなければならない（同条2項）。また，特定調停法は，資料収集のための強制手段も用意した。すなわち，特定調停のために特に必要があると認められるときは，調停委員会は，当事者または参加人に対して，事件に関係のある文書・物件の提出を求めることができる（特定調停12条）。そして，当事者等が正当な理由なくこの提出の要求に応じないときは，10万円以下の過料に処せられる（特定調停24条）。

3 行政型倒産 ADR

> 中小企業再生支援協議会

行政型倒産 ADR としては，各都道府県の商工会議所等の認定支援機関に置かれた「中小企業再生支援協議会」が行う倒産 ADR がよく知られている。これは，行政官庁である経済産業省の強い支援を受けて，「産業活力の再生及び産業活動の革新に関する特別措置法」（産活法）の中に位置づけられたものである（産活42条）。

地方経済の疲弊が問題とされるようになって久しいが，わが国の産業を支える中小企業の活力の復活は，わが国の産業の再生にとって不可欠である。しかし，中小企業は，多種多様で地域性が強いという特性をもっているため，それらを再生させるには，各地域の実情を踏まえた柔軟，かつ，きめ細かな取組が必要となる。そこで，このような取組を支援するため，産活法に基づき，各都道府県に，経済産業大臣の認定により設置されたのが，中小企業再生支援協議会である（産活42条）。中小企業再生支援協議会には，中小企業の事業再生に関する知識・経験を有する専門家（弁護士，公認会計士，税理士，中小企業診断士，金融機関 OB など）である統括責任者（プロジェクトマネージャー）1名と，統括責任者補佐（サブマネージャー）数名が常駐しており，常時，中小企業からの相談を受け付け（第1次対応），事業性が認められるなど一定の要件を満たす相談企業については再生計画案策定支援（第2次対応）を実施している。中小企業再生支援協議会は，地域の金融機関などと連携を図りながら，

経営相談から再生計画案の策定の支援に至るまで，幅広く中小企業の再生支援に取り組んでいる。

かつての産業再生機構による再生支援と，中小企業再生支援協議会による再生支援との最大の相違点は，産業再生機構は，金融債権の買取りを通じて債権者として債務者の事業再生に関与したのに対し，中小企業再生支援協議会は，あくまでも中立な第三者としての立場で債務者の事業再生に関与するという点にある。

企業再生支援機構 最近，日本航空（JAL）の事業再生（会社更生）についての一連の報道の中で注目を集めた企業再生支援機構による再生支援も，行政型倒産 ADR の一種である。企業再生支援機構は，前述のように，「株式会社企業再生支援機構法」を根拠として 2009（平成 21）年 10 月 14 日に設立された，倒産企業の再生を支援する機関である。

(1) 企業再生支援機構による事業再生業務の流れ

事業再生の流れをみておくと，まず，事業者が企業再生支援機構に機構の支援対象となりうるか否かについて事前相談をする。相談を受けた支援機構は，財務・法務・収益性・採算性等の観点から事業者を査定する（DD：デュー・デリジェンス）。支援機構は，この査定を踏まえ，事業者とメインバンク等との調整を行う。そして，この調整ができた場合には，事業者やメインバンク等により，支援機構に対して支援申込みがなされる。このとき，事業者は，事業再生計画を提出しなければならず，そこには，事業の再構築・債権放棄による課題債務の削減（財務の再構築），減資等が盛り込まれる。それに対して，支援機構は前述の査定結果を踏まえて，事業再生計画を検討し，支援の可否を決定する。支援決定をした場合には，直ちに，機構は非メインバンクに対して，(a)債権を機構に対して売却す

るか，(b)事業再生計画に同意して債権放棄等を行い，債権を引き続き保有するか，いずれかの選択を求める旨の通知をする（支援機構に対して債権を売却する場合の買取価格は，支援決定にかかる事業再生計画を前提にした適正な時価に基づき算定する）。また，支援機構は，関係金融機関等の対象事業者に対する債権回収により，その再生が困難になると判断した場合には，関係金融機関等に対して貸出金の「回収等停止要請」を行う。関係金融機関等が，機構からの提案を検討し，事業再生計画に同意するときは，機構の「企業再生支援委員会」は，債権買取等の決定を行う。この決定があると，支援機構は，対象事業者に対し出資を行うことができる。これによって，事業再生計画が実行されることになるが，機構は，その進捗状況をモニタリングするとともに，必要に応じて新規資金の融資・保証等をすることもできる。

(2) 企業再生支援機構を活用するメリット

① 関係者間の利害調整の円滑化

この手続は，国が関与して創設された中立・公正な機関である企業再生支援機構が，厳格な資産・負債査定を行い，中堅事業者，中小企業者その他の事業者の再生に取り組むことにより，債権放棄等について金融機関との利害調整が円滑化することが期待される。金融機関にとっては，債権放棄による損失の損金算入や，債務者区分上の「ランクアップ」（上方遷移）が可能になるというメリットがあり，他方，対象企業にとっては，債務免除益に対する欠損金や評価損の損金算入が可能になるというメリットがあるからである。

② 人材面も含めた総合的な支援

支援機構の金融・事業の専門家による適切な事業再生の方法の提示が期待される。また，かなり潤沢な資金を使って，金融機関やフ

ァンド，スポンサー等と連携して，資金面での支援（債権買取り，出資，新規貸付け等）を行うこともできる。さらに，地方の枠を越えて全国レベルで，優れた経営人材の確保と最適なスポンサー探しが可能となる。

③ 政策金融機関等の協力

支援機構法は，政府系の政策金融機関，都道府県の信用保証協会等について，債権放棄にかかる協力規定を置いている（支援機構26条）ほか，支援機構には，金融機関等に対して，債権の回収等の停止を要請する権限も認められている（支援機構27条）。

4 民間型倒産 ADR（事業再生 ADR）

事業再生 ADR の意義

民間型倒産 ADR としては，2007（平成19）年の産活法の一部改正によって創設された「特定認証 ADR」（事業再生 ADR）手続（正式名称は「特定認証紛争解決手続」）がある（産活48条以下）。現在，わが国で実際に行われているのは，「事業再生実務家協会」が実施している特定認証（事業再生）ADR のみである。

この特定認証（事業再生）ADR（以下では，単に「事業再生 ADR」ということがある）は，ADR 基本法上の「認証 ADR 事業者」（正式名称は「認証紛争解決事業者」）の仕組みを利用しながら，それに経済産業省の認定を上乗せした独自の倒産 ADR 手続である。すなわち，事業再生 ADR を行うことのできる認証 ADR 事業者は，ADR 基本法に基づき法務省から「認証」を受けた民間の「認証 ADR 事業者」のうち，さらに産活法に基づき経済産業省から「認定」を受け

た事業者である（産活2条24項。認証の基準につきADR基本法6条，認証の欠格事由につき同法7条参照）。

　事業再生ADR事業者の活動領域は広いので，事業再生ADR事業者は，手続の公正・衡平性を保持するため，経済産業大臣による認定を受けなければならない（産活48条）。事業再生ADRでは，当該ADR事業者が事業再生の専門家を「手続実施者」として選任できることが，産活法上，経済産業省の「認定」を受けるための要件とされている（産活48条1項1号）。ただ，「事業再生に係る認証紛争解決事業者の認定等に関する省令」（経済産業省令）が要求する「手続実施者」を実際に選任できる組織は限られていることから，現在のところ，特定認証（事業再生）ADR事業者として認定されているのは，事業再生実務家協会のみである。

事業再生ADRのメリット　この手続は，債務者やその取引相手にとってはもちろんのこと，金融機関や地域経済にとっても，多くのメリットがある。

① 企業価値の毀損防止

　事業再生ADRは秘密裏に進められるので（密行性），債務者企業の事業価値の毀損を防ぐことができる。手続対象債務者について，中小企業再生支援協議会による倒産処理スキームのような制約はないから，上場企業や大企業もこの手続を利用できる。上場企業が法的倒産手続に入ると，上場廃止基準に抵触するため，上場廃止を余儀なくされるが（東京証券取引所有価証券上場規程601条1項7号等），事業再生ADRの場合には，二期連続の債務超過，時価総額の基準割れといった実質的理由による上場廃止の可能性はあるものの，この手続に入ったことそれ自体でもって直ちに上場が廃止されるわけではない。

② 手続の透明性・公正性・迅速性

中立な第三者の関与により，手続の透明性が確保でき，公正・衡平な事件処理が可能である。事業再生 ADR の手続主催者は，公正な第三者たる事業再生 ADR 事業者および手続実施者であるため，私的整理ガイドラインのような理不尽なメイン寄せを回避できる。事業再生 ADR では，一時停止から3か月程度の短期間で再生計画の成否が決まるので，迅速な事件処理が可能である。

③ 事業再生計画の柔軟性・実行可能性

事業再生 ADR では，対象債権者全員の同意が得られれば，比較的柔軟な事業再生計画を策定できる。また，当該事業に最も精通する債務者が，専門家の助言・指導を得ながら主体性をもって計画案の策定に臨むので，より現実的で実行可能性の高い事業再生計画案の策定が可能である。

④ 事業再生を支える法的手当て

産活法は，債務者が，事業再生 ADR 手続を開始した後に，事業の継続に欠くことのできない資金の借入れ（いわゆるプレ DIP ファイナンス）を行う場合に，中小企業基盤整備機構の債務保証や信用保険の特例への途を開くことで，つなぎ融資を円滑に供給できる仕組みを講じている（産活50条・51条）。また，事業再生 ADR を利用して事業再生計画が成立した場合には，税務上，債務者は資産の評価損の損金算入と期切れ欠損金の利用ができ，債権者は債権放棄による損失を損金算入できるメリットがある。

他方，事業再生 ADR が一部の対象債権者の反対によって挫折した場合，債務者としては，民事再生や会社更生の申立てか，計画案に不同意の特定の債権者に対して，改めて裁判所からの説得を試みる目的で，特定調停の申立てを検討することになるが，事件が特定

調停に移行した場合には、特定調停手続の特則として、裁判官単独で調停を行うことができるので（産活49条。なお、民調5条参照）、事業再生 ADR で策定された再生計画案が、そのまま調停案として利用されることもある。また、必要に応じて、調停に代わる決定（民調17条）が裁判官によってなされることもありうる。しかも、事業再生 ADR が成立せず、再生手続や更生手続へ移行することになった場合も、プレ DIP ファイナンスについては、再生計画や更生計画の中で一般の倒産債権よりも優先的な弁済を許容することができる（産活53条・54条）。

⑤ メインバンク・地元経済にとってのメリット

事業再生 ADR は債務者主導の手続であるため、メインバンクが他行からの非難・攻撃の矢面に立つことを回避できる。メインバンクは、取引関係の深い企業を破綻させることなく再生させることで、地元のレピュテーションリスク（悪い評判が広まり、顧客の信頼を失うリスク）を回避できる。また、商取引債権者を手続の対象から外すので、連鎖倒産を防ぐことができ、地元経済へのダメージを回避できる。

> 事業再生 ADR の手続の流れ

事業再生 ADR 手続のスキームは、基本的には私的整理ガイドラインの事業再生スキームに依拠したものである。すなわち、事業再生 ADR 事業者は、まず最初に、債務者と連名で、債権者に対して一時停止を要請する通知をし、その後に、債権者会議が開催される運びとなる。債権者会議についても、私的整理ガイドラインにならい、事業再生計画案の概要を説明するための第1回債権者会議、計画案の協議のための第2回債権者会議、そして、計画案の決議のための第3回債権者会議が想定されている（なお、いずれ

の債権者会議でも DIP ファイナンスについて決議ができる)。そして，最終的に，事業再生計画案がすべての債権者に受け入れられると，事業再生 ADR の手続は終了する。

　他方で，事業再生 ADR では，事業再生 ADR 事業者があくまでも中立な第三者として債務者の事業再生に関与するという点で，私的整理ガイドラインに基づく事業再生との間には決定的な違いもある。

　以上でみてきたように，最近のわが国では，法的な再建型倒産手続の整備とならんで，裁判外で行われる様々な事業再生の仕組みが整備されてきており，経営不振に陥った債務者企業が，それぞれの実情に応じた事業再生の方法を選択できるようになっている。これが，近時のわが国における事業再生の特徴ということができる。

第5編

国際倒産・倒産犯罪

第25章 国際倒産

> 人や企業の活動がグローバル化した現代では、倒産事件も国際的要素を帯びて現れる。ところが、裁判所の手続として倒産処理を試みる限りは、国境の壁が避けられない。倒産処理の理念は国際的な意味で実現される必要があるのであり、本章では、そうした要請に向けた国際倒産の様々な側面を概説する。

1 属地主義から普及主義へ

属地主義の弊害　属地主義とは、わが国の倒産手続の効力は国内限りで及ぶものとする一方で、外国の倒産手続はわが国に対してその効力を有さないとするものである。旧倒産法制が採用していた立場であり（旧破3条〔平成12〔2000〕年改正前〕、旧会更4条）、倒産処理における鎖国政策を意味する。島国たるわが国にあっては、経済活動の多くが国内で自己完結している限りでは、それも一定の合理性を有していた。しかし、今日のようなグローバル社会では、倒産の場面で属地主義を貫けば、好ましくない結果を引き起こすことが避けられない。

たとえば、海外展開していたわが国の企業が倒産したとしよう。

この場合, 属地主義による限り, わが国で可能な処理は国内に残存している財産を国内の債権者で分配することでしかない。海外にある財産にはわが国の倒産手続の効力は及んでいないとして, 一部の債権者がこれを独占してしまえば, 債権者間の公平は著しく害されてしまう。国際倒産への対応は, 倒産法学の世界的な課題なのであった。

国際倒産の歩み

属地主義では国際倒産事件に好ましくない結果をもたらすのであれば, 逆の立法, すなわち倒産手続に国際的効力を認める普及主義への転換を図ればよいように思える。しかし, これはいうほど簡単ではない。国際倒産事件を普及主義によって処理するとなれば, 倒産処理を国家作用である司法に委ねては限界があり, 新たな国際機構が必要ともいえるが, それもまた簡単ではない。そもそも一国だけが属地主義から普及主義に転換すれば足りるような話ではないのである。

望ましい国際倒産処理の実現には様々な課題があり, 現在はまだその発展途上にある。最初の歩みは, 隣国が地続きのヨーロッパで現れた。つまり, 密接な国同士の二国間条約で両国間での倒産処理から国境の壁を取り払うことである。やがて, これは, EUのような広域圏での条約へと広がりをみせる。さらに, 全世界で通用する条約の締結にこそ至っていないが, 国際機関による国際倒産モデル法が策定されるなど, 普及主義の理念に近づきつつある。もっとも, 現実の倒産事件の国際化はこうした制度基盤の整備を待ってくれているわけではない。たとえば, 1991年には, わが国を含む世界70か国に影響が及んだ金融機関の倒産事件が発生した。しかし, その際には, 営業拠点のあったイギリスの実務家を中心に, 世界規模で資産をプールし, 可能な限り手続も歩調を揃えるなどして, どの国

の債権者にも不公平な差が生じない工夫が試みられた。各国実務家の協力により，アドホックな形で普及主義が実現されたといえる。

2 わが国の国際倒産規定

　国際倒産に向けた国際機構の動きや条約の締結といった大きな問題を別として，国内の実定法レベルでも国際倒産への対処はなされている。第1に，国内の倒産事件にあって，国際的要素に配慮する点であり，これは各倒産法の中に現れている。第2に，外国倒産の効力をわが国でどう受け入れるか，これは「外国倒産処理手続の承認援助に関する法律」（外国倒産承認援助法）として現れている。第3に，どこの国の法律を適用して国際倒産事件を処理していくか，すなわち抵触法（準拠法）の問題である。第3の点については，「法の適用に関する通則法」で定められてしかるべきであるが，国際倒産をターゲットにした規定はなく，解釈に委ねられている。

　① 各倒産法の国際倒産規定

> 対外的効力

　まず，属地主義の殻を破ったのが，各倒産法の中で国内倒産事件が対外的にも効力を有すると規定したことである。関連する外国がこの点を承認してくれるかどうかはともかく，わが国の倒産事件は，国内にあるかどうかを問わず債務者の財産すべてに及ぶことを原則とした（破34条1項，民再38条1項，会更72条1項）。これを宣言することは，全世界にある債務者の財産を基礎に債権者の処遇を考えるべきことになり，たとえば，外国にある財産からの回収を図った債権者がいた

としたら,他の債権者が同一割合の満足に達するまで,次の配当や弁済の受領は控えなければならないとの帰結が導かれる(破201条4項,民再89条2項,会更137条2項)。これはホッチポット・ルール(hotchpot rule)と呼ばれる,国際倒産処理の鉄則である。この点は,議決権行使の場面にも現れる(破142条2項,民再89条3項,会更137条3項)。

国際的手続規定

これに属するものはいくつかある。

第1に,内外人平等主義である(破3条,民再3条,会更3条)。国際化の時代に,倒産手続で内外人を差別するのは国際協調主義に反するので,無条件で(すなわち,従前の相互主義は破棄し)平等に扱うこととした。

第2に,管轄についても,国内事件との区別があるわけではなく,国際倒産事件に及ぶものと理解されている(破4条,民再4条,会更4条)。この点は,外国倒産承認援助法の間接的国際倒産管轄の規定ぶり(外国倒産17条1項)からも確認できる。

第3に,国際的な意味で,管財人等の手続機関が相互に協力する旨の規定である。つまり,情報上の協力関係,手続上の協力関係を図ることであり,並行を避けられない国内手続と外国手続の調整をスムーズにするためのものである。すなわち,普及主義を貫徹した世界レベルでの統一倒産処理の実現は簡単なことではないので,結局のところ一債務者について関連国で複数の倒産手続が並行することになり,何らかの形でその間の調整をつける必要があるからである。管財人等の情報協力(破245条,民再207条,会更242条),外国管財人の手続権(破246条,民再209条,会更244条),そして,管財人同士が相互に自国の債権者を代理して他国の手続に参加できるとするクロス・ファイリング(破247条,民再210条,会更245条)とい

った規定が用意されている。

② 外国倒産承認援助法の概要

　属地主義から普及主義への転換は，自国の倒産手続の対外的効力の宣言の裏返しとして，外国の倒産手続が自国でも効力を有するものと認めるべきとの側面も有する。しかも，外国管財人が自国で奮闘するのを許容するだけでは，国際協調にはほど遠い。そこで，世界諸国は協調的な国際倒産処理に目を向け，また，国際機構もこれに取り組み，とりわけ国連の国際商取引法委員会（UNCITRAL）が国際倒産に関するモデル法を整備するなど動き出した。属地主義からの脱却を目指したわが国は，外国倒産手続への配慮として，これに対するわが国の協力方法を整備した外国倒産承認援助法を2000（平成12）年に新たに制定するに至った。

　承認援助の仕組み　　外国倒産手続についてその効力をわが国でも認めようとする外国倒産承認援助法であるが，オートマティックに外国倒産手続の効力を受け入れるというものではない。各国の実体法・手続法の特徴を凝縮した形で現れるのが倒産法であり，中にはわが国では効力を認め難い場合もありうるので，外国管財人等から東京地方裁判所に承認援助の申立てがなされることを前提に（外国倒産4条・17条），棄却すべき事由の有無のチェックを受けるものとされている（外国倒産21条）。承認決定がされる場合も当然に一定の効果が発生するのではなく，事案に応じて必要な措置を講じていく（それが次に述べる援助処分である），というのが基本的な考え方である。

　外国倒産手続も裁判所の関与を前提にしているので，その承認援助も外国判決の承認（民訴118条）・執行（民執24条）が考え方の基

礎となっている。ただ、倒産手続は判決以上に事実作用として影響を及ぼすものであるため、やや慎重に費用・公の秩序・誠実性等の観点からチェックを受けることになっている。もっとも、過去の利用例をみる限り、この慎重な姿勢が、制度の使いにくさにつながっている面も否定できない。各国の倒産手続の構造の違いが承認援助を阻むという難しさにつながっているようである。

援助処分

法令名にある「承認援助」の語が示唆するように、基本は承認決定のあった外国倒産手続がわが国でもその効力を発揮できるよう所定の援助処分を講ずるということであり、承認によりフルパワーの倒産手続が始まるわけではない。

援助処分のメニューとして用意されたのは、次のようなものである。第1に、各種手続の中止命令である（外国倒産25条）。これは、当該債務者に関して、国内で強制執行、仮差押え、仮処分、財産に関する訴訟等が係属していた場合、これをそのままにしておくことは承認決定された外国倒産手続の妨げとなる可能性があるので中止させるというものである。第2に、わが国の倒産手続における開始決定前の保全処分に準じたもので、処分禁止、弁済禁止等の処分（外国倒産26条）、担保権の実行手続等の中止命令（外国倒産27条）、さらに強制執行等禁止命令（外国倒産28条）、といったものである。第3に、最も強力な援助処分として、当該債務者の国内の業務・財産に関し、承認管財人による管理を命ずる処分（外国倒産32条）が用意されており、これによって国内の業務・財産を外国倒産手続の傘下に収めることが容易になる。ほかにも、郵便物等の管理（外国倒産43条）、保全管理命令（外国倒産51条以下）、といった多彩なメニューが揃っている。

並行倒産の調整

前述したように、属地主義から普及主義へ転換し、援助処分の仕組みが整備されたからといって、国際的要素のある倒産事件が直ちに世界レベルで統一的に処理できるようになるわけではない。つまりは、外国の手続と国内での手続が並行することは今後も避けられないということである。しかし、これを黙って見過ごしたのでは、国際倒産の分野が発展したとは認めてもらえないだろう。外国倒産承認援助法は、並行倒産の場合についての調整指針をも明確にした。それは、次の3つの考え方であるが、この指針は並列的なものではなく、段階的なものとされている。

第1段階は、一債務者一手続の原則である。これは、わが国の中にあって、一債務者について複数の手続が並行することは避け、一手続しか認めないというものである。そして、その一手続のあり方を示すのが第2段階であり、国内手続優先の原則である。つまり、国内の倒産手続が進んでいる場合は、国際倒産であってもそれだけ国内との結びつきが強いことを意味するので、原則として、承認申立ては棄却される（外国倒産57条1項）。ただ、拠点のある国で開始された外国主手続（外国倒産2条1項2号）であれば、例外的に承認決定される可能性が開かれている（外国倒産57条1項・59条1項1号）。そして、第3段階が、外国倒産手続が複数ある場合についての主手続優先の原則である。これは、国際倒産事件の実際は、多くの国に関係しており複数の国に国際倒産管轄が認められることが少なくないことに鑑みれば、これに伴い複数の承認申立てがなされることがあるので、外国主手続を優先するという考え方である（外国倒産62条1項1号）。外国従手続（外国倒産2条1項3号）に比べ、外国主手続は関連性の強い国の手続であり、それを重視すべきである

というものである(複数の国の手続の承認が競合し,外国主手続の認定要素が具体的に示された例として,東京地決平成24・7・31金判1410号45頁,その抗告審として,東京高決平成24・11・2判時2174号55頁)。かなり,精巧な工夫がされているといえよう。利用例はまだ少ないが,実務レベルで国際倒産事件を処理する際の基準となりうるものである。

第26章 倒産犯罪

経済活動の極限の場面である倒産時には，財産隠しや暴力的な回収行動など，関係者の問題行動が現れる。中でも悪質なものは，倒産犯罪として処罰の根拠と刑罰の程度が倒産各法で定められている。この章では，倒産犯罪について簡単に説明する。

1 倒産と犯罪

倒産法の発展と犯罪の関係

　倒産現象と犯罪の間には深い結びつきがある。本書で学んできたとおり，倒産法は今でこそ，精緻な民事手続法の中においてもその存在感を示しているが，倒産と犯罪の関係は，倒産そのものが犯罪視されることから始まった。すなわち，自給自足の経済社会には倒産はなく，信用取引そして資本主義経済を前提にしたものであり，こうした社会において債権者の与信に応えられない現象が倒産で，それは恥ずべき行為として厳しい非難に晒されることになった。したがって，かつての倒産法は，倒産者に対し，いかなる懲罰で臨むことがその一般予防になりうるか，そこに主眼があった。

しかし，第1章で述べたように，倒産の発生を織り込んだ社会では，むしろ倒産への合理的な対処こそが重視されることになる。一見不幸な出来事である倒産も，残余財産の公平な清算・再建の機会の確保が図れれば，むしろ絶好のリストラクチュアリング（企業再構築）の契機となりうるからである。このように，社会の倒産観は変わり，倒産法も変遷してきたのであるが，倒産が経済活動の極限の場面であることには変わりないので，ここに関係者の問題行動が現れることは避けられないところである。

　倒産犯罪と一般犯罪　倒産に絡んでいろいろ悪質な行為が現れるが，そのすべてを倒産犯罪とするのではない。たとえば，債権者が債務者の倒産に前後して商品の引揚げを図るのは窃盗罪であろうし（債権者に所有権があっても，債務者の占有下にあれば窃盗罪たりうる。最決平成元・7・7刑集43巻7号607頁），また殺人事件の加害者と被害者に債権者と債務者の関係があったからといって，特別な破産犯罪になるわけでもない。近時は倒産法中に倒産犯罪規定を収めず，一般の刑法典の射程で倒産に絡む犯罪に対応する立法も増えている。

　しかし，倒産現象に絡んだ悪質な行為が特有の位置づけを与えられることもある。たとえば，fraudつまり詐欺の要素をもった債務者の行為は，否認権の対象として（詐害行為否認），また免責不許可事由（破252条1項1号・5号）として，倒産法上特有の位置づけにあり，詐欺破産罪（破265条）の罪名でまさに倒産犯罪の典型とされている。わが国の倒産法は，破産法・民事再生法・会社更生法でほぼパラレルな形で，一定の行為を倒産犯罪とする立法主義を採用している（したがって，ここでの条文の引用は破産法で代表させる）。類似する一般の刑法犯に比べ法定刑が高いことが多く，これによって，

倒産手続の適正・関係者の法益の保護に資することが期待されている。ただ，倒産事件の件数の割には，検察庁受理人員は少なく起訴率も低い。

2 倒産犯罪の特徴と類型

倒産犯罪の特徴　倒産犯罪は，刑法学と倒産法学の隙間にあるというほかなく，双方の領域のポピュラーな関心対象ではない。しかし，隙間にあるがゆえに，いくつかの特徴をもった犯罪となっており，理論的には興味深いものである。

最大の特徴は，それが倒産手続の開始決定の確定が処罰の条件となること，つまり客観的処罰条件のある犯罪類型であるということである。裁判所の倒産手続によることなく，私的整理によって処理されることも多い現実に照らし，行為の違法性・責任性と連動しない事実を客観的処罰条件とすることにはかねて批判のあったところである。しかし，2004（平成16）年の現行破産法制定に際して倒産犯罪はかなり見直されたものの，この点は維持された。

次いで，倒産を契機にしていることと関係して，たとえば「債権者を害する目的で」と行為目的が構成要件に組み込まれる，いわゆる目的罪が多いことである（破265条～267条・270条・275条）。また，破産者や破産管財人などの特定の身分と犯罪類型が結びついている身分犯が少なくないことも特徴である（破267条・268条）。さらに，国外犯の処罰（破276条），法人とその代表者等をともに罰する両罰規定（破277条）が明示されている点も特徴といってよかろう。

| 詐欺破産罪 | 倒産犯罪の代表型であり，その中で検察庁受理人員，そして起訴例も多いのが詐欺破産罪（破265条）である。法定刑も10年以下の懲役，1,000万円以下の罰金と高い（併科可能）。具体的には，破産手続の開始の前後を問わず債権者を害する目的で，①債務者の財産を隠匿し，または損壊する行為，②債務者の財産の譲渡または債務の負担を仮装する行為，③債務者の財産の現状を改変して，その価格を減損する行為，④財産の不利益な処分，または不利益な債務負担といった行為が挙げられている。

性質上，破産手続開始決定前の行為も詐欺破産罪に問われる可能性がある。これらの行為はそれが債権者の不利益につながるがゆえに問題とされるものであるから，支払不能等の実質的破産状態下にあることが前提となろう。なお，牽連破産となったケースでは，移行後の破産手続が基準とされるのではなく，先行して開始決定が確定した手続における処罰規定が適用される（東京高判平成20・4・15判タ1292号313頁）。

旧法下において，偏頗的な弁済行為が財産の不利益な処分にあたるか問題となったことがあるが，最高裁はこれを否定している（最判昭和45・7・1刑集24巻7号399頁）。現行法の詐欺破産罪でも同様に解してよいと思われるが，たとえば，特定の債権者に対する担保の供与や債務の消滅については，新しく加わった担保供与罪（破266条）にあたる可能性があろう。

| その他の倒産犯罪 | 実際に起訴される例は多いとはいえないが，倒産手続の適正な遂行を確保すべく，手続侵害罪ともいうべき一連の倒産犯罪が規定されている。これには，2種類のものがあり，倒産手続に不可欠な情報に関し関係者が

協力を拒むタイプの犯罪と，手続機関である破産管財人等の職務に関する犯罪である。

前者に属するのは，①説明および検査の拒絶等の罪（破268条），②重要財産開示拒絶等の罪（破269条），③帳簿書類等の業務および財産の状況に関する物件の隠滅等の罪（破270条），④審尋における説明拒絶等の罪（破271条）である。法定刑は，3年以下の懲役もしくは300万円以下の罰金，またはこれを併科する，として共通している。

後者に属するのは，①破産管財人等の特別背任罪（破267条），②破産管財人等に対する職務妨害の罪（破272条），③破産管財人等の収賄罪（破273条），④破産管財人等に対する贈賄罪（破274条），⑤破産者等に対する面会強請等の罪（破275条）である。手続の信頼確保という点で，特別背任罪の法定刑が一番重く，詐欺破産罪と同等である。それ以外は，前者のタイプと同等である場合が多い。なお，破産管財人等の手続機関は公務員ではないが，裁判所によって選任され公務に準じた職務を行う立場にあるとの理解で，刑法の汚職の罪（刑193条以下）に準じて，収賄罪，贈賄罪の規定が置かれている。

参考文献

中島弘雅『体系倒産法Ⅰ〔破産・特別清算〕』(中央経済社・2007年)

伊藤眞『破産法・民事再生法〔第2版〕』(有斐閣・2009年)

松下淳一『民事再生法入門』(有斐閣・2009年)

福永有利監修(四宮章夫=高田裕成=森宏司=山本克己編)『詳解 民事再生法——理論と実務の交錯〔第2版〕』(民事法研究会・2009年)

才口千晴=伊藤眞監修(全国倒産処理弁護士ネットワーク編)『新注釈 民事再生法〔第2版〕(上)(下)』(金融財政事情研究会・2010年)

伊藤眞=岡正晶=田原睦夫=林道晴=松下淳一=森宏司『条解 破産法』(弘文堂・2010年)

山本和彦=中西正=笠井正俊=沖野眞已=水元宏典『倒産法概説〔第2版〕』(弘文堂・2010年)

伊藤眞『会社更生法』(有斐閣・2012年)

加藤哲夫『破産法〔第6版〕』(弘文堂・2012年)

藤田広美『破産・再生』(弘文堂・2012年)

山本和彦『倒産処理法入門〔第4版〕』(有斐閣・2012年)

山本克己編著(佐藤鉄男=長谷部由起子=畑瑞穂=山本弘著)『破産法・民事再生法概論』(商事法務・2012年)

園尾隆司=小林秀之編『条解 民事再生法〔第3版〕』(弘文堂・2013年)

事項索引

あ行

相手方の催告権 …………………… 129
異議 ………………………………… 227
異議者等 …………………………… 228
異議等のある債権 …………… 85, 228
異時廃止 …………………………… 73
慰謝料請求権 ……………………… 81
委託者の破産 ……………………… 146
委託を受けない保証人 …………… 105
一債務者一手続の原則 …………… 408
一時停止 …………………………… 379
一部免責 …………………………… 157
一括清算ネッティング条項 ……… 144
一般異議申述期間 ………………… 342
一般調査期間・期日 ……………… 84
一般の取戻権 ………………… 97, 237
一般優先債権 …………… 231, 233, 240
委任契約 ……………………… 144, 286
請負契約 ……………………… 136, 282
請負人
　――の再生 …………………… 283
　――の破産 …………………… 137
売主の取戻権 ……………………… 99
援助処分 …………………………… 407

か行

外国従手続 ………………………… 408
外国主手続 ………………………… 408
外国倒産承認援助法 ……………… 406
開始後債権 ………………………… 234
会社更生手続 ………………… 175, 353
会社更生法 ………………………… 175
会社整理 …………………………… 162
会社の破産とその役員 …………… 145
会社法上の効力（再生計画） …… 320
解除条件付債権 ……………… 102, 241
買取可能価額 ……………………… 216
価額決定請求手続 ………………… 271
家資分散法 ………………………… 18
可処分所得 ………………………… 348
株式会社企業再生支援機構法 …… 384
株式会社産業再生機構法 ………… 382
株式会社地域経済活性化支援機構法
　…………………………………… 386
株主 ………………………………… 369
株主総会決議等不存在確認の訴えの
　利益 ……………………………… 145
株主代表訴訟 ………………… 61, 291
簡易再生 …………………………… 229
簡易配当 …………………………… 71
管轄の集中（Vis attractiva concursus）
　…………………………………… 57
関係人集会 ………………………… 360
管財人 ……………………………… 203
監督委員 ……………………… 200, 359
　――による訴訟参加 ………… 248
　――による否認権行使 ……… 247
　――の意見書 ………………… 185
　――の財産管理処分権 ……… 246
　――の否認権行使 …………… 244
　――の要同意行為 …………… 201
監督官庁の申立権 ………………… 40
監督命令 ………………… 194, 200, 355
元本猶予期間併用型 ……………… 350
管理型 ………………………… 194, 203
管理命令 ………………… 195, 204, 287
企業再生支援機構 …………… 384, 393

議決権者 …………………………308
議決権の行使 ……………………309
　——の方法 ……………………311
期限の利益回復型（住宅資金特別条項）
　………………………………350
期限の利益喪失条項（リース契約）…278
期限未到来債権の現在化…………83, 220
基準債権額 ………………………344
客観的処罰条件 …………………412
求償権者の地位…………………87
旧商法破産編……………………18
給与所得者等再生 ………340, 346
共益債権 ……………230, 239, 361
　——の財団債権化 ……………337
行政型倒産ADR …………………392
行政倒産処理……………………13
協定債権 …………………………168
協定による弁済 …………………169
業務遂行権 ………………………194
銀行取引停止処分 ………………186
金融整理管財人…………………61
グレイゾーン金利 ………………148
クレジットカウンセリング………24, 149
クロス・ファイリング……………405
経営判断 …………………14, 56
継続企業価値 ……………………216
継続的供給契約 …………………142
建設協力金 ………………………280
現有財団…………………………81
権利変更条項 ……………………300
牽連破産…………………25, 170, 334
交互計算 …………………………144
更生管財人 ………………………358
更生計画 …………………………365
　——の効力 ……………………370
　——の遂行 ……………………371
更生計画案

　——の記載事項 ………………366
　——の決議 ……………………370
更生債権 …………………………360
更生債権等の調査・確定 ………364
更生債権者委員会等 ……………360
更生手段説（破産免責）…………155
更生担保権 ……………118, 255, 363
更生手続
　——の終了 ……………………371
　——の目的 ……………………11
更生手続開始原因 ………………353
更生手続開始の要件 ……………354
更生の見込 ………………………14
公平誠実義務 ……………………195
国際倒産…………………………402
国際倒産管轄 ……………………405
国内手続優先の原則 ……………408
個人再生委員 ……………………343
個人再生手続 ……………………340
国庫仮支弁 ………………………43
固定主義 ……………78, 214, 236
個別和解 …………………………169
雇用契約 ……………………138, 283
ゴルフクラブ会員契約 …………131

　　　　さ　行

債権者委員会……………………63, 206
債権者委員長 ……………………375
債権者間の平等確保 ……………338
債権者集会………………………62, 205
　——の決議要件…………………63
　——の任意化……………………62
債権者説明会 ……………………205
債権者代位訴訟 …………………51, 291
債権者の自治 ……………………15
債権者平等…………………………90
債権者申立て………………………40

事項索引　417

債権調査期間 ……………………192, 227
債権届出
　——の再利用 ………………………338
　——の追完 …………………………224
債権届出期間 ………………………192
債権放棄 ………………………378, 393
最後配当 ………………………………70
財産管理処分権 ……………………194
財産区の破産能力 ……………………35
財産状況報告集会 …………………205
財産の封印 ……………………………67
財産評定 …………………………67, 215
再生計画 ………………………296, 344
　——の効力 …………………………317
　——の遂行 …………………………323
　——の取消し ………………………329
　——の変更 …………………………325
再生計画案 ……………………296, 344
　——の可決要件 ……………………312
　——の記載事項 ……………………299
　——の決議 …………………………308
　——の決議のための債権者集会 …205
　——の作成・提出 …………………297
　——の事前提出 ……………………298
　——の修正 …………………………299
　——の提出者 ………………………297
　——の付議決定 ……………………310
再生計画遂行に対する監督 ………324
再生計画認可 ………………………314
再生計画不認可 ……………………316
再生債権 ……………………………217
　——の権利変更 ……………………318
　——の査定の申立て ………………228
　——の調査・確定 …………………225
　——の届出 …………………………223
　——の免責 …………………………317
再生債権査定決定に対する異議の訴え
　………………………………………228
再生債権者間の平等 ………………315
再生債権者表 …………………224, 227, 319
再生裁判所 …………………………198
再生債務者 …………………………195
　——による訴訟参加 ………………250
　——の第三者性 ……………………196
再生債務者財産 ………………213, 236
再生債務者等 ………………………195
　——の選択権 ………………………273
再生事件の管轄 ……………………181
再生事件の標準スケジュール ………29
再生手続
　——の機関 …………………………193
　——の終結 …………………………329
　——の終了 …………………………328
　——の特徴 …………………………207
　——の廃止 …………………………331
　——の目的 ……………………………11
再生手続開始決定 …………………191
再生手続開始原因 …………………178
再生手続開始後の利息・遅延損害金等
　………………………………………219
再生手続開始前の罰金・科料等 ……219
再生手続開始前の保全処分 ………186
再生手続開始申立棄却事由 ………183
再生手続開始申立権者 ……………180
再生手続開始申立書 ………………181
再生能力 ……………………………177
財団債権 ………………………92, 230, 232
　——の意義 …………………………92
裁判所専門部 …………………………45
裁判所の要許可行為 ………………199
債務消滅説（破産免責の効果）……157
債務超過 …………………38, 179, 215
裁量免責 ……………………………153
詐害行為取消権 ………………………7

詐害行為取消訴訟 ……………51, 291
詐害行為否認 ……………………109
差額償還 …………………………115
詐欺破産罪 ………………………413
差押禁止財産 ……………………79
詐術を用いた信用取引 …………156
産業活力の再生及び産業活動の革新に
　関する特別措置法（産活法）
　…………………………23, 382, 395
産業再生機構 ……………………384
時　価 ……………………………364
資格制限 …………………………160
敷金返還請求権 …………………281
事業継続不可欠要件 ……………269
事業再生ADR ……………… 24, 395
事業再生計画 ……………………393
事業再生実務家協会 ……………396
事業譲渡 ……………………209, 365
自己破産の申立て ………………40
自然債務説（破産免責の効果）…157
質　権 ………………………119, 256
執行行為の否認 …………………113
私的整理 ………………………20, 374
　——のバリエーション ………23
　——の法律構成 ………………375
　——の問題点 …………………376
私的整理ガイドライン ………22, 377
自働債権 ……………………102, 240
自動的停止（automatic stay）……48
自認債権 ……………………226, 308
支払停止 …………………………37
支払不能 ……………………36, 179
仕　法 ……………………………17
司法型倒産ADR ………………388
資本構成の変更 …………………305
資本主義と倒産 …………………3
社会主義と倒産 …………………3

社債権者の議決権行使 …………310
集合債権譲渡担保 ………………266
自由財産 ………………………67, 78
　——の範囲の拡張 ……………80
住宅資金貸付債権に関する特則
　……………………………341, 349
住宅資金特別条項 ……………341, 349
受託者の破産 ……………………146
受働債権 ……………………102, 242
主要債権者 ………………………378
純粋DIP型 ………………………200
少額管財事件 ……………………150
少額債権の弁済 …………………222
小規模個人再生 ……………340, 342
商事裁判所（フランス）…………14
使用者
　——の再生 ……………………283
　——の破産 ……………………139
商事留置権 …………………119, 256
　——の消滅請求 ……………119, 357
商取引債権の保護 ………………362
承認援助 …………………………406
商人破産主義 ……………………18
消費者信用 ………………………147
消費者破産 ………………………147
商品取引契約 ……………………143
職権調査主義 ……………………56
処分禁止の仮処分 ………………187
書面等投票 ………………………63
身代限り …………………………17
信託財産の破産 …………………146
生活に関する費用 ………………231
清算価値保障原則 …………215, 316
清算株式会社 ……………………164
清算処分価額 ……………………216
清算人 ……………………………167
セイフティ・ネット ……………7

整理解雇 …………………………………140
整理回収機構（RCC）……………………23
整理屋……………………………………21
絶対的必要の記載事項 …………300, 366
絶対優先の原則 …………………………369
選択権の行使主体 ………………………274
全部義務者 ………………………………86
専門家（アドバイザー）………………380
専門家の関与 ……………………………54
早期処分価額 ……………………216, 272
相殺禁止 …………………………103, 239
——の例外 ……………………………104
——前に生じた原因 …………………104
相殺禁止法定原因 ………………………104
相殺権 ……………………………100, 238
相対的必要の記載事項 …………303, 368
双方未履行双務契約 ……………127, 273
——の通則規定 ………………129, 273
即時抗告……………………………43, 316
即日面接方式 ……………………………46
属地主義……………………………79, 402
訴訟手続の中断・受継……………51, 288
租税債権 ………………………94, 230, 234
損害賠償請求権の査定 …………116, 252

た 行

代位弁済と原債権…………………………89
対抗要件 …………………………………259
対抗要件否認 ……………………………112
第三セクター ……………………385, 389
——の破綻処理 ………………………23
対象債権者 ………………………………378
代償的取戻権 ……………………………99
代替許可 …………………………………211
代理委員……………………………64, 206
多数当事者債権 …………………………86
他の手続の中止命令………………………47

担保供与罪 ………………………………413
担保権 ……………………………117, 254
担保権実行 ………………………………255
担保権実行手続に対する中止命令
　……………………………190, 263, 279
担保権消滅許可制度 …123, 267, 343, 364
担保権消滅許可申立書 …………………270
担保権消滅に対する対抗措置 …………124
担保権の不可分性 ………………124, 267
地域経済活性化支援機構 ………………386
中間配当 …………………………………69
中止命令 …………………………188, 357
中小企業再生支援協議会……………23, 392
中小企業者に対する弁済 ………………221
注文者
　——の再生 …………………………282
　——の破産 …………………………136
調査委員 …………………………………202
調査命令 …………………………202, 355
調停に代わる決定 ………………………398
懲罰的倒産観 ……………………………5
重複起訴の禁止 …………………………248
帳簿の閉鎖 ………………………………67
賃借人の破産 ……………………………133
賃貸借契約 ………………………133, 279
賃貸人の破産 ……………………………134
賃料債権 …………………………………280
追加配当 …………………………………72
DIP（Debtor in Possession）型
　……………………………………194, 207
　——会社更生手続 …………………359
DCF法 ……………………………………217
停止条件付債権 …………………102, 242
抵当権 ……………………………119, 256
出遅れリスク ……………………………7
手形支払の否認 …………………………112
手形不渡り ……………………………2, 37

適確な措置	261
適切な保護	264
出来高精算	138
手続開始時現存額主義	87
手続実施者	396
手続侵害罪	413
デット・エクイティ・スワップ	378
デュー・デリジェンス	393
典型担保	118, 256
転得者否認	113
問屋の取戻権	99
同意再生	229
同意廃止	73
同意配当	71
倒　産	2
倒産 ADR	24, 387
倒産解除特約	127, 275
倒産行動	54
倒産裁判所	45
倒産実務家（Insolvency Practitioner）	58
倒産処理	
——のプレーヤー	15
——の目的	9
倒産犯罪	410
倒産法制の優劣関係	26, 39
倒産 4 法制	20
同時処分	50, 192
同時廃止	73, 149
当然復権	160
特定債務者	388
特定調停	388
特定調停法	388
特定認証 ADR	395
特典説（破産免責）	155
特別清算	162
——における協定	168
——の意義	162
——の沿革	163
——の開始原因	164
——の機関	166
——の終了	170
——の法源	162
——の申立権	165
特別調査期間・期日	84
特別の先取特権	119, 256
特別の取戻権	99, 238
取戻権（Aussonderungsrecht）	96, 237
——と財産分与	99
——と第三者異議の訴え	97
——の意義	96
——の基礎	97

な 行

内部者	92, 111
二重起訴の禁止	248
任意的記載事項	305, 368
任意売却	123
認証紛争解決事業者	395
認　否	225
認否書	225
根抵当権の極度額超過部分に関する条項	307

は 行

配偶者の取戻権	98
配当財団	82, 96
破産解止	74
破産管財人	57
——の選択権	129
——の選任	57
——の第三者性	61
——の注意義務	59
——の任務	58

事項索引　421

——の犯罪	414
——の法的質	60
破産債権	82
——の査定	85
——の調査・確定	84
——の届出	83
——の分類	90
——の要件	82
破産債権査定異議の訴え	85
破産財団	78
——の換価	67
——の範囲	78
——の法的性格	82
破産財団組入額	124
破産裁判所	55
破産事件の管轄	41
破産者	
——の契約関係	126
——の資格制限	51
——の説明義務	52
破産障害事由	44
破産手続	
——と相殺	100
——に関する裁判	43
——の機関	53
——の流れ	65
——の目的	10
破産手続開始決定	49
——の効果	51
破産手続開始原因	36
破産手続開始の申立て	39
破産手続開始の申立権者	40
破産手続開始前の保全処分	46
破産手続終結決定	73
破産能力	34
破産廃止	72
破産配当	68

破産免責	152
——と憲法	148
——とモラル・ハザード	155
→免責	
破産申立義務	40
ハードシップ免責	345
非金銭債権の金銭化	83, 220
非常貸借対照表	75
必要的共同訴訟	249
非典型担保	119, 259
否認権	105, 244
——の意義	105
——の一般的要件	108
——の効果	113
——の行使	106
——の制限	107
——の類型	107
否認権限の付与	245
否認・相殺制限の基準時	336
否認訴訟	106, 247
否認の相手方の地位	114
否認の請求	106, 247
否認の登記	114
非免責債権	159, 346
平等原則	301
ファイナンス・リース契約	130, 267, 277
普及主義	403
附従性の原則	158
不足額	
——の確定	260
——の証明	122
——の疎明	122
不足額責任主義	121, 259
復権	160
物上代位に基づく賃料債権の差押え	265

物的担保	118
「不倒産」政策	13
プレ DIP ファイナンス	397
プレパッケージ型再生手続	299
分　散	17
分別管理	98
並行倒産	408
別除権（Absonderungsrecht）	120, 255
別除権協定	262, 267
別除権者の破産債権行使	121
別除権放棄	123
別除権予定不足額	260
弁済禁止の仮処分	47
弁済・担保提供禁止の保全処分	187
偏頗行為否認	111
包括的禁止命令	48, 189, 357
法人の解散事由	52
法人役員に対する責任追及	115, 251
膨張主義	78, 214, 236
法定財団	81
法定訴訟担当	249
保険契約	141, 284
保険契約者	
――の再生	285
――の破産	142
保険者	
――の再生	285
――の破産	141
保全管理人	203
保全管理命令	49, 194, 204, 355
保全処分	357
――の種類	46
――の濫用	186
ホッチポット・ルール（hotchpot rule）	405

ま　行

巻戻し	352
身分犯	412
民間型倒産 ADR	395
民事再生法	172
民事留置権	119, 256
民訴目的論と倒産目的論	10
無委託保証と相殺禁止	105
無償否認	110
メイン寄せ	381
免　責	
――の客観的範囲	158
――の効果	157
――の主観的範囲	158
――の取消し	154
免責許可の申立て	152
免責不許可事由	155, 156
申立代理人の地位	196
申立てによる復権	160
目的罪	412

や　行

役員責任査定	116, 251
役員責任査定決定に対する異議の訴え	116, 252
約定劣後更生債権	362
約定劣後再生債権	219, 302
約定劣後破産債権	92
優先の更生債権	361
優先の破産債権	91
郵便物管理	52
予納金	43, 183, 355

ら　行

ライセンス契約	135
リスケジューリング型	350

リピーターの防止 …………………156	——の破産 ……………………138
留置権 …………………………119, 256	労働者健康福祉機構による立替払 …140
両罰規定 ………………………………412	労働法上の解雇法理 …………………139
劣後的更生債権 ………………………361	浪費・賭博 ……………………………156
劣後的破産債権…………………………91	
劣後ローン………………………………92	わ 行
労働協約 ………………………………284	和議条件 ………………………………172
労働組合等 ……………………185, 210	和議手続 ………………………………172
労働債権……………………94, 230, 233	和議法 ……………………………18, 172
労働者	割合弁済 ………………………………169
——の再生 …………………………283	

判例索引

大審院・最高裁判所

大決昭和 12・10・23 民集 16 巻 1544 頁	35
大判昭和 14・4・20 民集 18 巻 495 頁	52
最判昭和 35・12・27 民集 14 巻 14 号 3253 頁	40
最大決昭和 36・12・13 民集 15 巻 11 号 2803 頁	148
最判昭和 37・10・9 民集 16 巻 10 号 2070 頁	7
最判昭和 41・4・28 民集 20 巻 4 号 900 頁	98, 120
最判昭和 42・3・9 民集 21 巻 2 号 274 頁	145
最判昭和 42・5・2 民集 21 巻 4 号 859 頁	108
最判昭和 43・3・15 民集 22 巻 3 号 625 頁	145
最大判昭和 45・6・10 民集 24 巻 6 号 499 頁	158
最大決昭和 45・6・24 民集 24 巻 6 号 610 頁	12, 56
最判昭和 45・7・1 刑集 24 巻 7 号 399 頁	413
最判昭和 45・9・10 民集 24 巻 10 号 1389 頁	40
最判昭和 46・2・23 判時 622 号 102 頁	61
最判昭和 46・6・18 金法 620 号 55 頁	376
最判昭和 48・10・30 民集 27 巻 9 号 1289 頁	134
最判昭和 48・11・22 民集 27 巻 10 号 1435 頁	115
最判昭和 53・6・23 金判 555 号 46 頁	137
最判昭和 57・3・30 民集 36 巻 3 号 484 頁	47, 128, 267, 275, 276, 278
最判昭和 57・3・30 判時 1038 号 286 頁	113
最判昭和 58・3・22 判時 1134 号 75 頁	61
最判昭和 58・10・6 民集 37 巻 8 号 1041 頁	81
最判昭和 58・11・25 民集 37 巻 9 号 1430 頁	107
最判昭和 58・12・19 民集 37 巻 10 号 1532 頁	99
最判昭和 59・2・2 民集 38 巻 3 号 431 頁	61
最判昭和 60・11・15 民集 39 巻 7 号 1487 頁	81
最判昭和 61・4・3 判時 1198 号 110 頁	114
最判昭和 62・6・2 民集 41 巻 4 号 769 頁	88
最判昭和 62・7・2 金法 1178 号 37 頁	88
最判昭和 62・7・3 民集 41 巻 5 号 1068 頁	110
最判昭和 62・11・26 民集 41 巻 8 号 1585 頁	138
最決平成元・7・7 刑集 43 巻 7 号 607 頁	411

最判平成2・3・20民集44巻2号416頁································152
最判平成2・9・27判時1363号89頁································99
最判平成2・11・26民集44巻8号1085頁································103
最判平成5・6・25民集47巻6号4557頁································72
最判平成5・11・25金法1395号49頁································267
最判平成7・1・20民集49巻1号1頁································158
最判平成7・4・14民集49巻4号1063頁································131
最判平成8・10・17民集50巻9号2454頁································108
最判平成9・2・25判時1607号51頁································150, 157
最判平成10・4・14民集52巻3号813頁································158
最判平成10・7・14民集52巻5号1261頁································119, 258
最判平成11・11・9民集53巻8号1403頁································157
最判平成12・1・28金判1093号15頁································159
最判平成12・2・29民集54巻2号553頁································132
最判平成12・3・9民集54巻3号1013頁································99
最決平成12・4・28判時1710号100頁································123
最決平成12・7・26民集54巻6号1981頁································154
最判平成14・9・24民集56巻7号1524頁································89
最判平成15・6・12民集57巻6号640頁································61
最判平成16・6・10民集58巻5号1178頁································145
最決平成16・10・1判時1877号70頁································52, 68, 123
最判平成17・1・17民集59巻1号1頁································103
最判平成17・11・8民集59巻9号2333頁································114
最判平成18・1・23民集60巻1号228頁································78, 157
最判平成18・12・21民集60巻8号1540頁································60
最判平成18・12・21民集60巻10号3964頁································133
最判平成19・9・27金判1277号19頁································266
最決平成20・3・13民集62巻3号860頁································316
最判平成20・12・16民集62巻10号2561頁································128, 131, 267, 277, 278
最判平成21・4・17判時2044号74頁································145
最判平成22・3・16民集64巻2号523頁································89
最判平成22・6・4民集64巻4号1107頁································259
最判平成23・11・22民集65巻8号3165頁································89
最判平成23・11・24民集65巻8号3213頁································90
最判平成23・12・15民集65巻9号3511頁································257, 258
最判平成24・5・28民集66巻7号3123頁································105
最判平成24・10・19判時2169号9頁································38

高等裁判所

広島高判昭和49・11・28判時777号54頁 ……………………………………376
福岡高決昭和56・12・21判時1046号127頁 ……………………………367
東京高判昭和63・2・10高民41巻1号1頁 ………………………………134
東京高判平成元・10・19金法1246号32頁 …………………………………38
大阪高決平成6・7・18高民47巻2号133頁 ……………………………157
大阪高決平成6・12・26判時1535号90頁 …………………………………50
東京高決平成13・9・3金判1131号24頁 ……………………………132, 315
東京高決平成14・3・15金法1679号34頁 ………………………………260
広島高決平成14・9・11金判1162号23頁 …………………………………44
広島高岡山支決平成14・9・20判時1905号90頁 …………………………45
大阪高決平成15・2・14判タ1138号302頁 ………………………………154
東京高決平成15・7・25金判1173号9頁 ………………………………304
東京高決平成16・6・17金判1195号10頁 ………………………212, 314, 317
東京高決平成16・6・17金判1195号17頁 ……………………………212, 314
東京高決平成16・7・23金判1198号11頁 ……………………………132, 315
大阪高決平成16・12・10金判1220号35頁 ……………………………265, 266
東京高決平成17・1・13判タ1200号291頁 ………………………………183
東京高判平成17・6・30金判1220号2頁 ……………………………………90
大阪高決平成18・4・26判時1930号100頁 …………………………………39
東京高判平成19・3・14判タ1246号337頁 ………………………………277
東京高決平成19・7・9判タ1263号347頁 ………………………………183
東京高決平成19・9・21判タ1268号326頁 ………………………………183
東京高判平成20・4・15判タ1292号313頁 ………………………………413
大阪高決平成21・6・3金判1321号30頁 …………………………………266
東京高決平成21・7・7判時2054号3頁 …………………………………269
東京高判平成21・9・9金判1325号28頁 …………………………………257
名古屋高金沢支判平成22・12・15判タ1354号242頁 ……………………257
東京高判平成22・12・22判タ1348号243頁 ………………………………107
東京高決平成24・11・2判時2174号55頁 ………………………………409

地方裁判所

熊本地判昭和59・4・27判タ528号268頁 …………………………………36
東京地判平成3・12・16金判903号39頁 …………………………………92
東京地判平成7・11・30判タ914号249頁 …………………………………61
広島地福山支判平成10・3・6判時1660号112頁 …………………………92

判例索引　427

東京地決平成 12・1・27 金判 1120 号 58 頁	61
東京地決平成 12・12・8 金判 1111 号 40 頁	253
東京地判平成 15・12・22 判タ 1141 号 279 頁	259
東京地判平成 16・9・28 判時 1886 号 111 頁	253
東京地判平成 16・10・12 判時 1886 号 132 頁	253
東京地判平成 17・6・10 判タ 1212 号 127 頁	257
東京地判平成 17・6・14 判時 1921 号 136 頁	253
東京地判平成 18・6・27 金法 1796 号 59 頁	170
東京地判平成 19・3・26 判時 1967 号 105 頁	107
大阪地判平成 20・10・31 判時 2039 号 51 頁	197
東京地判平成 22・7・8 判時 2094 号 69 頁	37
東京地判平成 23・7・27 判時 2144 号 99 頁	134
東京地決平成 24・7・31 金判 1410 号 45 頁	409

現代倒産手続法
Modern Insolvency Law in Japan

ARMA
有斐閣アルマ

2013年5月5日　初版第1刷発行

著　者	中　島　弘　雅	
	佐　藤　鉄　男	
発行者	江　草　貞　治	
発行所	株式会社 有　斐　閣	

郵便番号　101-0051
東京都千代田区神田神保町 2-17
電話　(03)3264-1314〔編集〕
　　　(03)3265-6811〔営業〕
http://www.yuhikaku.co.jp/

印刷・株式会社理想社／製本・株式会社アトラス製本
© 2013, H. Nakajima, T. Sato. Printed in Japan
落丁・乱丁本はお取替えいたします。
★定価はカバーに表示してあります。

ISBN 978-4-641-12482-0

JCOPY　本書の無断複写(コピー)は、著作権法上での例外を除き、禁じられています。複写される場合は、そのつど事前に、(社)出版者著作権管理機構(電話03-3513-6969, FAX03-3513-6979, e-mail:info@jcopy.or.jp)の許諾を得てください。